劳动关系协调员
（二级）

中国就业培训技术指导中心　组织编写

中国劳动社会保障出版社

图书在版编目（CIP）数据

劳动关系协调员：二级/中国就业培训技术指导中心组织编写. -- 北京：中国劳动社会保障出版社，2020

ISBN 978-7-5167-4630-1

Ⅰ.①劳… Ⅱ.①中… Ⅲ.①劳动关系-中国-职业培训-教材 Ⅳ.①F249.26

中国版本图书馆 CIP 数据核字（2020）第 177469 号

中国劳动社会保障出版社出版发行

（北京市惠新东街 1 号　邮政编码：100029）

*

三河市华骏印务包装有限公司印刷装订　　新华书店经销

787 毫米×1092 毫米　16 开本　20 印张　254 千字
2020 年 10 月第 1 版　　2022 年 4 月第 2 次印刷
定价：58.00 元

读者服务部电话：（010）64929211/84209101/64921644
营销中心电话：（010）64962347
出版社网址：http://www.class.com.cn

版权专有　　侵权必究

如有印装差错，请与本社联系调换：（010）81211666
我社将与版权执法机关配合，大力打击盗印、销售和使用盗版图书活动，敬请广大读者协助举报，经查实将给予举报者奖励。
举报电话：（010）64954652

编审委员会

主　任	聂生奎　刘　康　郑东亮
委　员	葛恒双　徐　艳　唐　鑛　刘　燕　王文珍
	曹可安　阴漫雪　黄　昆　陈玉杰　郑海涛
	仲艳平

本书编写人员

主　编	郑东亮　唐　鑛
副主编	徐　艳　汪　鑫
编　者	王冠迪　刘　兰　刘　江　刘　海　卢衍江
	李　桃　李　潇　李劼劼　朱明伟　陈玉杰
	冷宜臻　汪　鑫　郑东亮　郑海涛　周亚颖
	赵　楠　徐　艳　嵇月婷　童　欣　焦　杨
	雷晓天

出 版 前 言

为促进和谐劳动关系建设，培养专业化、高素质的劳动关系协调员队伍，推动劳动关系协调员职业培训和职业技能等级认定工作的开展，我们组织国内高等院校、科研机构和企业界的有关专家，根据新修订的《劳动关系协调员国家职业技能标准（2019年版）》（以下简称《标准》），编写了劳动关系协调员职业技能等级认定培训教程（以下简称教程）。

教程以《标准》为依据，突出"以职业活动为导向，以职业能力为核心"的指导思想。在结构上针对我国劳动关系协调工作的职业活动领域，按照模块化的方式进行编写，包括《劳动关系协调员（基础知识）》《劳动关系协调员（四级）》《劳动关系协调员（三级）》《劳动关系协调员（二级）》《劳动关系协调员（一级）》《劳动关系协调员（常用法律手册）》。教程体现了理论性和实践性的统一、系统性和实用性的统一。在介绍相关理论知识的同时，立足于我国劳动关系协调工作的实际，通过"复习思考题"及"案例分析题"引导读者思考实际问题，提高解决问题的能力。在兼顾教程系统性和整体性的同时，通过"延伸阅读"拓宽读者的知识面。本套教程的适用对象为企业、工会和政府部门等从事劳动关系协调工作的人员，以及大中专院校学生，并适用于劳动关系协调员的相关技能培训，是职业技能等级认定的推荐辅导用书。

教程由中国劳动和社会保障科学研究院党委书记、副院长郑东亮及中国人民大学劳动人事学院教授唐鑛任主编，中国劳动和社会保障科学研究院职业与技能研究室主任徐艳、汪鑫博士任副主编。参与编写和审稿工作的人员有：王冠迪、刘兰、刘江、刘海、卢衍江、李桃、李潇、李劭劼、朱明伟、陈玉杰、冷宜臻、汪鑫、郑东亮、郑海涛、周亚颖、赵楠、徐艳、嵇月婷、童欣、焦杨、雷晓天等。此外，刘福平、孙瑜香、赵碧倩、王茹茵、刘亚萱、刘灏、赵梓瑾、徐小雯、康岱哲等也参加了《劳动关系协调员（常用法律手册）》的编写和审稿工作。汪鑫和陈玉杰负责全套教程的统稿和校稿工作。

尽管秉承严谨规范的态度，但由于认知水平有限，本套教程难免存在一些不足之处，希望读者和学界同仁批评指正，来信请发至邮箱 calsszys@163.com。在此感谢中国劳动社会保障出版社为教程的出版所做的努力和辛苦付出！

郑东亮

2020年9月

目 录

第一章　劳动标准管理 （1）

学习目标 （1）
第一节　用人单位劳动标准的制定 （1）
　第一单元　用人单位劳动标准的相关概念 （1）
　第二单元　用人单位劳动标准的内容 （18）
第二节　用人单位劳动标准实施情况评估 （40）
　第一单元　用人单位劳动标准实施情况分析 （40）
　第二单元　用人单位劳动标准实施效果评估 （47）
第三节　企业社会责任报告 （52）
相关法律法规 （56）
复习思考题 （57）
案例分析题 （57）

第二章　劳动合同管理 （59）

学习目标 （59）
第一节　劳动合同的订立 （60）
第二节　劳动合同的履行和变更 （73）
第三节　劳动合同的解除、终止和续订 （79）
　第一单元　劳动合同的解除 （79）
　第二单元　劳动合同的终止和续订 （95）
相关法律法规 （105）
复习思考题 （105）

案例分析题 …………………………………………………… (106)

第三章 集体协商与集体合同管理 …………………………… (108)

学习目标 …………………………………………………… (108)

第一节 集体协商的组织开展 ………………………………… (108)

第一单元 集体协商概述 ………………………………… (108)

第二单元 集体协商准备阶段 …………………………… (125)

第二节 集体合同的订立和履行 ……………………………… (134)

第一单元 集体合同订立阶段 …………………………… (134)

第二单元 集体合同履行阶段 …………………………… (158)

相关法律法规 ……………………………………………… (168)

复习思考题 ………………………………………………… (168)

案例分析题 ………………………………………………… (169)

第四章 劳动规章制度管理 ……………………………………… (171)

学习目标 …………………………………………………… (171)

第一节 劳动规章制度的制定 ………………………………… (171)

第一单元 劳动规章制度概述 …………………………… (171)

第二单元 劳动规章制度制定的原则与程序 …………… (183)

第二节 劳动规章制度的实施 ………………………………… (200)

第一单元 劳动规章制度实施概述 ……………………… (200)

第二单元 劳动规章制度的审查、修订 ………………… (206)

相关法律法规 ……………………………………………… (215)

复习思考题 ………………………………………………… (216)

案例分析题 ………………………………………………… (216)

第五章 企业民主管理 …………………………………………… (218)

学习目标 …………………………………………………… (218)

第一节 劳企协商管理 ………………………………………… (218)

第二节　职工代表大会管理 …………………………（226）
　　第一单元　职工代表大会制度 …………………（226）
　　第二单元　职工代表大会的组织 ………………（231）
第三节　厂务公开管理 ………………………………（244）
　　第一单元　厂务公开概述 ………………………（244）
　　第二单元　厂务公开中的商业秘密管理 ………（251）
第四节　职工董事监事管理 …………………………（253）
相关法律法规 …………………………………………（259）
复习思考题 ……………………………………………（259）
案例分析题 ……………………………………………（260）

第六章　劳动争议处理 ……………………………（261）

学习目标 ………………………………………………（261）
第一节　劳动争议的预防 ……………………………（262）
第二节　劳动争议的协商和调解 ……………………（273）
　　第一单元　劳动争议协商 ………………………（273）
　　第二单元　劳动争议调解 ………………………（277）
第三节　劳动争议的仲裁和诉讼 ……………………（284）
　　第一单元　劳动争议仲裁 ………………………（284）
　　第二单元　劳动争议诉讼 ………………………（298）
相关法律法规 …………………………………………（305）
复习思考题 ……………………………………………（305）
案例分析题 ……………………………………………（306）

参考文献 ……………………………………………（307）

第一章 劳动标准管理

学习目标

1. 掌握用人单位劳动标准的概念和效力。
2. 了解用人单位制定劳动标准的方式和权利限制。
3. 掌握工资标准、带薪年休假标准、劳动定额标准的主要内容。
4. 了解用人单位实施特殊工时制应注意的问题。
5. 熟悉调查用人单位劳动标准实施情况的主要方法。
6. 熟悉用人单位劳动标准实施情况的评估方法。
7. 了解企业社会责任运动与劳动标准的关系。
8. 掌握企业社会责任报告的概念及撰写原则。

第一节 用人单位劳动标准的制定

第一单元 用人单位劳动标准的相关概念

知识要求

一、用人单位劳动标准的基本概念

(一) 劳动标准的概念和分类

1. 劳动标准的概念

劳动标准是指对劳动领域内的重复性事物、概念和行为进行规范，以定性形式或定量形式所做出的统一规定。它以涉及劳动领域的自然科学、社会科学和实践经验的综合成果为基础，经有关方面协商一致并决定，或由有关方面批准，以多种形式发布，作为共同遵守的准则和依据。

劳动标准的概念具有以下内涵：

（1）劳动标准是对劳动者、劳动过程、劳动条件和劳动关系以及相关管理活动等方面的重复性事物、概念和行为做出的统一规定。所谓"重复性"，是指同一事物、概念和行为反复多次出现的性质，劳动标准就是对这些重复出现的事物、概念和行为，找出其规律性并做出的统一规定。非重复性事物、概念和行为，即使做出规定，也不是劳动标准。

（2）劳动标准的制定方式是多种多样的。由于劳动标准对象既有自然属性，又有社会属性，其自然属性又与人体有关，因而不能采用单一方式，尤其不能单一地采用技术方法制定劳动标准，必须从劳动标准对象的多样性和复杂性出发，对不同类型的劳动标准对象采取不同的制定标准的方式。有的由立法机关制定，比如关于劳动者基本权益保障的劳动标准；有的由标准化机构制定，比如劳动安全卫生标准；有的由劳动关系双方协商制定，比如集体合同中的有关劳动标准，企业规章制度中的有关劳动标准等。

（3）劳动标准的制定以劳动领域的自然科学技术和社会科学及其实践经验为基础。进入21世纪，劳动工具自动化程度越来越高，劳动者与劳动资料相结合的程度越来越深、程序越来越科学，劳动力素质也日益提高，劳动关系的建立和调整的经验也越来越丰富，有关劳动科研理论也日益成熟。这些都为劳动标准的制定提供了科学的理论和实践的基础。

（4）劳动标准的表现形式是多种多样的。劳动标准对象和劳动标准制定方式的多样性，使劳动标准的表现形式不同于工业标准所规定的"以特定形式发布"，所以必须根据劳动标准对象的不同性质以及制定标准的不同方式，分别确定其不同的表现形式。有的采取劳动法律、法规、规范性文件的表现形式；有的采取国家标准的表现形式；有的采取劳动关系双方签订契约的表现形式；有的采取用人单位规章制度的表现形式。而且既可以采用以数据明确劳动标准的定量表现形式，也可以采用以文字描述劳动标准的定性表现形式。

（5）劳动标准的作用方式是多样化的。一方面，劳动标准具有强制性作用，比如劳动法律、法规中规定的劳动标准，国家标准化机构批准的强制性劳动标准都具有法律强制力，有关方面必须遵照执行；另一方面，劳动标准又具有非强制性作用，比如国家标准化机构推荐的劳动标准就没有强制性，只提倡、鼓励有关方面执行；还有如企业规章制度中规定的劳动标准，虽没有法律强制力，但具有约束力，要求企业内部有关方面和人员执行。

（6）劳动标准实施的目的是明确的。一方面，劳动具有自然属性，要处理好人与自然的关系，劳动标准制定、颁布和实施的目的在于使劳动过程更加科学、合理，劳动力资源得到优化、有效配置，劳动效率更高，创造更多的社会财富。另一方面，劳动具有社会属性，要处理好劳动过程中人与人的社会关系。由于劳动力市场上劳动者一般处于弱势地位，因而劳动标准制定、颁布和实施的目的还必须包括维护劳动者的基本权益，协调处理好劳动关系。此外，还要有利于劳动者劳动能力、技能水平的提高，人力资本价值的开发和提升等。只有包括以上几方面内容，才能充分体现制定、颁布和实施劳动标准的目的性，才能使劳动标准的实施取得最好效果。

2. 劳动标准的分类

按照适用范围进行划分，劳动标准可以分为国家劳动标准、行业劳动标准、地方劳动标准和用人单位劳动标准。国家劳动标准，是指由国家立法机关、国家劳动行政部门和国家标准化机构通过法定或行政程序制定、发布的在全国范围内适用的劳动标准。行业劳动标准，是指由国务院有关主管部门制定、发布的在全国某行业范围内适用的劳动标准；行业标准在相应的国家强制性标准实施后自行废止。地方劳动标准，是指由各级地方立法机构和地方政府以及地方标准化机构制定、发布的在该地区内适用的劳动标准。用人单位劳动标准，是指本用人单位发布的在本单位内适用的多种形式的劳动标准。

这种分类标准下的四种劳动标准构成了我国完整的劳动标准体系，这一体系可分为三个层次。第一个层次是国家劳动标准，具有最高的法律效力；第二个层次是行业劳动标准和地方劳动标准，它们是对国家劳动标准的进一步具体化，处于中间层次，对上承接、贯彻国家劳动标准，对下指导制定用人单位劳动标准；第三个层次是用人单位劳动标准，由于用人单位属于市场微观范畴，也是劳动标准最终的实施者，因此用人单位劳动标准最具体、最复杂。

（二）用人单位劳动标准

1. 用人单位劳动标准的概念和适用对象

用人单位劳动标准是指用人单位以规章制度或集体合同的形式，在国家标准、地方标准、行业标准的基础上，根据自身特点和经营管理需要确立的仅适用于用人单位范围内的劳动标准。用人单位劳动标准是劳动关系双方共同遵守的劳动方面的办事规程或行为规则。用人单位劳动标准是国家劳动标准、行业劳动标准、地方劳动标准的延伸和细化，是劳动力市场主体——用人单位和劳动者双方或用人单位单方以国家、行业、地方劳动标准为基础，针对本单位实际情况而制定的劳动标准。用人单位劳动标准仅适用于用人单位范围内的全体劳动者。

2. 用人单位劳动标准的分类

根据用人单位劳动标准所涉及的劳动条件的内容不同，用人单位劳动标准可以分为劳动报酬标准、工作时间标准、休息休假标准、劳动安全卫生标准、保险福利标准、劳动定员定额标准、职业培训标准、女职工特殊保护标准等。

3. 用人单位劳动标准的作用

用人单位劳动标准的作用在于：①将适用于用人单位的国家、地方、行业强制性标准具体化，明确用人单位适用的推荐性标准的内容和范围，避免违反法律；②规范各项作业的流程及标准，提高工作效率；③规范劳动关系双方的行为，营造良好的内部工作环境和秩序；④科学管理，提高管理者的管理水平；⑤人性化管理，增强员工的忠诚度，提高员工的工作积极性。

二、用人单位制定劳动标准的方式

（一）集体合同

通过集体合同形成劳动标准是用人单位内部自发形成劳动标准的一种方式，主要在工会或者职工代表与用人单位进行协商谈判的基础上，签订集体合同，确定用人单位内部劳动标准，使得本用人单位内的劳动者的各方面权益得到更好的保护。用人单位集体合同的约束范围包括本用人单位的所有劳动者，以及未来加入本用人单位的劳动者。集体合同中的劳动标准主要包括工资标准、工时标准（包括休息休假标准）、劳动安全卫生标准、社会保险标准等。关于集体合同的具体要求见本教程第三章相关内容。

（二）劳动规章制度

用人单位内部规章制度是用人单位形成劳动标准的主要形式。用人单位规章制度中形成的劳动标准是在国家标准、行业标准和地方标准的基础上针对各项劳动条件制定的适合本用人单位发展的劳动标准，由用人单位自主建立，并经过职工代表大会或者全体职工讨论，与工会和职工代表平等协商确认。

（三）劳动合同样本

用人单位也可以通过制定劳动合同样本的方式制定用人单位劳动标准，即将用人单位的劳动标准，主要包括工资标准、工时标准（包括休息休假标准）、劳动安全卫生标准、社会保险标准等，通过劳动合同格式文本的形式表现出来。

三、用人单位制定劳动标准的权利限制

用人单位劳动标准的制定必须以遵守强制性劳动标准为前提。发挥强制性作用的劳动标准根据其不同表现形式，可以分为立法型劳动标准和国家标准化机构发布的要求强制实行的劳动标准。立法型劳动标准主要包括法律、行政法规、地方性法规、部门规

章和地方性规章中的规定；国家标准化机构发布的要求强制执行的劳动标准通常是指劳动安全卫生方面的技术性标准，主要是涉及劳动领域自然科学属性的劳动标准。强制性劳动标准是基础，它规定了保障劳动者基本权益的最低标准，是用人单位劳动标准必须遵守而不得突破的底线。

强制性劳动标准实质上是国家公权力对于劳动者与雇主之间契约自由的干预，其干预的范围和程度都受到一定限制。而且法律往往具有概括性和基础性的特点，因此，对于强制性标准没有规定、规定不具体或者规定不适用于用人单位的领域，就需要用人单位结合自己的特点和情况，制定合适的可执行的劳动标准。

四、用人单位劳动标准的效力

每个用人单位由于自身特点不同，因此制定各自适用的劳动标准，这种标准只要不违反国家法律的规定，就不受国家强制力的约束。但是一旦制定，其在用人单位内部就发生必然的约束力，用人单位与劳动者都应该主动遵守，否则受损害的一方可以通过法律的方式得到相应的救济。

用人单位劳动标准的效力取决于用人单位劳动标准的制定方式。以集体合同确定的劳动标准，遵守关于集体合同效力的规定；以规章制度确定的劳动标准，遵守关于劳动规章制度效力的规定；以劳动合同确定的劳动标准，遵守关于劳动合同效力的规定。

劳动规章制度、集体合同和劳动合同之间的效力等级遵守以下两个原则：

一是就高不就低原则。劳动标准散见于不同层次的规范性文件和合同文本中，其效力等级从高到低依次为：集体合同、劳动规章制度、劳动合同。如果集体合同、劳动规章制度与劳动合同规定的事项不一样，三者具有同等的法律效力，因为从法律规定来看，集体合同、劳动规章制度和劳动合同都具有法律效力，三者对不同的事项做出不同规定的，各自在各自的范围内适用。因此较高等级文件的内容可以成为较低等级文件的补充，即较高等级文件已有规定的，较低等级文件不必重复规定。较低等级文件不得与较高等级文件相抵触。当然，用人单位集体合同、劳动规章制度和劳动合同都必须遵守法律法规的规定。只有这样，才能真正保障它们的约束力。

二是更有利原则。如果劳动规章制度与劳动合同、集体合同对同一事项做出规定且规定的内容不一致，应以劳动者请求适用且对劳动者最有利的那个等级文件为准。《最高人民法院关于审理劳动争议案件适用法律若干问题的解释（二）》第十六条指出："用人单位制定的内部规章制度与集体合同或者劳动合同约定的内容不一致，劳动者请求优先适用合同约定的，人民法院应予支持。"最高人民法院对于这个规定给出的原因是，确定劳动合同和集体合同的优先适用效力，主要目的是防止用人单位，特别是企业的经营管理者不正当行使劳动用工管理权，借少数人的民主侵害多数职工依法享有的民主权利，因此如果用人单位利用其劳动规章制度的单方面制定权，对单位职工做出有悖于劳动合同和集体合同，甚至国家法律法规的规定，其内容必将被认定为无效。

五、影响用人单位劳动标准的主要因素

（一）外部因素

由于用人单位劳动标准的制定必须以遵守国家强制性劳动标准为前提，而国家强制性劳动标准主要就是指劳动基准，因此劳动基准的制定和调整会直接影响用人单位的劳动标准。影响劳动基准制定和调整的因素主要有以下五个方面。

1. 劳动者基本权益保护的现实需要

兜底保障劳动者的基本劳动保障权益是劳动基准制度形成的最初动因，也是终身使命。从历史上看，劳动基准内容不断丰富（由最初的工时制度发展到包括最低工资、劳动安全卫生、女职工保护等多方面）、最低工资标准不断提高、工作时间不断缩短、劳动安全卫生不断强化，反映出劳动者基本劳动保障权益保障需求的逐渐提升；从现实来看，针对当前精神卫生和心理健康等问题的日渐严重，荷兰等国加强了对职业心理健康等方面基准的制定和监察工作。遵从这一轨迹，现阶段制定和调整劳动基准，必须立足于当前劳动者权益保护方面存在的突出问题、经济社会发展对劳动者基本权益保障提出的新挑战和劳动者在基本权益保障方面不断提高的需求。

2. 经济社会发展水平

劳动基准是最低标准，劳动基准必须与经济社会发展水平相适应。劳动基准超出经济社会发展水平，不仅会影响劳动基准的实际执行，而且会阻碍经济社会的持续发展；劳动基准低于经济社会发展水平，不仅实现不了保障劳动者基本权益的目标功能，同时反过来也会影响经济社会的进一步发展，影响产业的升级和转型。最低工资标准的调整要考虑经济增长速度，休息休假时间要兼顾劳动生产率等，在很大程度上都与此有关。

3. 劳动力市场供求关系

劳动基准与就业密切相关。一方面，劳动基准直接影响着就业质量；另一方面，劳动基准也间接影响着就业的数量，特别是工时制度和最低工资制度。在特定时点，调整工时往往成为解决就业压力的一种手段，中外历史上都有实例。

4. 公共安全

劳动基准要考虑公共安全的需要，是基于两个层面：宏观层面上，国家通过立法适时强制干预劳动力市场、劳动关系，可以减缓劳企冲突，促进社会稳定；微观层面上，劳动基准对公共交通等公共服务行业的限制，可以减少公共安全个案的发生。

5. 国际竞争的需要

全球化背景下，国际竞争更加激烈。对于以低劳动力成本为主要竞争优势，以劳动密集型外贸产业为重要经济支柱的发展中国家来说，劳动基准的调整事关国际竞争力。调整过快、标准过高，会直接削弱优势；标准过低，则有可能招致贸易壁垒。因此，类似国家劳动基准的横向比较也是劳动基准变化的重要影响因素。

（二）内部因素

1. 用人单位的发展状况

由于劳动标准会显著影响到用人单位的成本，因此用人单位制定的劳动标准与用人单位的发展状况息息相关。在用人单位发展的初期，用人单位管理规模小，抵抗风险的能力差，最核心的问题是解决生存问题，因此在这一阶段，用人单位制定的劳动标准水平较低，可能仅仅达到法定的劳动标准水平，而且劳动标准体系也很不完善，可能仅仅包括最基础的劳动标准，但是会随着用人单位的发展而逐步增加和完善。在用人单位发展的成熟阶段，用人单位的规模扩大，管理者的管理幅度增大，在这一阶段规范化、制度化管理的要求开始出现并逐渐迫切，管理者开始不断制定各类劳动标准，建立起完善的用人单位劳动标准体系，劳动标准水平也会有所上升。

2. 企业文化

企业文化对用人单位劳动标准体系具有很大的影响。具有平等、关爱员工的企业文化的用人单位制定的劳动标准水平较高，往往会高于法定标准，而具有"利润至上"的企业文化的用人单位制定的劳动标准水平则会偏低，往往仅仅是达到法定最低劳动标准。

另外，用人单位的人员素质也会对劳动标准的制定和实施产生很大影响：用人单位管理层的知识结构、创新意识和领导艺术水平，对推动用人单位劳动标准建设具有决定性的作用；用人单位员工对劳动标准的正确认识是实施用人单位劳动标准的思想基础；经营管理人员的文化素质、思想观念和工作能力等，也会对用人单位劳动标准建设产生重大影响。

3. 员工力量

由于用人单位的劳动标准主要体现在集体合同和规章制度中，而集体合同和规章制度的制定都需要通过与员工平等协商，因此用人单位的劳动标准与员工的意愿和力量也有很大的关系。如果用人单位的工会力量比较强大，在平等协商过程中就可以更多更好地为员工争取利益，用人单位制定的劳动标准水平也会较高，从而更好地维护员工的利益。

 **技能要求**

一、用人单位劳动标准起草前的准备工作

（一）全面了解单位的劳动标准制定状况

在起草用人单位的劳动标准之前，首先需要全面了解单位目前的劳动标准的制定状况。若单位有劳动标准汇编，那么参考劳动标准汇编即可；若单位并没有系统地整理过内部劳动标准，那么还需要对劳动标准进行系统的整理汇总。

（二）全面收集劳动标准

全面了解单位的劳动标准制定状况后，需要全面收集相关的劳动标准，包括国家劳动标准、行业劳动标准、地方劳动标准，以及可供参考的其他劳动标准。收集劳动标准的途径包括法律法规汇编、劳动标准汇编、劳动法配套规定汇编、法律法规单行本、报纸和政府公告，以及网络。要注意收集材料的权威性和准确性。

（三）确定单位劳动标准的制定空间

在全面收集上述劳动标准之后，才能够确定本单位劳动标准的制定空间。由于用人单位属于市场微观范畴，面对的是纷繁琐碎的工作，不同用人单位的具体情况也存在很大差异，因此在国家、行业、地方的劳动标准没有规定或是规定不详细的地方，用人单位要结合实际制定本单位劳动标准，使劳动标准更具有可操作性。

二、用人单位劳动标准的编写规范

用人单位劳动标准的编写规范主要表现在两个方面，一是内容规范，二是程序规范。内容规范是指用人单位劳动标准必须符合国家、行业、地区强制性劳动标准的规定，所设定的具体标准不能低于国家、行业、地区强制性劳动标准所设立的底线。程序规范则是用人单位劳动标准依据其制定方式的不同而应遵守法律对于程序上的不同要求。以劳动规章制度形式确立的用人单位劳动标准，应遵守法律关于劳动规章制度制定程序的要求；以签订集体合同的方式确立的用人单位劳动标准，则应遵守法律关于集

体合同和集体协商的程序性规定；以劳动合同样本方式确立的用人单位劳动标准，则应在与劳动者订立劳动合同时，遵守法律关于劳动合同签订程序的要求，与劳动者协商一致。下面主要介绍劳动规章制度的内容规范和程序规范。

（一）用人单位劳动规章制度的内容规范

用人单位劳动规章制度的内容规范，主要是指内容合法、结构完整、规定全面。

1. 内容合法

用人单位劳动规章制度必须合法，不得有违反法律强制性规定的内容。如果存在违反法律法规强制性规定的内容，这部分内容是无效的。

2. 结构完整

用人单位劳动规章制度应该结构完整，应有罚则。用人单位的劳动规章制度旨在维护其正常经营秩序，规范员工的行为，因此应该有相应的处罚规定。否则，劳动规章制度就会形同虚设，达不到实际效果。用人单位劳动规章制度可以规定的对于员工的处罚方式通常有书面警告、记过、扣除工资或奖金、降级或降职、降薪、停工、辞退等。

3. 规定全面

用人单位劳动规章制度应该规定全面，不仅有关于日常管理方面的规定，还应该包括录用员工和辞退员工的规定。例如，应该对录用员工过程中的招录条件及事先制作、公布和事后保留录用条件的方法做出规定，以减少试用期辞退的风险。再如，用人单位劳动规章制度可以对"严重违反劳动纪律或者用人单位规章制度"的行为做出具体规定，也可以对"重大利益损害"等进行界定，以便在辞退违纪员工时减少争议。当然，编写这些劳动规章制度内容时，应该注意常识和合理性，避免过于苛刻而"显失公正"。

（二）用人单位劳动规章制度的程序规范

用人单位劳动规章制度的程序规范包括一般程序规范和法定

程序规范，一般程序包括收集资料进行分析、确定目标及工作标准、提出编写提纲、起草、征求意见、修改、审批和公布；法定程序包括合法性审查、协商、公示或告知、备案。其中，法定程序是核心。程序规范主要是指法定程序规范。

三、用人单位劳动标准制定的法律依据与程序

用人单位劳动标准所涉及的内容比较广，根据涉及的劳动条件的不同，可以按照前文所述有许多划分，因此法律依据与制定程序较为复杂。但是从另外一个层面来讲，用人单位的劳动标准可以被用人单位集体合同、劳动合同和劳动规章制度这三种形式全部涵盖，所以我们从这三种不同的制定形式的角度来讨论用人单位劳动标准制定的法律依据与程序。

（一）通过集体合同制定劳动标准的法律依据与程序

1. 集体合同制定的法律依据

我国关于集体合同制定的法律依据主要为《劳动法》《劳动合同法》《工会法》以及《集体合同规定》。集体合同作为用人单位劳动标准的底线，其作用就是保障劳动者在工作场所中的基本权益，所以必须遵守国家法律法规的规定。

《劳动法》第三十三条规定："企业职工一方与企业可以就劳动报酬、工作时间、休息休假、劳动安全卫生、保险福利等事项，签订集体合同。集体合同草案应当提交职工代表大会或者全体职工讨论通过。集体合同由工会代表职工与企业签订；没有建立工会的企业，由职工推举的代表与企业签订。"这里强调了集体合同的当事人，并对集体合同所约定的事项进行了说明。第三十四条规定："集体合同签订后应当报送劳动行政部门；劳动行政部门自收到集体合同文本之日起十五日内未提出异议的，集体合同即行生效。"这一条则阐明了集体合同生效的条件。

《劳动合同法》中除了《劳动法》规定得比较具有指导意义的条款外，还有一些更加详细的规定。如第五十二条规定："企业职工一方与用人单位可以订立劳动安全卫生、女职工权益保护、工资调整机制等专项集体合同。"这一条款明确了职工一方可以就

单项劳动标准与用人单位签订专项集体合同。第五十三条规定:"在县级以下区域内,建筑业、采矿业、餐饮服务业等行业可以由工会与企业方面代表订立行业性集体合同,或者订立区域性集体合同。"

《集体合同规定》中对于集体合同的内容,协商程序,合同的订立、变更、解除、终止,集体合同的审查等做了非常详细的规定,此处不赘述。

2. 集体合同的制定程序

根据上述法律法规以及相关配套法规的规定,可以将集体合同的制定分为以下几个步骤:

(1) 集体协商要约。职工方代表、用人单位方代表就某一项或者某几项事宜,以书面形式向对方提出集体协商要求。

(2) 集体协商。在充分的准备后,双方代表就要约事宜发表看法,充分讨论。若达成一致,则签订集体合同;若未能达成一致,则协商下次协商的事由。

(3) 集体合同起草。按照法律规定及协商内容,起草集体合同草案。草案一般由工会起草,也可由用人单位方,或者双方共同组织起草。

(4) 职工代表大会审议。将双方协商一致的集体合同草案提交职工代表大会审议。

(5) 首席代表签署。双方首席代表对通过职工代表大会审议的集体合同签字确认。

(6) 劳动行政部门审查。签字后的集体合同报送劳动行政部门,15日内无异议,则集体合同生效。

(二) 通过劳动规章制度制定劳动标准的法律依据与程序

1. 劳动规章制度制定的法律依据

我国关于用人单位劳动规章制度制定的法律依据主要包括《宪法》《劳动法》《劳动合同法》《公司法》以及其他配套法律法规。共同协商制定劳动规章制度不仅是用人单位和职工的权利,也是用人单位和职工应尽的义务,是劳动关系双方享有权利、履行义务的制度保障。因此，用人单位在与职工代表双方共同协商确定劳动规章制度时必须遵守上述法律的规定。

《宪法》第五十三条规定："中华人民共和国公民必须遵守宪法和法律，保守国家秘密，爱护公共财产，遵守劳动纪律，遵守公共秩序，尊重社会公德。"这里提到的"劳动纪律"就是用人单位劳动规章制度的重要组成部分。

《劳动法》第三条第二款规定："劳动者应当完成劳动任务，提高职业技能，执行劳动安全卫生规程，遵守劳动纪律和职业道德。"这里的"劳动纪律"就指的是用人单位制定的劳动规章制度。《劳动法》第四条规定："用人单位应当依法建立和完善规章制度，保障劳动者享有劳动权利和履行劳动义务。"这里的"应当"表明，制定劳动规章制度既是用人单位的法定权利也是用人单位的法定义务。依据《劳动法》第二十五条规定，劳动者严重违反劳动纪律或者用人单位规章制度的，用人单位可以解除劳动合同。

《劳动合同法》第四条规定："用人单位应当依法建立和完善劳动规章制度，保障劳动者享有劳动权利、履行劳动义务。用人单位在制定、修改或者决定有关劳动报酬、工作时间、休息休假、劳动安全卫生、保险福利、职工培训、劳动纪律以及劳动定额管理等直接涉及劳动者切身利益的规章制度或者重大事项时，应当经职工代表大会或者全体职工讨论，提出方案和意见，与工会或者职工代表平等协商确定。在规章制度和重大事项决定实施过程中，工会或者职工认为不适当的，有权向用人单位提出，通过协商予以修改完善。用人单位应当将直接涉及劳动者切身利益的规章制度和重大事项决定公示，或者告知劳动者。"该法明确规定了用人单位必须依法建立和完善劳动规章制度，制定劳动规章制度的程序必须合法。

2. 劳动规章制度的制定程序

（1）起草草案。劳动规章制度的起草一般有两种情况：一种是起草新的劳动规章制度，一种是修改旧劳动规章制度。起草人一般是用人单位行政人员，也可委托外界顾问或专家代为起草。

（2）职工讨论。这是劳动规章制度在制定程序上必备的法律程序，即经由职工代表大会或全体职工讨论、修改。要让职工畅所欲言，充分表达各种意见，在正面与负面意见的基础上修改，以形成比较成熟的审议文稿。

（3）协商通过。职工讨论和用人单位修改后，形成劳动规章制度意见稿。然后，企业需要派代表同工会或者用人单位职工代表共同对劳动规章制度意见稿进行协商，最终形成劳动规章制度的终稿。

（4）制度公示。用人单位制定的劳动规章制度，经法定程序，确认其内容合法、程序有效后，要由用人单位法定代表人签字并加盖用人单位行政公章，作为正式文件向全体职工正式公布，以便告知到用人单位的所有劳动者。应同时保证用人单位所有劳动者知晓规章制度，用人单位方留有证据证明已告知所有劳动者。

（三）通过劳动合同制定劳动标准的法律依据与程序

1. 劳动合同制定的法律依据

我国关于劳动合同制定的法律依据主要为《劳动法》《劳动合同法》以及相关配套法律法规。劳动合同是劳动者个人与用人单位确定劳动关系的协议，约定了双方的权利和义务，并且是调整劳动关系的基本法律形式。劳动合同的内容和签订程序必须符合法律的要求。

《劳动法》第十六条规定："劳动合同是劳动者与用人单位确立劳动关系、明确双方权利和义务的协议。建立劳动关系应当订立劳动合同。"第十七条规定："订立和变更劳动合同，应当遵循平等自愿、协商一致的原则，不得违反法律、行政法规的规定。劳动合同依法订立即具有法律约束力，当事人必须履行劳动合同规定的义务。"这两条规定明确了劳动合同的性质和制定劳动合同时应当遵循的原则，另外还明确了劳动合同对于双方当事人的约束力。

《劳动合同法》则从劳动合同的订立、履行与变更、解除与终止等方面对劳动合同的管理进行了更加详细的规定，此处不赘述。

2. 劳动合同的制定程序

（1）提出订立劳动合同的意愿。在订立劳动合同前，用人单位通常会通过各种渠道发布招聘的需求，劳动者会根据自身的条件和意愿求职应聘。

（2）双方协商。劳动者和用人单位就劳动合同的具体条款进行磋商，在双方意思表示一致后，协商即告结束。

（3）双方签约。通常情况下劳动合同的文本由用人单位准备，双方当事人在签约之前应当认真审阅合同文本载明的内容与双方之前的约定是否一致。劳动合同经用人单位与劳动者在劳动合同文本上签字或者盖章生效。劳动合同文本由用人单位和劳动者各执一份。

 **延伸阅读**

劳动标准的发展

进入20世纪后，随着市场经济体制在世界范围内逐步成为主导经济体制，现代企业制度的普遍推行，企业管理包括劳动管理的逐步现代化和劳动立法的扩展，现代劳动标准不断发展，体系不断健全。

1. 劳动标准的种类、项目日益增多，水平逐步提高。其一，关于工作条件的劳动标准有了较大发展。八小时工作制确立，并在不少市场经济发达国家中逐步缩短；带薪年休假标准开始建立，并逐步推开；最低工资标准得到推行，其水平日渐提高。同时，其他有关工作条件的劳动标准也逐步建立并相应健全起来。其二，建立并逐步健全劳动安全卫生标准。如英国在1937年的《工厂法》中单设一章，以立法形式详细规定了工厂设施等具体规则；其他国家也在相关法律中确定了劳动安全卫生标准。此外，还就女职工和未成年工的特殊保护制定了有关劳动标准。其三，劳动关系调整的各项标准逐步建立起来。市场经济国家均确定了相关标准，比如签订、变更、解除、终止劳动合同、集体合同的有关标准等。其四，社会保险标准进一步扩展和普及。越来越多的国家都建立了或开始建立社会保险制度，并先后颁布了关于养老、失业、医疗、工伤、生育等各项保险标准，其水平也随着经济发展逐步提高。其五，其他方面的劳动标准也逐步发展起来，比如就业标准、职业培训标准等。劳动标准涉及工作时间、劳动报酬、劳动合同、集体合同、集体谈判、劳动安全卫生、劳动争议处理、劳动效率、女职工和未成年工保护等许多方面，其标准种类、项目比以前增加了许多，且还在继续发展之中。

2. 劳动标准覆盖的范围越来越广。从世界范围看，绝大多数国家和地区都制定并执行了劳动标准。从一国范围看，劳动标准由原来只适用于某些行业、某些企业和某些职业、工种、岗位的部分劳动者，变为今天所有行业、企业和全体工薪劳动者都适用并应执行法律规定的通用的最低劳动标准。在此基础上，劳动者还应执行本行业、本企业和针对本职业、工种、岗位的特定劳动标准。

3. 劳动标准的制定方法日益改进、完善。一方面，以立法形式制定劳动标准的方法有了长足发展，其标志是第二次世界大战后，工业发达国家开始进行专门的劳动标准立法。如美国在1938年制定了《公平劳动标准法》，其后，日本、加拿大等国相继制定了劳动标准（基准）法，以立法形式颁布了各种劳动标准。没有专门制定劳动标准法的国家，也注意确定明确的劳动标准，或者在劳动法律中制定单项的"工作时间法""劳动合同法"等，以立法形式颁布有关单项劳动标准。另一方面，由标准化机构按现代标准化方法制定并批准的其他劳动标准也逐步增加，比如各种劳动安全卫生标准、劳动定额标准等。与此同时，劳动标准的制定也区分出层级。即立法机构、政府主要负责关于劳动者权益保障、劳动关系调整等劳动标准的制定修订，而关于提高劳动效率的劳动标准等则由企业负责制定修订。以上变化促进了现代劳动标准的发展。

4. 劳动标准体系逐步形成。经过上百年的发展,市场经济发达国家的劳动标准体系逐步形成。如美国、日本、英国、法国等国家,其劳动标准种类、项目都相对较为健全,水平或程度较高,覆盖面较广,执行也较严格。与此同时,国际劳工标准体系已经形成。自1919年6月国际劳工组织成立以来,制定了几百项国际劳工公约和建议书。其中,确定了一系列的国际劳工标准,从而逐步形成了一个国际劳工标准体系。该体系涉及基本人权、就业、产业关系、工作条件、社会保障,以及妇女、儿童和未成年人就业等十几个方面的劳工标准,为促进各国健全本国劳动标准发挥了应有的作用。

资料来源:劳动和社会保障部劳动工资研究所. 中国劳动标准体系研究[M]. 北京:中国劳动社会保障出版社,2003.

第二单元　用人单位劳动标准的内容

知识要求

一、工资标准

(一) 工资的概念和基本职能

工资是指用人单位根据国家规定或者劳动合同的约定,依法以货币形式支付给劳动者的劳动报酬。

工资又称薪金,在广义上可称为职工劳动报酬,指劳动关系中职工因履行劳动义务而获得的,由用人单位以法定方式支付的各种形式的物质补偿。其狭义仅指职工劳动报酬中的工资,包括计时工资、计件工资、奖金、津贴和补贴、加班加点工资以及特殊情况下支付的工资等,不包括用人单位承担的社会保险费、住房公积金、劳动保护、职工福利和职工教育费用。

工资的基本职能包括:一是分配职能。即工资是向职工分配个人消费品的社会形式,职工所得的工资额也就是社会分配给职

工的个人消费品份额。二是保障职能。即工资作为职工的生活主要来源，其首要作用是保障职工及其家庭的基本生活需要。三是激励职能。即工资是对职工劳动的一种评价尺度或手段，对职工的劳动积极性具有鼓励作用。四是杠杆职能。即工资是国家用来进行宏观经济调节的经济杠杆，对劳动力总体布局、劳动力市场、国民收入分配、产业结构变化等都有直接的调节作用。

（二）工资分配

工资分配应当遵循按劳分配的原则，实行同工同酬。按劳分配原则是指把劳动量作为个人消费品分配的主要标准和形式，按照劳动者的劳动数量和质量分配个人消费品，多劳多得，少劳少得。而对工资分配如何实行同工同酬的问题，存在不同理解。一般来说，在全社会范围内普遍实行的，涵盖不同行业、不同领域的绝对的同工同酬难以实现，目前关于同工同酬较为普遍认同的观点是，同一用人单位对相同或相近岗位上的劳动者应执行相同的工资分配制度。

工资分配制度是用人单位内部工资分配规则的总称，其主要内容是对工资的构成、形式、等级和标准等所做的具体规定。工资分配制度应当包括以下内容：各岗位的工资分配办法、工资正常增长分配办法、奖金分配办法、津贴和补贴分配办法、患病及休假等特殊情况下的工资分配办法。

（三）工资决定机制

1. 宏观层面

（1）工资指导线。政府为实现宏观经济社会目标，依据当前经济社会发展水平、城镇居民消费价格指数以及其他经济社会指标，确定年度工资增长的原则和水平，通过提出建议、提供信息等措施，指导企业合理增加工资的一种宏观调控方式，是政府根据当地经济社会发展目标、劳动生产率、城镇居民消费价格指数、就业状况、劳动力市场价格等因素确定和发布的企业工资水平的价格信号。

（2）劳动力市场工资指导价位。指政府主管部门根据有关规定，制定调查方案，对某区域内生产经营正常的企业和全年能提供正常劳动的职工进行抽样调查，经过汇总、分析、修正后形成的各类劳动力在市场中的高、中、低三种不同的工资指导价位，用于指导该区域企业和劳动者根据这些价位合理协商和确定工资待遇。

（3）企业人工成本参考水平。企业人工成本是指在生产经营过程中以直接支付方式或间接支付方式用于劳动者的全部费用。人工成本的构成主要包括工资总额、社会保险费用、职工福利费用、职工教育费用、劳动保护费用、职工住房费用和其他有关人工费用等。企业人工成本参考水平每年向社会发布一次，发布的内容包括：某区域内企业人工成本水平情况、企业人工成本占总成本的比重情况、企业人工成本构成情况、企业人工成本投入产出效益情况、主要行业人工成本情况等。

2. 中观层面

工资集体协商是指企业代表和工会代表或经过民主推举产生的职工代表双方，依据国家有关法律、法规和政策，就企业内部工资分配制度、分配形式、工资支付办法、工资收入水平及其增长幅度等问题进行平等协商并依法签订企业工资集体合同的行为。工资集体协商可以促进企业工资管理制度化、规范化，实现职工参与企业民主管理，有利于工资指导线的贯彻落实。

3. 微观层面

劳动合同双方当事人应根据工资分配制度在劳动合同中约定工资事项，并严格执行。

（四）工资支付

用人单位应依法建立工资支付制度。工资支付制度应当明确以下内容：工资支付项目、标准、形式；工资支付周期和日期；加班加点工资计算标准；假期工资支付标准；依法代扣工资的情形及标准。

1. 工资支付的一般规则

（1）货币支付规则，即工资应当以法定货币支付，不得以实物和有价证券替代货币支付。

（2）直接支付规则，即应当将工资直接支付给劳动者本人，并同时提供包括应付工资项目及数额、实发数额、代扣和扣减工资等内容在内的劳动者本人的工资清单。直接支付也包括委托银行代发。

（3）支付记录规则，即用人单位应当书面记录支付劳动者工资的应发项目及数额、实发数额、支付日期、支付周期、依法扣除项目及数额、领取者姓名等内容。

（4）定期支付规则，即用人单位必须在与劳动者约定的日期支付工资，不得无故拖欠。《工资支付暂行规定》第七条规定："工资必须在用人单位与劳动者约定的日期支付。如遇节假日或休息日，则应提前在最近的工作日支付。工资至少每月支付一次，实行周、日、小时工资制的可按周、日、小时支付工资。"

（5）全额支付规则，即应当将职工应得的工资全部支付，禁止非法扣除工资。即使在法定允许扣除工资的情况下，每次扣除工资额也不得超出法定限度。根据我国现行立法，用人单位可以从职工的工资中代扣的情况只限于以下费用：应由职工缴纳的个人所得税；应由职工负担的各项社会保险费用；法院判决、裁定中要求代扣的抚养费、扶养费、赡养费；法定可以从工资中扣除的其他费用。职工违纪违章或给用人单位造成经济损失而应予赔偿的，可以从职工本人工资中扣除，但每月扣除的部分不得超过劳动者当月工资的20%。若扣除后的剩余工资部分低于当地月最低工资标准，则按最低工资标准支付。

（6）优先支付规则，即企业破产或依法清算时，职工应得工资应作为优先受偿的债权。

2. 加班工资的支付

根据《工资支付暂行规定》第十三条的规定，用人单位在劳动者完成劳动定额或规定的工作任务后，根据实际需要安排劳动者在法定标准工作时间以外工作的，应按以下标准支付工资：

（1）用人单位依法安排劳动者在日法定标准工作时间以外延

长工作时间的，按照不低于劳动合同规定的劳动者本人小时工资标准的150%支付劳动者工资；

（2）用人单位依法安排劳动者在休息日工作，而又不能安排补休的，按照不低于劳动合同规定的劳动者本人日或小时工资标准的200%支付劳动者工资；

（3）用人单位依法安排劳动者在法定休假节日工作的，按照不低于劳动合同规定的劳动者本人日或小时工资标准的300%支付劳动者工资。

实行计件工资的劳动者，在完成计件定额任务后，由用人单位安排延长工作时间的，应根据上述规定的原则，分别按照不低于其本人法定工作时间计件单价的150%、200%、300%支付其工资。

经劳动行政部门批准实行综合计算工时工作制的，其综合计算工作时间超过法定标准工作时间的部分，应视为延长工作时间，并应按该规定支付劳动者延长工作时间的工资。

实行不定时工时制度的劳动者，不执行上述规定。

二、带薪年休假标准

用人单位的带薪年休假标准是指在用人单位实施法律规定的带薪年休假的具体制度。带薪年休假制度不仅是保障劳动者享有休息权的重要途径之一，还能刺激消费、激活经济，对国家、社会、用人单位、个人都大有裨益。

（一）享受带薪年休假的资格标准

《企业职工带薪年休假实施办法》第三条规定，职工连续工作满12个月以上的，享受带薪年休假。《职工带薪年休假条例》第四条规定，若职工有下列情形之一，则不能享受当年的年休假：①职工依法享受寒暑假，其休假天数多于年休假天数的；②职工请事假累计20天以上且单位按照规定不扣工资的；③累计工作满1年不满10年的职工，请病假累计2个月以上的；④累计工作满10年不满20年的职工，请病假累计3个月以上的；⑤累计工作满20年以上的职工，请病假累计4个月以上的。

劳务派遣单位的职工若是连续工作满12个月以上，也可以享受年休假。被派遣职工在劳动合同期限内的无工作期间，由劳务派遣单位依法支付劳动报酬的天数多于其全年应当享受的年休假天数的，不享受当年的年休假；少于其全年应当享受的年休假天数的，劳务派遣单位、用工单位应当协商安排补足被派遣职工年休假天数。

（二）带薪年休假的天数

年休假天数根据职工累计工作时间确定。职工在同一或者不同用人单位工作期间，以及依照法律、行政法规或者国务院规定视同工作期间，应当计为累计工作时间。职工累计工作已满1年不满10年的，年休假5天；已满10年不满20年的，年休假10天；已满20年的，年休假15天。用人单位可以根据本单位的战略和目标自行制定本单位的年休假天数，但是只能长于国家标准，不能短于国家标准。

职工依法享受的探亲假、婚丧假、产假等国家规定的假期以及因工伤停工留薪期间不计入年休假假期。

（三）带薪年休假的安排

单位根据生产、工作的具体情况，并考虑职工本人意愿，统筹安排职工年休假。年休假在1个年度内可以集中安排，也可以分段安排，一般不跨年度安排。单位因生产、工作特点确有必要跨年度安排职工年休假的，可以跨1个年度安排。

如果单位确因工作需要不能安排职工休年休假的，经职工本人同意，可以不安排职工休年休假。对职工应休未休的年休假天数，单位应当按照该职工日工资收入的300%支付年休假工资报酬。如果用人单位安排职工休年休假，但是职工因本人原因且书面提出不休年休假的，用人单位可以只支付其正常工作期间的工资收入。

职工在年休假期间享受与正常工作期间相同的工资收入。实行计件工资、提成工资或者其他绩效工资制的职工，日工资收入按照职工本人的月工资除以月计薪天数（21.75天）进行折算。

这里的月工资是指职工在用人单位支付其未休年休假工资报酬前12个月剔除加班工资后的月平均工资。在本用人单位工作时间不满12个月的,按实际月份计算月平均工资。

三、劳动定额标准

(一) 劳动定额标准的概念

劳动定额,通常指在一定的生产技术和组织条件下,为生产一定量合格产品或完成一定量工作所预先规定的劳动消耗量标准,或是在单位时间内完成预先规定的合格产品的数量。在我国,劳动法并无关于劳动定额含义的明确界定。"劳动定额"一词出现在《劳动法》第四章"工作时间和休息休假"第三十七条:"对实行计件工作的劳动者,用人单位应当根据本法第三十六条规定的工时制度合理确定其劳动定额和计件报酬标准。"

劳动定额标准,就用人单位而言,与其经济效益密切相关。从用人单位经营管理角度考察,能较客观地反映出用人单位内不同劳动者的工作能力和工作态度,并可据此确定不同劳动者的劳动报酬,体现"多劳多得"的工资分配原则,并降低用人单位的管理成本,故被传统的加工制造业、建筑业等行业的众多企业所青睐和推崇。但其适用范围具有一定的限制性,一般只适用于劳动工序相对独立,产品质量有明确标准并能科学测定,劳动者个体的工作数量或生产的产品数量能够准确计算,并且有关管理制度比较健全完善的用人单位。

(二) 用人单位劳动定额标准的制定

科学合理地确定从事不同性质的工作、具有不同劳动强度及不同作业环境的各岗位的劳动时间,是制定劳动定额标准的必要前提。

第一步,对生产工艺、设备、工种岗位设置、劳动定额制定和完成情况以及岗位基本情况等进行全面调查。

第二步,进行岗位劳动技术测定,取得制定劳动定额标准所必需的劳动时间、劳动强度、劳动环境等技术数据。

第三步,根据技术测定所取得的数据,结合岗位调查资料及历史资料的统计分析，应用工作研究的方法，对生产作业组织、操作动作及动作完成时间等进行分析研究，提出优化和改进措施，并对测定的数据进行必要的调整和修正。

第四步，应用各岗位经调整修正后的技术数据，根据劳动宽放时间及定额计算公式，计算各岗位在工作时间内可以达到的作业时间标准及完成所规定工作量的理论定额数量值。

第五步，结合生产、计划、工艺、安全及劳动组织等方面的要求，对计算得出的定额数据进行必要的调整，确定合理的劳动定额标准。

第六步，组织审定标准，平衡审定各标准的表现形式、内容及标准水平，确定劳动定额标准。

四、企业补充保险标准

现阶段，我国企业补充保险主要是指企业补充养老保险（即企业年金）和企业补充医疗保险。

（一）企业年金制度

1. 企业年金的概念

企业年金是指企业及其职工在依法参加基本养老保险的基础上，自主建立的补充养老保险制度。

企业年金基金由企业缴费、职工个人缴费和企业年金基金投资运营收益三部分组成。企业年金基金实行完全积累，采用个人账户方式进行管理。企业缴费应按照年金方案规定比例计算，计入职工个人账户；职工个人缴费计入本人个人账户。按照相关规定，职工在达到国家规定的退休年龄或者完全丧失劳动能力时，可从本人企业年金个人账户中按月、分次或者一次性领取企业年金。

相对于其他形式的养老基金而言，企业年金制度既能够体现出专家投资管理的潜力和优势，又能有较好的风险收益组合和较低的交易成本。企业设立的企业年金计划是其人力资源管理和人力资本投资的重要举措，有效的企业年金计划有利于保留和吸引企业的高端技术和管理人才，进而有利于增强企业内部的凝聚力和外部的市场竞争力。

2. 企业年金与个人所得税

企业年金作为一种福利机制，则必然与职工个人所得关系密切，相应地就会产生个人所得税。企业年金个人所得税的主要处理方式具体参见《财政部　人力资源社会保障部　国家税务总局关于企业年金职业年金个人所得税有关问题的通知》的相关规定。

3. 企业年金标准的内容

企业制定的企业年金方案应当说明企业年金的管理和运营模式、缴费比例、基金的管理方、支付方式等方面的内容。

按照我国相关法律法规的要求，企业建立企业年金计划应采用图1-1所示的委托—受托模式。

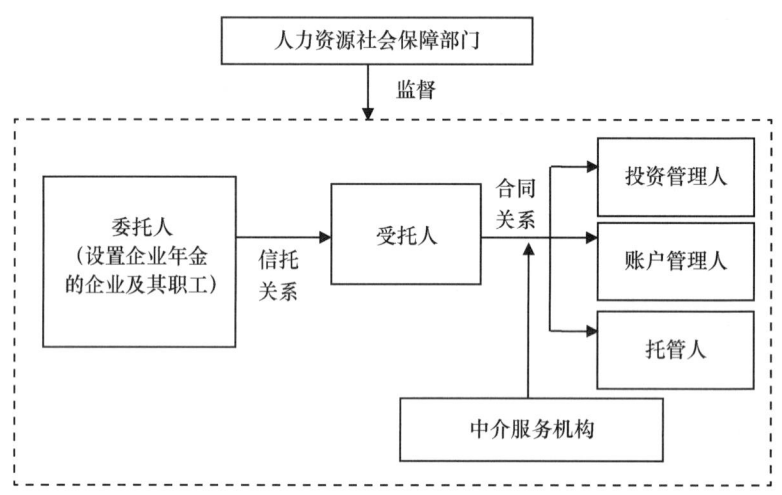

图1-1　我国的委托—受托型企业年金模式

我国《企业年金办法》第五条规定，企业和职工建立企业年金，应当确定企业年金受托人，由企业代表委托人与受托人签订受托管理合同。我国企业年金基金不能由企业和职工自行管理，必须交由受托人管理。设立企业年金的企业及其职工应作为委托人，与受托人签订书面的信托合同。受托人应与企业年金基金账户管理机构（即账户管理人）、企业年金基金托管机构（即托管人）和企业年金基金投资管理机构（即投资管理人）分别签订书面的委托管理合同，由他们处理相关的业务。

中介服务机构是指为企业年金管理提供服务的律师事务所、会计师事务所等专业机构。

人力资源社会保障部门是企业年金业务的主要监管部门。

(二) 企业补充医疗保险

1. 企业补充医疗保险的概念

企业补充医疗保险是指企业在参加基本医疗保险的基础上，根据自身的经济承受能力，本着自愿的原则，自出资金，对本企业职工在基本医疗保险制度支付以外的医疗费用，实行医疗补助的医疗保险。

企业补充医疗保险的实施对象是参加基本医疗保险的职工，非参保人员不在此实施范围之内。

并不是所有企业都能够建立补充医疗保险。建立补充医疗保险的企业，首先，必须参加基本医疗保险，并按时足额缴纳保险费用；其次，具有一定的经济承受能力，即具有持续的税后利润，并按时缴纳其他社会保险费用，保证足额发放职工工资；最后，已经形成的医疗保障待遇高于基本医疗保险待遇，且有能力主办或参加补充医疗保险。

2. 企业补充医疗保险标准的内容

企业制定的补充医疗保险标准应当明确保险范围、保险资金的筹集方式、保障水平、管理方式、待遇给付办法等内容。

(1) 确定保险范围。企业补充医疗保险是针对基本医疗保险的有限责任而拓展的一种辅助性的保障方式，主要目的是分散基本医疗保险待遇之外个人承担的疾病风险，所以其保险范围应该是基本医疗保险支付以外由个人负担的医疗费用，具体包括职工及退休人员在医疗机构和定点零售药店发生的下列费用：①基本医疗保险个人账户不足支付时的门诊医疗费用；②基本医疗保险、社会医疗救助支付之后，应由个人支付的住院及特殊病种门诊医疗费用；③由企业经民主程序讨论通过决定予以支付的其他医疗费用。

（2）筹集保险资金。根据《国务院关于建立城镇职工基本医疗保险制度的决定》，企业补充医疗保险费在工资总额4%以内的部分，从职工福利费中列支，福利费不足列支的部分，经同级财政部门核准后列入成本。《财政部 劳动和社会保障部关于企业补充医疗保险有关问题的通知》进一步明确，企业补充医疗保险费在工资总额4%以内的部分，可直接从成本中列支，不再经同级财政部门审批。因此，企业补充医疗保险费应由企业在不超过工资总额4%的范围内从成本中列支，并单独建账，单独管理。不同的企业应根据本企业的具体情况确定其补充医疗保险的筹资比例。

（3）确定保障水平。确定企业补充医疗保险保障水平应考虑以下几个因素：企业经济效益状况及其发展前景、企业每年可筹集的补充医疗保险资金、医改前企业医疗待遇水平、医改后职工医疗费用实际负担水平、企业所在地的社会和经济环境。在综合考虑以上因素后，企业才能科学确定本企业的补充医疗保险保障水平。

（4）确定管理方式。企业应根据本单位规模、人员构成、经济效益、所处的行业及社会环境等实际情况，确定补充医疗保险管理方式。主要有以下几种方式：

1）单独设立管理经办机构。规模较大、人员较多的企业或集团，可以在企业内部单独设立自己的补充医疗保险管理经办机构，自主建立与实施企业补充医疗保险。

2）行业或相关企业联合建立补充医疗保险。患病风险程度及人员构成相同或接近的相关企业或行业，可以联合建立企业补充医疗保险，充分利用"大数法则"规避风险，提高保障水平。

3）依托基本医疗保险经办机构建立企业补充医疗保险。企业可以充分利用基本医疗保险经办机构的专业、人员、网络优势，通过与基本医疗保险经办机构签订协议，委托其办理企业补充医疗保险。

4）依托商业保险公司建立企业补充医疗保险。医改后，许多商业保险公司推出与基本医疗保险相衔接的医疗保险险种，企业可以与商业保险公司合作，以企业作为投保人，单位职工及退休人员为被保险人，由企业以向商业保险公司投保的方式为职工建立企业补充医疗保险。

（5）确定待遇给付办法。补充医疗保险的待遇给付办法是在既定的保障水平下，针对不同保障对象所规定的医疗费用具体补偿办法或基金支付办法，它是企业补充医疗保险的核心问题，因此，企业必须在综合考虑、平等协商的基础上力求做到科学合理地制定待遇给付办法。

五、劳动就业标准

从劳动法的角度，劳动就业是指具有劳动权利能力和劳动行为能力并有劳动意愿的公民获得有报酬的职业。为了解决失业问题，越来越多的国家出台促进就业的单项立法，如德国的《就业促进法》、西班牙的《基本就业法案》、意大利的《促进就业法令》等。为了促进就业，促进经济发展与扩大就业相协调，促进社会和谐稳定，2007年8月30日我国第十届全国人民代表大会常务委员会第二十九次会议通过了《就业促进法》，自2008年1月1日起施行。2015年4月24日第十二届全国人民代表大会常务委员会第十四次会议通过的《关于修改〈中华人民共和国电力法〉等六部法律的决定》修正。劳动就业法也可称为促进就业法或就业促进法，是调整劳动就业关系的法律规范的总和。

在劳动就业法中"就业标准"这一概念并不常用。但由于劳动者在就业、职业培训过程中产生的法律关系是与劳动关系密切联系的法律关系（与劳动关系密切联系的某些关系本身不是劳动关系，但有的是发生劳动关系的必要前提，有的是劳动关系的直接后果，有的是随着劳动关系而附带产生的关系），国家在劳动就业法中所做的强制性规定也属于广义的劳动基准的范畴，是对劳动就业领域的国家管制。

根据劳动就业法所调整的各种具体的劳动就业关系的不同，劳动就业法可以分为下列几个部分。一是就业调控法。这主要是国家宏观就业政策的体现，如《就业促进法》第二章"政策支持"的内容。这方面没有具体标准，但对劳动关系会有影响。作为劳动关系协调员平时应当注意这方面的政策。二是就业管理法。也就是劳动力市场管理法，调整国家行政机关在就业管理也就是劳动力市场管理过程中发生的社会关系。主要内容包括：就业管理体制；劳动力市场准入管理体制，包括外国人在中国就业的行政许可管理制度；劳动力市场中介管理，包括对职业介绍机构、境外就业中介机构的行政许可管理制度；就业信息制度等。如《就业促进法》第四章"就业服务和管理"以及人力资源社会保障部《就业服务与就业管理规定》（2007年11月5日劳动和社会保障部令第28号公布，2018年12月14日第三次修订）。三是反就业歧视法。调整劳动者在获得职业过程中因受到就业歧视而与用人单位和就业服务机构发生的社会关系，规定就业歧视行为的界定及其法律责任。《就业促进法》第三章"公平就业"的内容属于反就业歧视法。四是特殊群体就业保障法。调整妇女、未成年人、残疾人、退役军人、少数民族人员等劳动力市场上的特殊群体在就业过程中发生的社会关系。追求实质平等，对谋求职业有困难的特殊人群的就业予以特别保护。我国的《妇女权益保障法》《未成年人保护法》《残疾人保障法》《民族区域自治法》等均有相关规定，《就业促进法》在"公平就业"这一章中也有规定。五是就业服务法。调整政府、就业服务机构与劳动者、用人单位之间为形成劳动关系，提供就业服务而发生的社会关系。如《就业促进法》第四章"就业服务和管理"以及人力资源社会保障部《就业服务与就业管理规定》的部分内容。六是职业培训法。规定职业培训制度，包括就业前培训（就业训练）与就业后的培训。前者实际上是就业服务法的内容，但现行《职业教育法》和《就业促进法》第五章"职业教育和培训"都将其专门列出。从劳动就业的强制性标准而言，主要是就业后的培训。七是就业援助法。调整政府与劳动者、用人单位之间为形成劳动关系，提供就业援助而发生的社会关系，对象是就业困难人员。如《就业促进法》第六章"就业援助"。广义上属于就业服务的内容。

八是失业保险法。失业保险具有生存保障和促进就业两重功能。失业保险法也具有社会保险法与劳动法双重属性，但生存保障功能是主功能，所以主要在社会保险法中规定。就业促进法只是原则性地规定了一条。

从劳动基准角度而言，本章节涉及的就业标准主要是法律规定的用人单位的强制性义务。

（一）就业能力标准

1. 就业权利能力标准

一般应当是具有中华人民共和国国籍的自然人，以及根据现行法律规定，经过行政许可的外国人（不具备中华人民共和国国籍的人），才能取得在中国就业的权利。用人单位招用外国人应当严格遵守有关规定，相关具体内容可参见《外国人在中国就业管理规定》（劳部发〔1996〕29号，2017年3月13日第二次修正）。而2012年6月30日第十一届全国人民代表大会常务委员会第二十七次会议通过的《出境入境管理法》则对外国人在中国非法就业的认定和法律责任做了明确的规定。

2. 就业行为能力标准

主要是指劳动者能够依法履行劳动给付行为并承担相应的义务和责任，包括年龄标准、体力标准、智力标准和行为自由标准等。其中体力标准是指对疾病的合理限制，劳动者完全丧失劳动能力的，不能建立劳动关系或应当解除劳动关系。行为自由标准是指劳动者应当具备行为自由，不应是被依法剥夺行为自由的人。而年龄标准和智力标准则是就业能力标准中两个十分重要的问题。

（1）年龄标准。年龄标准分为最低年龄标准和最高年龄标准。我国《劳动法》第十五条将公民的就业年龄规定为年满16周岁，禁止招用未满16周岁的人。16周岁至18周岁的劳动者为未成年工，18周岁以上为成年工，16周岁以下则为童工。禁止使用童工，违反规定的，将根据《禁止使用童工规定》承担法律责任。但是某些特殊职业如文艺、体育和特种工艺单位确需招用未满16周岁的人时，必须依照国家有关规定，履行审批手续，并保障其接受义务教育的权利。而关于最高年龄标准，通常认为是法定退休年龄。但实践中有不少超过退休年龄的劳动者仍从事社会劳动，有的是受雇于用人单位。超过退休年龄的劳动者是否仍可以是劳动法意义上的劳动者，实践中存在不同的观点。

（2）智力标准。主要是指能够辨认和控制自己的行为以及从事有关技术工种必须具备相应的职业资格等。《就业促进法》第五十一条规定："国家对从事涉及公共安全、人身健康、生命财产安全等特殊工种的劳动者，实行职业资格证书制度，具体办法由国务院规定。"

（二）公平就业标准

1. 就业平等权

就业平等权又称平等就业权，是指公民平等获得就业机会的权利。就业平等权是宪法上平等权在劳动就业领域的具体化，具有崇高的地位。

《劳动法》第三条规定："劳动者享有平等就业和选择职业的权利"；第十二条规定："劳动者就业，不因民族、种族、性别、宗教信仰不同而受歧视"；第四十六条规定："工资分配应当遵循按劳分配原则，实行同工同酬"。这些条文都涉及了劳动者平等就业和禁止就业歧视的内容。此外，《妇女权益保障法》《残疾人保障法》对妇女、残疾人就业平等以及禁止歧视等都做了规定。《就业促进法》第三条规定："劳动者依法享有平等就业和自主择业的权利。劳动者就业，不因民族、种族、性别、宗教信仰等不同而受歧视。"

公民就业平等权的实现涉及和用人单位用人自主权的平衡问题。《就业促进法》第八条规定："用人单位依法享有自主用人的权利。用人单位应当依照本法以及其他法律、法规的规定，保障劳动者的合法权益。"

2. 反对就业歧视

（1）就业歧视的概念

就业歧视是指没有合法的目的和原因，基于种族、肤色、宗教、政治见解、民族、社会出身、性别、户籍、残障或身体健康状况、年龄、身高、语言等原因，对劳动者就业采取的任何区别、排斥、限制或者给予优惠的行为，其目的或作用在于取消或损害劳动者的就业平等权。

就业平等权包括但不限于劳动者享有平等获得职业的权利、取得报酬的权利、休息休假的权利、获得劳动安全卫生保护的权利、接受职业技能培训的权利、享受社会保险和福利的权利以及组织和参与工会等方面的权利。

为促使劳动者实现事实上的平等而采取的积极行为，不得视为歧视；但这些措施应在达成事实平等的目的后停止采用。也就是说，根据法律规定以纠正本单位或社会上已经存在的歧视为目的，而给予某一法定人群优惠的，不被视为就业歧视。

(2) 就业歧视行为的主体和法律责任

就业歧视的行为主体包括用人单位和职业中介机构。《就业促进法》第二十六条规定："用人单位招用人员、职业中介机构从事职业中介活动，应当向劳动者提供平等的就业机会和公平的就业条件，不得实施就业歧视。"用人单位招用人员就业，常见的方式是劳动者与用人单位直接洽谈就业，即参加用人单位的考试考核，考试考核合格者获得就业岗位而实现就业。职业中介机构介绍就业，是指职业中介机构将求职的劳动者推荐给用人单位，由用人单位择优录用，劳动者与用人单位签订劳动合同而就业。在以上两个过程中都可能发生就业歧视行为。

《就业促进法》第六十二条规定："违反本法规定，实施就业歧视的，劳动者可以向人民法院提起诉讼。"因此，劳动者认为用人单位招用人员、职业中介机构从事职业中介活动时实施了就业歧视，违反了向劳动者提供平等的就业机会和公平的就业条件的义务的，可以向人民法院起诉，要求其承担法律责任。

(3) 禁止就业歧视的内容

1) 禁止性别歧视

在市场经济条件下，用人单位是劳动力市场的用工主体，在遵循面向社会、公开招收、择优录用原则的前提下，可自主确定招用人员的数量、条件和方式，自愿选择职业中介服务机构。妇女由于自身生理、身体及心理素质方面的原因，就业机会和从事职业的岗位往往比男子要少，较男子有着更大的压力；女性特殊的生理及身体条件，有很多劳动不适应；第三产业相对滞后，影响妇女就业岗位的开发；妇女生育补偿社会程度低，致使企业不愿意招收女职工；家务劳动社会化程度低，妇女在双重负荷下参与竞争，使竞争力减弱。因此，必须保障妇女享受同男子平等的就业权利，为妇女创造更多的就业机会。

根据《就业促进法》第二十七条的规定，用人单位招用女职工时有两项义务：

一是用人单位招用人员，除国家规定的不适合妇女的工种或者岗位外，不得以性别为由拒绝录用妇女或者提高对妇女的录用标准。而"不适合妇女的工种或者岗位"主要是指国务院2012年发布的《女职工劳动保护特别规定》中所规定的岗位。

二是用人单位录用女职工，不得在劳动合同中规定限制女职工结婚、生育的内容。一些用人单位的劳动合同中含有限制婚育的条款，如女职工结婚、生育即终止劳动合同，这些限制婚育条款违反妇女的基本人权，我国法律、法规均予以禁止。

违反以上义务性规定的即视为性别歧视。

2）禁止民族歧视和对少数民族人员就业的特殊保障

《就业促进法》第二十八条规定："各民族劳动者享有平等的劳动权利。用人单位招用人员，应当依法对少数民族劳动者给予适当照顾。"这里的"依法"主要是指依照《民族区域自治法》的有关规定。1984年5月31日通过、2001年2月28日修正的《民族区域自治法》对就业问题有专门规定，主要内容是优先招用少数民族人员。而2005年5月11日通过的《国务院实施〈中华人民共和国民族区域自治法〉若干规定》则规定："民族自治地方各级人民政府引导和组织当地群众有序地外出经商务工。有关地方人民政府应当切实保障外来经商务工的少数民族群众的合法权益。"

3) 禁止残疾歧视和对残疾人就业的特殊保障

根据《就业促进法》第二十九条和《残疾人保障法》的有关规定，用人单位不得歧视残疾人，国家必须采取积极措施，促进残疾人就业平等权的实现。为了实现实质平等，我国的行政法规规定了用人单位在促进残疾人就业方面的义务。国务院 2007 年发布的《残疾人就业条例》第二章专门规定了"用人单位的责任"：用人单位应当按照一定比例安排残疾人就业，并为其提供适当的工种、岗位。用人单位安排残疾人就业的比例不得低于本单位在职职工总数的 1.5%。具体比例由省、自治区、直辖市人民政府根据本地区的实际情况规定。用人单位安排残疾人就业达不到其所在地省、自治区、直辖市人民政府规定比例的，应当缴纳残疾人就业保障金。集中使用残疾人的用人单位中从事全日制工作的残疾人职工，应当占本单位在职职工总数的 25% 以上。这些规定为残疾人的就业提供了有力的法律保障。

4) 禁止健康歧视

《就业促进法》第三十条规定了禁止歧视传染病病原携带者及其例外两个方面的内容：

一是传染病病原携带者平等享有同正常人一样的劳动权利，用人单位招用人员时，一般不得以求职者是传染病病原携带者为由拒绝录用。对传染病病原携带者的就业歧视（学理上又称健康歧视）主要是指乙肝歧视和艾滋病歧视。

对于乙肝，许多用人单位在录用过程中通过设置一定的体检标准来限制乙肝病毒携带者的录用。人力资源社会保障部、教育部等均做出了相关规定，如《关于维护乙肝表面抗原携带者就业权利的意见》《就业服务与就业管理规定》等，要求用人单位在招、用工过程中，除国家法律、行政法规和国务院卫生行政部门规定禁止从事的工作外，不得强行将乙肝病毒血清学指标作为体检标准。为切实解决实践中不少教育机构、用人单位在入学、就业体检时违规进行乙肝病毒血清学项目检查，并把检查结果作为入学、录用条件的问题,2010年2月,人力资源社会保障部、教育部、卫生部又联合发布《关于进一步规范入学和就业体检项目维护乙肝表面抗原携带者入学和就业权利的通知》,进一步明确取消入学、就业体检中的乙肝检测项目。

对于艾滋病,我国的《艾滋病防治条例》第三条也做出了明确规定:"任何单位和个人不得歧视艾滋病病毒感染者、艾滋病病人及其家属。艾滋病病毒感染者、艾滋病病人及其家属享有的婚姻、就业、就医、入学等合法权益受法律保护。"

二是在例外情形下,传染病病原携带者就业受到限制。例外情形是指:经医学鉴定传染病病原携带者在治愈前或者排除传染嫌疑前,不得从事法律、行政法规和国务院卫生行政部门规定禁止从事的易使传染病扩散的工作。《食品安全法》《公共场所卫生管理条例》《化妆品卫生监督条例》等法律法规,对传染病病原携带者禁止从事的易使传染病扩散的工作做了明确规定。除了经医学鉴定符合这些法定情形外,传染病病原携带者从事任何工作都不应当受到限制,否则即构成歧视。

5)禁止户籍歧视

《就业促进法》第三十一条规定:"农村劳动者进城就业享有与城镇劳动者平等的劳动权利,不得对农村劳动者进城就业设置歧视性限制。"随着构建社会主义和谐社会进程的推进,农村劳动者进城就业的歧视性限制在法律上正在逐步得到消除。

(三)职业培训标准

职业培训是指根据社会职业的需要和劳动者的从业意愿及条件,对劳动者进行的旨在培养和提高其职业技能的非学历教育培训活动。《劳动法》第六十八条规定:"用人单位应当建立职业培训制度,按照国家规定提取和使用职业培训经费,根据本单位实际,有计划地对劳动者进行职业培训。从事技术工种的劳动者,上岗前必须经过培训。"

劳动者依法享有职业培训权,用人单位负有对劳动者进行职业培训的义务。《职业教育法》第六条规定:"行业组织和企业、事业组织应当依法履行实施职业教育的义务。"基于劳动关系协调员职业的特点,本节所介绍的职业培训标准主要针对用人单位在职业培训方面所负有的义务。

这一义务主要是企业应依法提取和使用职工教育培训经费。

早在1996年劳动部发布的《企业职工培训规定》第二十一条就规定,企业应按照以下国家规定提取、使用职工培训经费:①职工培训经费按照职工工资总额的1.5%计取,企业自有资金可有适当部分用于职工培训;②职工培训经费应根据企业需要,安排合理比例用于职工技能培训;③企业用于引进项目、技术改造项目的技术培训费用可以在项目中列支;④工会用于职工业余教育的经费由各级工会掌握使用;⑤企业职工培训经费应合理使用,当年结余的可结转到下一年使用。《就业促进法》第四十七条第三款规定,企业应当按照国家有关规定提取职工教育经费,对劳动者进行职业技能培训和继续教育培训。

 **技能要求**

一、起草用人单位工资薪酬标准应注意的问题

特殊情况下的工资支付是工资支付规范的重要内容,也是用人单位执行工资法律、法规中问题最多的方面。因此用人单位在制定工资薪酬标准时要特别注意这方面的问题。

(一)参加社会活动期间的工资支付

劳动者在法定工作时间内依法参加社会活动的,用人单位应视为其提供了正常劳动而支付工资。社会活动包括:依法行使选举权或被选举权;当选代表出席乡(镇)、区以上政府、党派、工会、青年团、妇女联合会等组织召开的会议;出任人民法庭证明人;出席劳动模范、先进工作者大会;《工会法》规定的不脱产工会基层委员会委员因工会活动占用的生产或工作时间;其他依法参加的社会活动。

（二）试用期的工资支付

劳动者在试用期的工资不得低于本单位相同岗位最低档工资的80%或者劳动合同约定工资的80%，并不得低于用人单位所在地的最低工资标准。

（三）视同提供正常劳动情形下的工资支付

劳动者依法享有的法定节假日以及年休假，探亲假，婚丧假，晚婚晚育假，女职工孕期产前检查、哺乳期内的哺乳时间、男方护理假，工伤职工停工留薪期等期间，用人单位应当视同劳动者提供正常劳动并支付其工资。妇女节、青年节等国家规定部分公民放假的节日期间，用人单位安排劳动者休息、参加节日活动的，应当视同其提供正常劳动并支付工资。劳动者因依法参加各类社会活动占用工作时间的，用人单位应当视同劳动者提供正常劳动并支付其工资。

（四）劳动者患病或非因工负伤停止劳动情形的工资支付

劳动者患病或者非因工负伤停止劳动，且在国家规定医疗期内的，用人单位应当按照工资分配制度的规定以及劳动合同、集体合同的约定或者国家有关规定，向劳动者支付病假工资或者疾病救济费。病假工资、疾病救济费最低不得低于当地最低工资标准的80%。

（五）用人单位停工、停产时的工资支付

用人单位非因劳动者原因停工、停产、歇业，在劳动者一个工资支付周期内的，应当视同劳动者提供正常劳动支付其工资；超过一个工资支付周期的，可以根据劳动者提供的劳动，按照双方新约定的标准支付工资；用人单位没有安排劳动者工作的，应当按照不低于当地最低工资标准的80%支付劳动者生活费。

（六）劳动者涉嫌违法犯罪时的工资支付

劳动者依法被取保候审、判处管制、适用缓刑或者被假释、监外执行期间，劳动合同未解除且劳动者继续在原单位正常劳动的，用人单位应当按照劳动合同的约定以及本单位的规章制度支付其工资。

二、用人单位实施特殊工时制应注意的问题

用人单位根据行业性质和生产特点，按照有关政策规定的程序和实体内容，可以向劳动行政部门申请实行特殊工时制度。但在实际运行中，用人单位要注意两个问题。

（一）特殊工时制的适用范围

特殊工时制主要是指综合计算工时工作制和不定时工作制。综合计算工时工作制的主要参照物是工作时间的消耗，以时间消耗确定工作量的大小和报酬的多少。劳动者在执行周期的实际出勤、休息情况和累计工作时数必须是可以明确记录考核的，这是用人单位实行这一特殊工时制度的必要条件。而不定时工作制的主要参照物是完成岗位工作任务，考核的焦点主要是完成岗位工作任务的数量和质量，而不是完成工作任务所需要的时间消耗。也可以这样认为，凡是无法或难以用时间消耗来衡量工作任务完成情况的岗位，就可以考虑实行不定时工作制。

（二）特殊工时制的工资计算

实行综合计算工时工作制必须首先确定岗位的"标准工资"。由于综合计算工时工作制以时间消耗确定劳动报酬，所以劳动报酬和工作时间消耗呈正相关关系。如何确定超时的劳动报酬是关键所在，而确定超时劳动报酬的必要前提是首先确定和标准工时对应的"标准工资"。只有标准工资确定后，才可以计算出日平均标准工资和小时平均标准工资，只有计算出小时平均标准工资后，才可以计算出超时的劳动报酬。假如不能确定标准工资，就不可能实行综合计算工时工作制。

计算综合计算工时工作制的超时劳动报酬，只存在"加点"工资和法定节假日的加班工资，不存在公休日的加班工资问题。综合计算工时工作制的标准工资是针对167小时（20.83天/月×8小时/天）的月平均标准工作"点数"而言的，超时的工作时间必须以"小时"作为累加计算单位，不能以"日"作为计算单位。因此，周期末超时工作的劳动报酬只存在"加点"工资，也就是说，只能按照小时平均标准工资150%的标准计算超时劳动报

酬，不存在200%的标准问题。若执行周期正逢法定节假日，仍必须按照300%的标准计算加班工资。

不定时工作制是指因工作性质和工作职责的限制，劳动者的工作时间不能受固定时数限制的工时制度。从某种意义上说，计件工作的劳动者实行的是一种特殊类型的不定时工作制。因此，不定时工作制不存在加班加点问题。但是，应该注意两个问题：一是对于实行不定时工作制的劳动者，用人单位应按《劳动法》的规定，参照标准工时制核定工作量并采用弹性工作时间等适当的方式，确保劳动者的休息休假权利和生产、工作任务的完成；二是劳动者如果在法定节假日工作，用人单位需支付加班费。

（三）实行综合计算工时工作制要"加点"有度

用人单位实行综合计算工时工作制后，周期内某些工作日、周或月延长工作时间的总量可以突破《劳动法》的高限，即某些天或月的加班时间可以突破三个小时或36小时的高限，但要把握三个原则：一是要尊重劳动者和工会的意见，不可强制加班；二是要保证劳动者的健康；三是不可"加点"无度。同时《劳动法》对综合计算工时工作制也有制约，即周期末的平均工作时间和休息时间必须和标准工时基本一致，否则用人单位也要承担法律责任。

第二节　用人单位劳动标准实施情况评估

第一单元　用人单位劳动标准实施情况分析

知识要求

一、用人单位劳动标准实施的原则

（一）严格执行、依章治企原则

用人单位劳动标准是维持单位正常运转、快速发展的重要保障，具有不可替代的重要作用。但是用人单位劳动标准是把双刃剑，只有合法有效并且被严格执行的劳动标准，才能有力地促进用人单位业务发展。用人单位劳动标准是单位的"法律"，只有做到"法律面前人人平等"，自觉地依据完善的用人单位劳动标准，管理才会行之有效。鉴于此，在用人单位劳动标准实施过程中要遵守严格执行、依章治企的原则。

（二）前后统一、全面实施原则

用人单位劳动标准应有相对的统一性，若在实施过程中发现问题，应及时纠正。全面实施是指在实施过程中要避免割裂、片面地执行劳动标准。用人单位劳动标准不能有选择地实施，而应当得到全面的实施。

（三）各司其职、协作实施原则

用人单位劳动标准的实施范围覆盖单位全体职工和所有部门，劳动标准的实施需要各部门的协同配合，因此，用人单位在实施劳动标准过程中，各部门和每个职工不但要认真履行劳动标准所要求的责任，而且要注重相互之间的配合与团结协作，更好地贯彻实施用人单位劳动标准。

（四）及时调整、合理实施原则

用人单位的劳动标准一经公布生效，就应当立即在单位贯彻执行。用人单位劳动标准中的政策性规定，凡是应执行国家政策法规规定的，当国家政策法规公布后，单位应立即执行；凡国家规定由单位自主决定调整标准的，也应当在规定的日期内完成。

二、调查用人单位劳动标准实施情况的主要方法

（一）问卷法

问卷法是根据调查目标制定问卷，然后发放问卷请有关人员回答，最后收回问卷汇总分析的调查方法。

（二）访谈法

访谈法是访谈人员就某一问题，按事先拟订好的访谈提纲与访谈对象进行交流和讨论的调查方法。为了保证访谈效果，一般要事先设计访谈提纲，并交给访谈对象准备。

（三）观察法

观察法是通过观察全面了解情况的过程，这种方法的长处在于比较省时省力。在进行观察时，要注意观察和记录的客观性，避免对被观察人员的工作产生不必要的干扰；要选择有代表性的对象，劳动标准执行太好或太差的人或单位都不是理想的选择。

（四）关键事件法

关键事件法是按照一定的标准选取劳动标准执行好的和差的样本作为研究对象，寻找造成差异的关键事件及其发生过程和原因。在收集这些关键事件时，可以采用观察与访谈结合的方法。

三、分析用人单位劳动标准实施情况的主要方法

在获得用人单位劳动标准实施情况的具体信息后，就要开始分析用人单位劳动标准的实施情况。主要采用对比分析法，即对客观事物加以比较，以认识事物的本质并做出正确的评价。在对比分析中，选择合适的对比标准是十分关键的步骤。

（一）计划标准

分析用人单位劳动标准实施情况，首先要分析用人单位制定的劳动标准是否得到了很好的贯彻和执行，这就要将用人单位具体的实施情况与制定的劳动标准相比较。比如说，将调查得到的用人单位发放工资的情况与制定的薪酬福利标准相比较，分析用人单位的薪酬福利标准是否得到了很好的实施。

（二）强制性标准

由于强制性劳动标准具有强制执行性，用人单位必须依据相关规定贯彻实行，用人单位一旦违反，将会依法受到国家强制力的制裁，比如责令改正、限期执行、行政处罚、吊销营业执照、责令赔偿损失等。因此，很有必要将用人单位劳动标准具体的实施情况与强制性劳动标准相比较，分析用人单位是否达到了法律法规规定的标准。

（三）空间标准

空间标准即选择不同的空间指标数据进行比较。由于强制性标准具有概括性和普遍性，而且是最低标准，因此用人单位有很

大的自行制定劳动标准的空间，这时就需要进行横向比较，将用人单位劳动标准具体的实施情况与同地区同行业其他用人单位相比较，分析用人单位劳动标准的实施水平和合理性。例如，通过比较分析同行业的薪酬福利标准，可以知道用人单位自身薪酬福利标准在整个行业内的外部竞争性大小。

延伸阅读

访谈技巧

1. 与访谈对象建立良好的关系。访谈开始阶段先向访谈对象问好，自我介绍，说明访谈的目的。努力使双方积极地参与活动，不要随意打断访谈对象的谈话，访谈中尽量避免使用裁决式的口吻。

2. 提问。尽量不使用专业术语或者模棱两可的词汇，尽量避免令人难堪的问题，也应该尽量避免使用"是""否"的问题，这样不能从访谈对象上获取更多的资料；话题不应太长、问题不宜太多，以避免问题不清和漏答。提问时要直截了当、简明扼要。

3. 积极倾听。在进行访谈时适当使用肢体语言，比如正视访谈对象，适当的眼神接触、点头等可以鼓励访谈对象交流。积极地对访谈对象所表述的内容做出回应，用"嗯""是吗？""就这样，继续"等给予回馈。倾听时还要注意使用重复和总结的策略，必要时候将访谈对象的话重复一遍，可以起到肯定、总结、梳理思路的作用，另一方面也可以检查自己是否抓住访谈对象所要表达的意思。

4. 适当追问。对于某些问题，如访谈对象回答含糊不清，可以继续追问，清楚得到想要了解的内容。对于某些问题，如果有更多了解的价值，也可以继续追问。

5. 仔细观察。访谈要得到全面的资料，要留心访谈对象说话时的肢体语言和表情变化，善于观察。

6. 做好访谈记录。要迅速做好笔录，抓住关键词。并要细听，理清思路，将谈话回答内容和自己的心得分开。尽量做到客观记录，保持第一手的资料。

7. 对访谈资料进行分析。看访谈资料是否真实，访谈对象回答的问题是否前后一致，以去伪存真，去粗取精。

 **技能要求**

一、进行用人单位劳动标准横向比较时应注意的问题

（一）正确选择比较对象

在进行用人单位横向比较时，首先要正确选择横向比较的对象，保证本单位和比较对象是同一类型的企业，同时所处地域、单位规模、外部环境、单位发展阶段等都要相似，否则就会缺乏可比性。

（二）选择比较项目

1. 比较分析不同模式劳动标准内容的特点

（1）比较不同模式劳动标准内容的共性及其原因。对不同模式劳动标准内容的共性进行总结，然后分析其原因，进而作为本单位制定劳动标准的依据。

（2）比较不同模式劳动标准内容的差异及其原因。对不同模式劳动标准内容的差异进行对比，然后分析其原因，进而为本单位制定劳动标准奠定基础。

2. 比较分析不同模式劳动标准制定程序的特点

（1）比较不同模式劳动标准制定程序的共性及其原因。对不同模式劳动标准制定程序的共性进行总结，然后分析其原因，进而作为本单位制定劳动标准的依据。

（2）比较不同模式劳动标准制定程序的差异及其原因。对不同模式劳动标准制定程序的差异进行对比，然后分析其原因，进而为本单位制定劳动标准提供借鉴。

二、用人单位劳动标准实施中存在问题的汇总方法

问题的汇总就是把所有问题分门别类地归纳出来，包括资料鉴别和问题整理两个方面。

(一) 资料的鉴别

鉴别资料就是对收集来的原始资料进行质量上的评价、核实、筛选、取舍，寻找出所需要的资料。

1. 鉴别资料的真伪

要想鉴别真伪，就要鉴别资料的客观实在性和本质真实性，要从事物的总体本质及其联系上挖掘事物本质的真实性，还要结合各方面的材料综合思考，分清真伪，进行比较分析，不要被局部或暂时现象迷惑。

2. 鉴别程度

同是真实材料，必定有深浅程度的区别。常用的鉴别方法是比较法和专注法。比较法是通过对同一资料进行对比，以确定正误和优劣。例如，把资料本身的论点和论据相比较；把正在阅读的资料和已经确认可靠的资料相比较；把宣传性广告和产品目录相比较等。专注法就是注意专门的鉴别性文章，在学术界经常会产生不同的观点，甚至针锋相对的观点的争论，这是很正常的现象。争论中往往会发现原理论的不足之处，甚至错误之处，在争论中理论也会得到发展。

(二) 问题的整理

问题的整理就是将所获取的资料分门别类地加以归纳，使原来分散的、个别的、局部的、无系统的信息资料，变成能说明问题的过程或整体，显示其变化的轨迹或状态的系统的资料。问题的整理一般可分为以下三步。

1. 根据资料的性质、内容或特征进行分类

将相同或相近的资料合为一类，将相异的资料区别开来。资料的分类，要按一定的标准将所研究问题的有关资料分成不同的组或类。然后，按分类标准将总体资料加以划分，构成系列。可以把问题按劳动标准的类别分类，也可以把问题按性质（如违规问题和效率问题）分类。

2. 进行资料汇编

汇编就是按照调研的目的和要求，对分类后的资料进行汇总

和编辑，使之成为能反映调研对象客观情况的系统、完整、集中、简明的材料。汇编有三项工作：一是审核资料是否真实、准确和全面，不真实的予以淘汰，不准确的予以核实准确，不全面的补全找齐。二是根据调研目的要求和调研对象客观情况，确定合理的逻辑结构，对资料进行初次加工。三是汇编好的资料要井井有条、层次分明，能系统完整地反映调研对象的全貌。还要用简短明了的文字说明调研对象的客观情况，并注明资料来源。

3. 进行资料分析

即运用科学的分析方法对所占有的资料进行分析，研究特定问题的现象、过程及内外各种联系，找出规律性的东西，构成分析框架。

延伸阅读

相关单位实施劳动标准经验的收集

相关单位实施劳动标准经验的收集方法一般包括考察访问、报纸杂志收集和网络收集。这些方法各有利弊，应该结合使用。

1. 考察访问

考察访问即直接到实施劳动标准比较好的相关单位学习。通过索取资料、现场观察、座谈等方式，学习其劳动标准及其实施经验。该方法的优点是可靠，也可以得到"活"情况，并且可以针对某些疑惑进行提问。其缺点是，动用人力较多，也需要较大财力，并且需要较长的时间。

考察访问应该首先选好对象单位。一般来说，应该选择与本单位相似的单位，包括业务、性质、规模等。否则，没有借鉴意义。

其次，应该事前制订周密的访问计划。访问计划包括访问的时间、考察的内容、提问的问题等。

最后，应该注意索要资料和记录。

2. 报纸杂志收集

该方法的优点是，比较经济，信息量也比较大，并且相对可靠。缺点是，相对费时，也无法提问、得不到"活"情况。

3. 网络收集

该方法的优点是，快速、经济、信息量大。缺点是，可靠性差，也无法提问、得不到"活"情况。

网络收集应该注意比较不同信息来源的资料，并且与报纸杂志收集的资料核对，尽量避免信息错误。

第二单元　用人单位劳动标准实施效果评估

知识要求

用人单位劳动标准的实施效果，最终表现为经济效益状况、人力资源管理水平和劳动关系和谐程度三个方面。因此，应该从这三个方面进行评估。

一、基于经济效益的评估

获取经济效益是企业经营目标的核心，提高经济效益是企业的根本任务。企业的整个生产经营活动都要围绕提高经济效益的目标来进行，否则企业的生存与发展就得不到保证。因此对企业劳动标准的实施效果的评估，必须对企业经济效益进行综合评估。

（一）综合经济效益评估的一般方法

综合经济效益评估方法一般包括打分排队法、综合指数法、功效系数法。

1. 打分排队法

打分排队法是国际货币基金组织用于评价各个国家竞争能力大小的一种方法。在企业经济效益评估时，主要用于多个企业经济效益综合评价的排序。

2. 综合指数法

综合指数法是将每项指标的实际值与标准值比较，计算各项指标的个体指数，再加权平均计算综合指数的方法。

3. 功效系数法

功效系数法是利用特定的方法，将每一个指标的实际值转化为百分制表示的分数，再汇总计算的方法。

（二）经济效益指标体系法

经济效益指标体系法是1997年国家统计局与其他有关部门联合提出的方法，这套指标体系包括7项指标：①总资产贡献率；②资产保值增值率；③资产负债率；④流动资金周转率；⑤成本费用利润率；⑥全员劳动生产率；⑦产品销售率。

（三）绩效审计法

绩效审计是经济审计、效率审计和效果审计的合称，是指由独立的审计机构或人员，依据有关法规和标准，运用审计程序和方法，对被审单位或项目的经济活动的合理性、经济性、有效性进行监督、评价和鉴证，提出改进建议，促进其管理提升、效益提高的一种独立性的监督活动。

二、基于人力资源管理水平的评估

用人单位劳动标准实施效果的评估，从人力资源管理角度来看，包括指标性评估和总体性评估。

（一）指标性评估

指标性评估即基于重要的人力资源管理指标的变化评估用人单位劳动标准的实施效果。一般包括以下几个方面：一是是否增强了最高管理层的决策能力和组织能力；二是是否改进优化了系统绩效功能，提高了组织运行速度；三是员工是否具有了持续改进的动力；四是引导员工调整职业生涯规划和提升职业素质的目标是否实现；五是优胜劣汰的机制是否形成；六是员工的自我管理能力是否提高。

（二）总体性评估

总体性评估即基于人力资源管理系统的总体效益评估用人单位劳动标准的实施效果。评估人力资源管理系统的总体效益，一般从人力资源管理系统的适应性、执行性和有效性三个方面进行。适应性是对人力资源管理系统内外部协调的反映。外部协调主要包括人力资源管理政策对劳动力市场的适应性，与法律的符合性，与企业发展战略、经营理念和企业文化的相容性，以及人力资源管理系统和企业其他子系统的协调与配合；内部协调主要是人力资源管理各职能之间的协调，以及人力资源管理专业人员和一线管理人员之间的协调与配合。执行性反映企业人力资源管理系统的内部运作情况，本教程把内部运作中的协调划到适应性中评估，因此，这里的执行性主要是从时间、成本和质量角度反映人力资源管理活动的效率。有效性反映企业人力资源管理活动的效果。员工对组织的满意度是人力资源管理系统满足员工个人目标的结果，部分地反映了人力资源管理的成效；而人力资源管理系统对组织目标实现的贡献程度主要通过员工的知识更新能力、年龄结构、专业结构、人力资源供需能力等来反映，是组织满意度的体现。因此，对企业人力资源管理有效性的评估包括员工满意度和组织满意度两个方面。

三、基于劳动关系的评估

用人单位劳动标准实施效果的评估，从劳动关系的角度来看，主要包括劳动合同的规范性、劳动基准法的遵守情况、劳动关系协调机制的运行状况以及职工职业技能和文化生活情况。

（一）劳动合同的规范性

劳动合同的规范性包括劳动合同签订率，劳动合同内容是否全面、合法，劳动合同签订、续订、解除和终止等各个环节是否管理完善、程序规范，有无违反劳动合同的现象等。

（二）劳动基准法的遵守情况

劳动基准法的遵守情况包括是否按月足额发放职工工资，且不低于劳动合同约定的工资和当地政府规定的最低工资标准；是否按规定支付职工加班加点工资；用人单位和职工是否依法参加养老、医疗、工伤、失业、生育五项社会保险，按时足额缴纳社会保险费；是否严格按照劳动保障法律法规的要求，执行工时和休息休假制度；是否依法建立职工住房公积金制度，按时足额为职工缴纳住房公积金；是否依法维护女职工特殊权益和未成年工合法权益；是否建立健全安全生产和职业卫生台账制度，认真执行安全生产各项规程等。

（三）劳动关系协调机制的运行状况

劳动关系协调机制的运行状况包括是否建立健全平等协商集体合同制度，且集体合同内容合法、程序规范、续签及时；是否依法开展工资集体协商并签订工资协议，且每年定期进行工资集体协商、职工工资随企业效益增长而同步增长；是否有因职工劳动权益受侵犯而提起的劳动争议仲裁、诉讼，以及劳动保障监察部门立案查处的案件等。

（四）职工职业技能和文化生活情况

职工职业技能和文化生活情况包括是否重视职工培训，并且按规定提取职工教育培训经费；是否有职工活动场所，经常开展职工文化体育活动，丰富职工业余文化生活；是否重视职工生活保障工作，有无重大食物中毒和群发性传染病疫情的发生等。

 **技能要求**

用人单位劳动标准实施效果评估的准备与组织工作

（一）组织评估小组

对用人单位劳动标准实施效果进行评估，首先要组成评估小组，确定评估人员。评估人员应当来自不同的部门，有着不同的背景，代表不同的利益，这样可以形成互补，做到公正透明。

（二）用人单位劳动标准实施效果的评估程序

1. 明确评估事项

评估事项一般包括人力资源规划标准实施效果的评估、招聘与配置标准实施效果的评估、培训与开发标准实施效果的评估、薪酬管理标准实施效果的评估、绩效管理标准实施效果的评估、劳动安全卫生管理标准实施效果的评估、劳动关系管理标准实施效果的评估。可能是全面评估，也可能是对其中某一方面进行评估。

2. 制定评估方案

评估方案的内容涵盖现场调查、收集评估资料、起草评估报告等评估业务实施的全过程，通常包括评估的具体步骤、时间进度、人员安排和技术方案等。评估人员可以根据评估业务的具体情况确定评估方案的繁简程度。

3. 现场调查

评估人员可以通过询问、函证、核对、监盘、勘查、检查等方式进行调查，获取评估业务需要的基础资料，了解评估对象现状。在执行现场调查时无法或者不宜对评估范围内所有有关内容进行逐项调查的，可以根据重要程度采用抽样等方式进行调查。评估人员可以根据评估业务需要和评估业务实施过程中的情况变化及时补充或者调整现场调查工作。

4. 收集评估资料

评估人员可以根据评估业务具体情况收集评估资料，并根据评估业务需要和评估业务实施过程中的情况变化及时补充收集评估资料。收集的评估资料包括直接从市场等渠道独立获取的资料，从相关当事方获取的资料，以及从政府部门、各类专业机构和其他相关部门获取的资料。

评估资料包括查询记录、询价结果、检查记录、行业资讯、分析资料、鉴定报告、专业报告及政府文件等形式。评估人员可以根据评估业务具体情况对收集的评估资料进行必要的分析、归纳和整理，形成评估的依据。

5. 起草评估报告

评估人员在完成资料收集程序后，开始起草评估报告。评估报告应该包括现存问题、解决方案以及解决方案的可行性分析。

第三节 企业社会责任报告

知识要求

一、企业社会责任运动

企业社会责任是在一定时期社会赋予企业的经济、法律、伦理以及人道主义的期望,包括遵纪守法、保护环境、保护消费者权益、保护员工的基本权利和人权、支持慈善事业、捐助社会公益、保护弱势群体等,它使企业在追求自身利益的同时,关注消费者、股东、员工、政府和社区等利益相关者的需要。

企业社会责任运动的兴起直接源于消费者运动的压力。1991年,美国某大型牛仔制造商的海外工厂,在监狱般的工作环境中使用年轻女工的事实被曝光,引起舆论和消费者的极大关注,该工厂立即成为"血汗工厂"的典型。该工厂为挽救其公众形象,制定了世界上第一份公司生产守则。在劳工和人权组织等非政府组织和消费者的压力下,许多知名品牌公司也都相继建立了自己的生产守则,并设置专门机构、配备专职人员,负责内部生产守则的贯彻实施。这些内部生产守则,从内容上看包括消除童工、禁止歧视、废除强迫劳动、结社自由和集体谈判等劳工权利,以及工资、工时、职业安全、社会保险和员工福利等生产条件方面。随着较多的企业制定内部生产守则,消费者运动又演变为企业生产守则运动。

企业生产守则运动的直接目的是促使企业履行自己的社会责任。由于跨国公司自己制定的生产守则有着明显的商业目的,而且其实施状况也无法得到社会的监督,存在着一定的局限性。在劳工组织、人权组织等的推动下,生产守则运动由跨国公司"自我约束"的"内部生产守则"逐步转变为"社会约束"的"外部生产守则"。归纳起来主要分为三大类:通过代表制程序制定的政府及政府间组织的标准,包括国际劳工组织的有关公约、联合国人权宣言等;非政府组织制定的民间标准,包括联合国全球契约、道德贸易行动准则、社会责任国际标准体系等;各跨国公司自身制定的供应链行为准则,这些公司有迪斯尼、沃尔玛、耐克、宜家等。

1999年2月在瑞士达沃斯召开世界经济论坛时,联合国秘书长安南提出了"全球契约",要求企业界领导人在经营自己的企业时,维护人权以及正当的劳工和环境标准。"全球契约"包含九个原则,涉及人权、劳工标准和环境三个方面:①企业应支持、尊重和保护国际上公认的各项人权;②企业应保证绝不参与任何漠视与践踏人权的行为;③企业应支持结社自由并切实承认集体谈判的权利;④消除一切形式的强迫劳动和强制劳动;⑤切实废除童工;⑥消除就业和职业歧视;⑦支持对环境挑战采取预防办法;⑧采取主动行动,促进在环境方面采取更负责任的做法;⑨鼓励发展和推广无害环境的技术。2000年7月,"全球契约"论坛第一次高级别会议召开,参加会议的50多家著名跨国公司的代表承诺,在建立全球化市场的同时,要以"全球契约"为框架,改善工人工作环境、提高环保水平。

2002年7月,"联合国全球契约"正式启动,它恳请企业对待其员工和供货商时都要尊重契约中规定的九条原则。2004年6月,"全球契约"领导人会议在联合国总部召开,会议宣布将反腐败增列为"全球契约"的第十项原则。"全球契约"不具有强制性,它是一个自愿性计划。在四年多的时间里,"全球契约"行动计划已经有包括中国在内的70多个国家的代表、1 500多家著名大公司参与。

二、企业社会责任运动与劳动标准

企业社会责任运动与劳动标准、国际贸易之间存在着紧密联系。自20世纪90年代以来,随着发展中国家在国际贸易中的地位上升,发达国家在国际贸易额中的比重下降,关税壁垒在国际间的拆除,发达国家逐渐将技术标准、环境标准等非关税壁垒作为限制发展中国家产品出口的主要手段，劳动标准也逐渐成为发达国家与发展中国家之间围绕贸易问题斗争的一个焦点。发达国家认为，发展中国家存在很低的工资，很差的劳工生活和作业环境，有的国家甚至存在强迫劳动、使用童工、禁止组织工会等违反国际劳工组织核心公约的情况，使得这些国家的生产成本被扭曲了，这样就在国际贸易中形成了对发达国家的"劳动力倾销"。因此，发达国家在各种国际多边贸易谈判场合要求将包括劳动标准、环保标准在内的"社会条款"写入国际贸易和投资协议，并且要求对违反这些条款的国家和公司予以制裁。

以劳动标准为主要内容的社会责任标准正在成为公认的国际贸易标准，这在一定程度上迫使相关用人单位提高自身的劳动标准。这对我国的用人单位而言是把"双刃剑"。好处在于：如果用人单位能够出色地履行相应的企业社会责任，将给企业带来更多的订单和贸易机会，促进企业竞争力的增强和效益的提高；提高劳动标准后，有利于吸引人才、留住人才，提高员工的绩效。但是也存在不少不利的影响：企业社会责任标准成为发达国家的市场准入条件，是我国产品出口的新的贸易壁垒；高劳动标准提高了用人单位运营成本，在一定程度上削弱了我国产品在国际市场上的竞争力。

三、企业社会责任报告的概念

所谓企业社会责任报告，又叫非财务报告，是企业就其履行社会责任的理念、内容、方式和绩效所进行的系统信息披露，是企业与利益相关方进行全面沟通交流的重要载体。

企业社会责任报告经历了一个较长的发展过程，其关注的议题不断变化，形成了从单项社会责任报告向综合性社会责任报告的演变过程。20世纪70年代，西方国家的一系列重大社会事件引发了全社会对企业的道德和责任等问题的反思，出现了企业社会责任报告的萌芽——雇员报告；20世纪90年代，社会对企业环境信息关注程度的提高、环境保护相关立法的出台以及生态环境破坏的重大负面事件都推动了环境报告的兴起，而企业独立环境报告的出现，也是企业社会责任报告兴起的标志；随着人们不断提高对企业社会责任的期望，企业需要披露的社会责任议题也不断拓展，从环境问题发展到包括雇员健康和工作场所安全等社会问题，与之相适应，企业环境安全报告逐步取代了原有的单一的环境报告；21世纪以来，政府和社会公众全面关注企业社会责任的各项议题，对企业全面披露社会信息的期望和要求越来越高，于是，涵盖了经济责任、环境责任、社会责任的综合性企业社会责任报告应运而生。

 **技能要求**

企业社会责任报告的撰写原则

坚持企业社会责任报告撰写原则是为了确保企业社会责任报告的质量，并为整个报告编制过程提供决策指引。

（一）报告撰写的内容原则

报告内容的确定直接影响报告质量。在编制企业社会责任报告的准备阶段和报告编制过程中要认真、审慎地确定报告内容。一般而言，报告内容的确定主要考虑该议题对经济、社会和环境的影响，利益相关者对该议题的关注度和时代背景三个方面。

界定报告内容主要有以下三个原则：

1. 关键性原则。企业社会责任报告所披露的议题对企业可持续发展以及利益相关者均有关键性影响。

2. 完整性原则。企业社会责任报告所涉及的内容应能完整地反映企业对经济、社会和环境的重大影响，利益相关者可以根据企业社会责任报告评估企业在报告期间的责任绩效。

3. 利益相关者参与原则。企业在明确其利益相关者的基础上，就企业社会责任报告的内容及议题与利益相关者沟通，并在企业社会责任报告中说明利益相关者的期望及企业对其合理期望的回应。

(二) 报告撰写的质量原则

企业社会责任报告所披露信息的质量对报告的使用价值具有直接影响。对报告信息质量的保证主要有以下五个原则：

1. 平衡性原则。报告应中肯、客观地披露企业在报告期内发生的正面和负面信息，以确保利益相关者可以对企业的整体业绩进行正确的评价。

2. 可比性原则。报告对信息的披露应有利于利益相关者对企业在报告期内的责任表现进行分析和比较。

3. 时效性原则。企业应及时、有规律地通过企业社会责任报告披露其履责信息。

4. 易读性原则。报告的信息披露方式应易于读者理解和接受。

5. 可验证性原则。报告中披露的信息，其收集、记录、整理、分析和披露应经得起审核验证，以确保披露信息的质量。

相关法律法规

1. 《中华人民共和国劳动法》
2. 《中华人民共和国劳动合同法》
3. 《中华人民共和国就业促进法》
4. 《中华人民共和国社会保险法》
5. 《国务院关于职工工作时间的规定》
6. 《职工带薪年休假条例》
7. 《集体合同规定》
8. 《企业职工带薪年休假实施办法》
9. 《企业年金办法》
10. 《工资支付暂行规定》

 **复习思考题**

1. 简述用人单位劳动标准的概念和效力。
2. 简述用人单位制定劳动标准的方式和权利限制。
3. 简述用人单位工资标准的主要内容。
4. 简述用人单位带薪年休假标准的主要内容。
5. 用人单位实施特殊工时制应注意的问题有哪些?
6. 简述用人单位劳动定额标准的主要内容。
7. 用人单位劳动标准实施情况的调查方法和评估方法分别有哪些?
8. 简述用人单位劳动标准实施效果的评估方法。
9. 简述企业社会责任报告的撰写原则。

 **案例分析题**

某邮电局女职工,因拒绝周日送报,被认定为旷工,遭到邮电局的违纪处罚。该女职工向劳动仲裁委员会申诉。理由是:周日加班应与职工协商,职工有权拒绝,故自己并未违纪。

仲裁机构调查情况如下:

1. 该用人单位经劳动部门批准已实行以月为单位的综合计算工时工作制。

2. 该用人单位实行轮休制。该女职工周日本应轮到休息,故其已另有安排,但因其他职工病休,邮电局要求其顶班,遭到拒绝。

3. 如果该女职工上班,该周的工作时间是40小时,该周的工作天数是7天。

4. 按该用人单位的规章制度,旷工一天,除扣除当日工资外,还要扣除当月的部分奖金。用人单位按这一规定执行。

资料来源:法律快车. 工作时间和休息休假案例分析与点评 [EB/OL]. [2010－08－18]. http://www.lawtime.cn/info/laodong/ldxw/2010081844200.

html.

请思考：

1. 该用人单位的处理是否正确？为什么？

2. 如果该用人单位执行的是标准工时工作制，这一处理是否正确？为什么？

第二章　劳动合同管理

 学习目标

1. 掌握订立无固定期限劳动合同的法定情形，熟悉非全日制劳动合同和劳务派遣劳动合同订立的特别规定。

2. 熟悉录用条件的拟定与公示，熟悉工作地点、工作内容、工时制度和劳动报酬等劳动合同主要条款的拟定，了解拟定劳动合同条款的注意事项，了解专项协议的拟定。

3. 掌握用人单位发生变化时劳动合同履行的相关规定，了解劳动合同变更的原因，熟悉用人单位调岗变薪的注意事项，了解变更劳动合同的非书面方式。

4. 掌握劳动者单方解除劳动合同的条件和程序，掌握用人单位单方解除劳动合同的条件和程序，掌握经济性裁员的要求。

5. 熟悉竞业限制经济补偿的规定，了解劳动者违反劳动合同的违约金的规定，了解经济性裁员方案的制定。

6. 熟悉劳动合同逾期终止的情形，了解竞业限制协议和保密协议的后续履行，了解劳动合同续订的时间要求，了解离职面谈的有关事项。

第一节 劳动合同的订立

知识要求

一、订立无固定期限劳动合同的法定情形

无固定期限劳动合同,是指用人单位与劳动者约定无确定终止时间的劳动合同。相比固定期限劳动合同而言,无固定期限劳动合同的履行有明确的起点,但是没有明确的终点。

根据《劳动合同法》第十四条的规定,用人单位与劳动者协商一致,可以订立无固定期限劳动合同。有下列情形之一,劳动者提出或者同意续订、订立劳动合同的,除劳动者提出订立固定期限劳动合同外,应当订立无固定期限劳动合同:

1. 劳动者在该用人单位连续工作满十年的;

2. 用人单位初次实行劳动合同制度或者国有企业改制重新订立劳动合同时,劳动者在该用人单位连续工作满十年且距法定退休年龄不足十年的;

3. 连续订立二次固定期限劳动合同,且劳动者没有《劳动合同法》第三十九条和第四十条第一项、第二项规定的情形,续订劳动合同的。

另外,用人单位自用工之日起满一年不与劳动者订立书面劳动合同的,视为用人单位与劳动者已订立无固定期限劳动合同。

二、非全日制劳动合同订立的特别规定

非全日制劳动,是指工作时间少于全日制劳动,劳动者可与多个雇主建立劳动关系的一种就业形式。我国《劳动合同法》规定,非全日制用工,是指以小时计酬为主,劳动者在同一用人单位一般平均每日工作时间不超过 4 小时,每周工作时间累计不超过 24 小时的用工形式。

（一）非全日制劳动者可以建立多重劳动关系

《劳动合同法》颁布以前，我国并不承认多重劳动关系的合法性，而是基于传统理论认为，一个劳动者只能与一个用人单位建立劳动关系。《劳动法》第九十九条规定："用人单位招用尚未解除劳动合同的劳动者，对原用人单位造成经济损失的，该用人单位应当依法承担连带赔偿责任。"根据这一规定可以得知，法律禁止劳动者与多个用人单位同时建立劳动关系。

《劳动合同法》对于非全日制劳动合同的规定，实际上打破了《劳动法》的限制，开始承认多重劳动关系的合法性，明确非全日制劳动者可以与多个用人单位建立劳动关系。当然，对于建立多重劳动关系的劳动者，法律仍然设置了限定条件，即"后订立的劳动合同不得影响先订立的劳动合同的履行"。此规定可以理解为"先合同的优先原则"。由于劳动合同具有人身属性，劳动合同订立的先后顺序自然会影响劳动合同履行的先后顺序。

（二）非全日制劳动合同的形式要求

对于全日制劳动合同，我国一直坚持严格的形式要件主义，即坚持建立劳动关系必须签订书面劳动合同。《劳动合同法》甚至规定未在规定时间内签订书面劳动合同的，用人单位应当向劳动者支付双倍工资的惩罚条款。

非全日制劳动合同在我国是新兴事物，对于其形式法律进行了区别对待。《劳动合同法》明确规定，非全日制劳动合同可以采用口头形式，没有沿用全日制劳动合同严格的形式要件的规定。这是根据实践中非全日制劳动合同的订立情况以及非全日制劳动的短期性、灵活性的特点而规定的。

（三）非全日制劳动合同不得约定试用期

对于全日制劳动合同而言，试用期是指用人单位和劳动者为相互了解、选择约定的考察期，劳动关系双方在试用期内都享有单方解除劳动合同的权利。《劳动合同法》有期限在三个月以下的劳动合同不得约定试用期的相关规定，非全日制劳动合同虽然没有期限的要求，但实际上都具有短期性和灵活性。另外，由于非全日制劳动合同可以随时终止,没有提前通知的限制,当劳动合同任何一方当事人出现不再履行劳动合同的意愿时,即可以提出终止劳动合同,因此试用期的存在也就失去了意义。

三、劳务派遣劳动合同订立的特别规定

劳务派遣是由用工单位向劳务派遣单位提出所需人员的标准和工资待遇,由劳务派遣单位通过市场招聘等方式搜索合格人员,将筛选合格的人派遣至用工单位。劳务派遣单位与被派遣的劳动者订立劳动合同,被派遣的劳动者向实际用工单位提供劳动,用工单位向劳务派遣单位支付费用。

劳务派遣业务是近年我国人力资源市场根据市场需求而发展的一种新的用工方式,可跨地区、跨行业进行。用工单位可以根据自身工作和发展需要,通过正规劳务派遣单位派遣所需要的各类人员。实行劳务派遣后,实际用工单位与劳务派遣单位签订劳务派遣协议,劳务派遣单位与劳动者签订劳动合同,实际用工单位与劳动者双方之间只有工作管理关系,不再签订劳动合同。

(一) 劳务派遣单位的资格条件

为了从根本上杜绝劳务派遣单位推卸雇主责任或者无力承担雇主责任,更好地规范劳务派遣市场,我国从2013年7月1日开始实行严格的劳务派遣行政许可制度。经营劳务派遣业务,应当向所在地有许可管辖权的人力资源社会保障行政部门依法申请行政许可。未经许可,任何单位和个人不得经营劳务派遣业务。申请行政许可的劳务派遣单位应当具备的条件包括:

1. 注册资本不得少于人民币200万元。劳务派遣的社会风险很大,在整个劳务派遣过程中劳务派遣单位是劳务派遣的主体,派遣单位的实力和信誉对劳务派遣的秩序和效果至关重要。而且,派遣单位是法定雇主,必须负担全部的法律责任,必要时还要和用工单位厘清事件发生的原因,索取赔偿;同时也有可能还要承担连带责任,这都要求派遣单位具备相当的财力和实力。因此,应当对派遣单位的资格实行较一般企业法人更严格的管理。规定200万元的注册资金可以提高派遣单位的设立门槛,在一定程度

上把不具备实力的企业排除在外,这样才能更好地保障劳动者的利益。

2. 有与开展业务相适应的固定的经营场所和设施。劳务派遣单位应当按照《公司法》的有关规定设立,而具有与开展业务相适应的经营场所和设施,也是我国法律对设立公司的规定。经营场所包括企业的住所和与生产经营相适应的处所,住所是企业的主要办事机构所在地,是企业的法定地址。企业从事生产经营活动必须在一定的空间进行,没有场所和设施,企业的生产经营活动就无法进行。

3. 有符合法律、行政法规规定的劳务派遣管理制度。劳务派遣业务是劳务派遣单位的经营范围,明确的经营范围也限定了企业生产经营活动的内容。法律要求劳务派遣单位必须具备相应的劳务派遣管理制度,这是国家管理的需要,也是明确企业权利义务、保障企业合法经营的需要。

4. 法律、行政法规规定的其他条件。

(二)劳务派遣劳动合同的订立形式

劳务派遣劳动合同必须按照《劳动合同法》的规定采用书面形式订立。书面形式的劳动合同既是合同当事人确立劳动关系的法律依据,同时也是处理劳动争议的有力证据。

需要注意的是,劳务派遣单位不能以非全日制用工的形式来招用被派遣的劳动者。因此,劳务派遣的劳动合同不能是非全日制用工劳动合同。

(三)劳务派遣劳动合同的期限

劳动合同的期限由用人单位和劳动者约定,法律一般不作限制。但是针对劳务派遣劳动合同的期限,法律有特别的规定,即劳务派遣单位应当与被派遣的劳动者订立二年以上固定期限的劳动合同。

(四)劳务派遣劳动合同的内容

劳务派遣劳动合同的内容,除应当载明一般劳动合同必须具备的条款外,还应当载明被派遣劳动者的用工单位以及派遣期限、工作岗位等情况。

 **技能要求**

一、招聘广告中录用条件的拟定与公示

一般认为，招聘广告只是用人单位的宣传手段而已，内容并不重要。其实不然，在劳动合同管理中，"录用条件"是一项常用的处理劳动关系的依据，如用人单位要以"不符合录用条件"为由辞退试用期的员工，其前提就是要有录用条件。录用条件是用人单位在招聘员工时自行设计的，如果招聘时录用条件设计得不好，往往就会使辞退试用期的员工"无法可依"。

首先，要对录用条件事先进行明确界定。录用条件是"共性"和"个性"的结合。所谓共性，是指用人单位所有员工都应具备的基本条件，例如对员工的一般要求，如诚实守信、善于与人沟通等。所谓个性，是每个岗位或职位的特殊要求，包括学历要求、技能证书要求、健康要求等，但是不得出现歧视性条款。共性的录用条件可以通过用人单位的规章制度予以明确，个性的录用条件可以通过招聘广告、录用通知书、岗位说明书等予以明确。另外，在录用条件中，还可以特别强调一些不符合录用条件的情形，如伪造学历、证书与工作经历的情形。

其次，录用条件一定要事先公示。所谓公示，就是要让员工知道用人单位录用条件的存在，可以采用以下方法：①通过公开发布的招聘广告来公示，并采取一定措施固定下来；②招聘员工时向其明确录用条件，并要求员工签字确认；③在劳动合同中明确录用条件或者不符合录用条件的情形；④在规章制度中对具体岗位的录用条件进行明确，并将该规章制度在签订劳动合同前向劳动者明示。需要注意的是，如果把"岗位职责"作为录用条件，还应当完善考核制度，明确界定什么是符合要求的，什么是不符合要求的，即有一个可操作的标准。

特别需要说明的是，用人单位在招聘广告中发布的录用条件，

不应该含有歧视性内容,如性别歧视、身高歧视等。否则,轻则影响用人单位社会形象,重则引发就业歧视诉讼。

二、劳动合同主要条款的确定

(一) 工作内容和工作地点的确定

1. 工作内容

工作内容,主要包括劳动者的工种和岗位以及该工作岗位应当完成的工作任务。工作内容是劳动合同的核心条款之一,它是用人单位使用劳动者的目的,也是劳动者通过自己的劳动取得劳动报酬的原因,因此是必不可少的。

对于劳动合同的工作内容条款,一般要求其规定要明确、具体,便于遵照执行。岗位的设定直接关系到劳动者是否能够胜任工作、是否承担保密责任等一系列问题。在实践中,为了便于经营管理,增强人力资源部门工作的主动性,有些劳动合同中往往有"用人单位可根据实际经营管理需要,对劳动者的工作岗位进行调整"的条款,这种条款是不具有法律效力的。因为对劳动者工作岗位进行调整,属于劳动合同的变更,需要劳动者和用人单位协商一致才可以进行,这样的条款往往赋予用人单位无限制地调整劳动者工作岗位的权利,对于劳动者而言显失公平。

2. 工作地点

工作地点,是劳动合同的履行地,是劳动者从事劳动合同中所规定的工作内容的地点,它关系到劳动者的工作环境、生活环境以及劳动者的就业选择。劳动者有权在与用人单位建立劳动关系时知悉自己的工作地点。因此工作地点也是劳动合同必不可少的内容。

工作地点的精确程度视用人单位的性质而定,对于跨国公司而言,精确到国家和地区即可;对于一般公司而言,精确到市即可。

(二) 工时制度的选择

工作时间是指法律规定劳动者必须用来完成生产工作任务的时间;休息休假是指劳动者可以自由支配的时间。我国目前的标准工时制度是每日工作 8 小时，每周工作 40 小时，另外对于不能实行标准工时制度的岗位，用人单位可实施不定时工作制或综合计算工时工作制（这三种不同工时制度的比较见表 2-1），但需报劳动行政部门批准。国家规定了法定休假日，用人单位还可以根据实际情况自行增加假期。由于工作时间和休息休假比较复杂，劳动合同中可以只做原则性规定，具体内容由用人单位劳动规章制度加以规定。

表 2-1　　　　　　　　不同工时制度简明比较

区别＼种类	标准工时制度	不定时工作制	综合计算工时工作制
性质	用工作时间确定工作量	直接确定工作量	用工作时间确定工作量
范围	一般劳动者	特定的几类人员	特定的几类人员
内容	每天 8 小时，每周 40 小时	无固定要求	一个周期内，与标准工时制度基本相同
要求	不需要批准	需劳动行政部门批准	需劳动行政部门批准
加班	超过标准工作时间计算加班；休息日和法定休假日安排工作计算加班	一般不计算加班；法定休假日安排工作计算加班	一个周期内超过标准工作时间计算加班；法定休假日安排工作计算加班

（三）劳动报酬的确定

劳动报酬是劳动者付出劳动后的所得，包括但不限于工资。需要指出的是，劳动合同中关于劳动报酬的约定必须明确。《劳动合同法》第十八条规定："劳动合同对劳动报酬和劳动条件等标准约定不明确，引发争议的，用人单位与劳动者可以重新协商；协商不成的，适用集体合同规定；没有集体合同或者集体合同未规定劳动报酬的，实行同工同酬；没有集体合同或者集体合同未规定劳动条件等标准的，适用国家有关规定。"由此可见，用人单位与劳动者在劳动合同中对劳动报酬约定不明确的，一旦发生争议,将给用人单位带来不便。另外,关于劳动报酬中的工资,用人单位和劳动者在约定时,不能低于当地的最低工资标准。

 **案例**

劳动合同中约定"工资不低于社会平均工资"属于约定不明确吗?

某公司在招用一批销售人员时,认为销售人员的工资不固定,无法具体约定,于是在劳动合同中"劳动报酬"一栏写上了"工资不低于社会平均工资"。公司认为,当地的社会平均工资肯定比最低工资标准要高,因此不存在不合法的问题。同时,高于社会平均工资的薪酬也能对销售人员构成较强的吸引力。但是一位来应聘的销售人员提出质疑,认为劳动合同中的劳动报酬条款属于约定不明确。

本案中劳动合同对劳动报酬的约定确实属于约定不明确。因为工资"不低于"社会平均工资,其含义是"等于"或"大于"社会平均工资,即便满足了最低工资标准的要求,也是不明确的。该公司应当和销售人员进一步协商确定劳动报酬。

资料来源:唐镰,刘兰. 劳动合同管理 [M]. 大连:东北财经大学出版社,2015.

(四)其他法定条款的确定

1. 社会保险条款

社会保险是国家通过立法建立的一种社会保障制度,目的是使劳动者在市场经济条件下因年老、患病、工伤、失业或生育等原因,丧失劳动能力或者中断就业、本人和家属失去工资收入时,能够从国家和社会获得物质帮助。社会保险由国家成立的专门性机构进行资金的筹集、管理和发放。我国职工社会保险具有强制性,即在职的职工必须参加养老保险、医疗保险、失业保险、工伤保险和生育保险,劳动合同当事人不能做出违反社会保险法律制度的约定，用人单位和劳动者应当按照当地规定参加社会保险。

2. 劳动保护、劳动条件和职业危害防护条款

劳动保护，是指用人单位为了防止劳动过程中出现事故，减少职业危害，保障劳动者的生命安全和身体健康而采取的各种措施。在工作中，劳动者往往身处各种不安全、不卫生的环境中，如果不采取措施加以保护，将会发生工伤事故或者患职业病。例如，劳动者在矿井下工作有可能发生矿难事故，劳动者长期粉尘作业可能患上尘肺病等。为了保障劳动者的身体健康和生命安全，通过劳动合同约定强化用人单位应当向劳动者提供的劳动保护义务。

劳动条件，是指用人单位为保障劳动者履行劳动义务、完成工作任务而提供的必要的物质技术条件，如必要的工作场所、工具、设备、仪器和技术资料等。

职业危害，是指劳动者在职业活动中，因接触职业性有害因素（噪声、有毒有害物质等）而对生命健康所造成的危害。我国《职业病防治法》第三十三条规定，用人单位与劳动者订立劳动合同时，应当将工作过程中可能产生的职业病危害及其后果、职业病防护措施和待遇等如实告知劳动者，并在劳动合同中写明，不得隐瞒或者欺骗。

3. 法律、法规规定应当纳入劳动合同的其他条款

如《劳动法》规定的"违反劳动合同的责任"条款。违反劳动合同的责任，是指在劳动合同履行过程中，当事人一方故意或过失违反劳动合同，致使劳动合同不能正常履行，给对方造成经济上的损失而应承担的法律后果。需要指出的是，这里违反劳动合同的责任不能等同于"违约责任"，违约责任属于约定条款。违反劳动合同的责任，对于用人单位而言，包括提前解除劳动合同，除了按照规定支付经济补偿以外，给劳动者造成损失的，应当承担赔偿责任；对于劳动者而言，劳动者违反法律规定的条件解除劳动合同，给用人单位造成损失的，应当依法承担赔偿责任。因此，当事人在劳动合同中约定违反劳动合同的责任，应当符合法律的基本精神和原则，公平合理。

三、劳动合同约定条款的注意事项

(一) 劳动合同中应避免出现"禁止条款"

劳动合同中的"禁止条款"通常是指一些违反法律法规规定的条款。这些条款不可以在劳动合同中出现，即使出现，也会被认定为无效。"禁止条款"通常包括：

1. 歧视条款。这种条款违背了劳动者权益平等的精神，我国劳动法虽然没有明确规定，但在立法原则中也有所体现。

2. 生死条款。用人单位为了免除自己的责任，往往会在劳动合同中规定"发生事故概不负责"等内容，这种条款没有法律约束力。

3. 保证金条款。我国法律禁止用人单位以任何形式向劳动者收取风险抵押金和抵押物。《劳动合同法》第九条规定："用人单位招用劳动者，不得扣押劳动者的居民身份证和其他证件，不得要求劳动者提供担保或者以其他名义向劳动者收取财物。"

(二) 避免劳动合同条款约定不明

1. 劳动合同文本的起草要结合实际

劳动合同是劳动者与用人单位之间劳动关系的体现，更是处理劳动争议的重要依据。但是在实践中，一些用人单位在起草劳动合同文本时，不从本单位的实际情况出发，简单地复制标准文本或其他单位的文本，导致出现劳动合同的某些内容约定不明确的现象。用人单位在借鉴其他单位文本或者使用政府提供的示范文本时，一定要结合本单位实际对劳动合同的某些条款进行修订，切忌照抄照搬。

2. 劳动合同内容要详略得当

劳动合同的签订要因人、因地、因事而异。对于法律法规已有规定的一些没有变通余地的内容，可以只需要写明按照某项规定执行即可。对于法律法规没有具体规定的或者允许当事人变通的内容，特别是容易产生争议的地方，就应当规定得详尽一些。

3. 劳动合同的语言表达要明确、易懂

依法签订的劳动合同是受法律保护的，它涉及当事人的权利和义务，当事人要受到合同的约束。因此，在签订劳动合同时，在语言表达和用词上必须做到通俗易懂且不易产生歧义，以免发生争议。

四、拟订专项协议

所谓专项协议，是指劳动关系双方当事人为明确特定的权利和义务而签订的协议。专项协议签订后成为劳动合同的附件，和劳动合同产生同等法律效力。在实践中，常见的专项协议有培训服务期协议、保密协议、竞业限制协议等。

（一）专项协议拟订的原则

1. 统一原则。专项协议的内容必须与劳动合同的内容统一，不能矛盾。

2. 具体原则。专项协议必须就特定情况下的具体权利与义务做出规定，内容必须具体明确。

3. 合法原则。关于专项协议的内容，相关法律中有特殊规定的（如《劳动合同法》中对培训服务期协议和保密协议均有相应的规定），不得违反。

（二）常见的专项协议

1. 培训服务期协议

（1）服务期的含义和适用范围

服务期是指劳动者因接受用人单位提供的特殊待遇——提供专项培训费用、进行专业技术培训而承诺必须为用人单位服务的期限。劳动者违反服务期约定，应向用人单位支付违约金。因此服务期的作用主要是为了避免劳动者在享受了特殊待遇——专项培训后任意离职而给用人单位造成损失。因此，需要签订培训服务期协议的劳动者，也即接受了用人单位出资进行专项培训的劳动者。

（2）培训服务期协议的内容

我国相关的法律法规并没有对培训服务期协议的内容做出明确规定，通常情况下，培训服务期协议可以包括以下内容：

1）用人单位的基本信息（包括名称、住所和法定代表人或者主要负责人等）；

2）劳动者的基本信息（包括姓名、住址和有效身份证件号码等）；

3）双方所签订的劳动合同的基本信息（包括合同期限、工作内容等）；

4）专项培训内容（包括培训期限、费用明细等）；

5）双方的权利义务；

6）服务期限；

7）违约责任；

8）其他。

需要注意的是，培训服务期协议中违约金的数额不得超过用人单位提供的培训费用，用人单位按照协议要求劳动者支付的违约金，也不得超过服务期尚未履行部分所应分摊的培训费用。

2. 保密协议

（1）保密义务的含义和适用范围

劳动关系中的保密义务，通常是指劳动者按照合同约定，保守用人单位的商业秘密和与知识产权相关的保密事项的义务。《劳动合同法》并没有明确规定保密协议的适用范围，实践中认为，了解用人单位商业秘密或知识产权内容并负有保密义务的劳动者，用人单位可以与其签订保密协议。

（2）保密协议的内容

保密协议的内容一般包括：

1）用人单位的基本信息（包括名称、住所和法定代表人或者主要负责人等）；

2）劳动者的基本信息（包括姓名、住址和有效身份证件号码等）；

3）双方所签订的劳动合同的基本信息（包括合同期限、工作内容等）；

4）保密的内容；

5）双方的权利义务；

6）保密的期限；

7）违约责任；

8）其他。

需要注意的是，保密的方式有很多种，例如可以约定劳动者在离职前必须提前一定时间通知用人单位，由用人单位安排调换劳动者的工作岗位。为劳动者设定保密义务的作用是保护企业的商业秘密，要求负有保密义务的劳动者不得泄露商业秘密，侧重的是劳动者不能"说"，并不限制劳动者的就业权。在确定劳动者的保密义务时，还应确定劳动者的哪些行为属于泄密行为。

3. 竞业限制协议

（1）竞业限制的含义与适用范围

竞业限制是指负有特定义务的劳动者在解除或终止劳动合同后，不得到与本单位生产或者经营同类产品、从事同类业务的有竞争关系的其他用人单位，或者自己开业生产或者经营同类产品、从事同类业务。

《劳动合同法》对适用竞业限制的人员做出了明确规定，一般为用人单位的高级管理人员、高级技术人员和其他负有保密义务的人员。前两者是比较明确的，对于最后一类人员，由于各单位掌握商业秘密的人员范围不同，法律无法做出统一规定，因此由用人单位自定。

（2）竞业限制协议的内容

竞业限制协议的内容可以包括：

1）用人单位的基本信息（包括名称、住所和法定代表人或者主要负责人等）；

2）劳动者的基本信息（包括姓名、住址和有效身份证件号码等）；

3）双方所签订的劳动合同的基本信息（包括合同期限、工作内容等）；

4）竞业限制的范围；

5）竞业限制的地域；

6）竞业限制的期限；

7）竞业限制的补偿；

8）违约责任；

9）其他。

需要注意的是，竞业限制是基于用人单位与劳动者的约定产生，没有约定的，无须承担竞业限制义务。竞业限制的作用既可能是商业秘密保护，也可能仅仅是约束其就业机会或应对竞争对手"挖人"。竞业限制主要是要求劳动者不能到竞争单位任职或自营竞争业务，侧重的是不能"做"。竞业限制期限最长不超过两年。

第二节 劳动合同的履行和变更

知识要求

一、用人单位发生变化时劳动合同的履行

《劳动合同法》第三十三条规定："用人单位变更名称、法定代表人、主要负责人或者投资人等事项，不影响劳动合同的履行。"

用人单位的非组织实体因素发生变更不属于劳动合同变更，而是劳动合同履行中遇到的特殊情况。此种情形下，用人单位组织实体仍然存续，与劳动者的劳动力相结合的生产资料仍然归属于原组织实体，故其履行劳动合同的能力仍然存续。但是，如果涉及劳动合同中用人单位相关信息（如用人单位名称、法定代表人）的修改，用人单位在进行相关变更登记后，应当主动、及时修改劳动合同当事人条款中用人单位的相关信息。

《劳动合同法》第三十四条规定："用人单位发生合并或者分立等情况，原劳动合同继续有效，劳动合同由承继其权利和义务的用人单位继续履行。"

在用人单位组织实体变更的情况下，对于同劳动者的劳动力相结合的生产资料来说，其归属关系相应发生了变动，即生产资料出现了新的组合结构，有的部分或全部归属于仍然存续的原用人单位，有的部分或全部归属于新用人单位。于是，劳动合同所约定的权利义务应当因其赖以实现的生产资料的归属关系变动而转移，用人单位组织实体变更后的原（新）用人单位，应当依其占有的生产资料，承继其生产资料原承载的劳动合同所约定的权利义务。因此，《劳动合同法》第三十四条规定，用人单位发生合并或者分立等情况，原劳动合同继续有效，劳动合同由承继其权利义务的用人单位继续履行。

案例

公司法定代表人更换需要重新签订劳动合同吗？

黄某与某公司签订的劳动合同中约定的岗位是设计部经理。后来，公司总经理（同时为法定代表人）更换了，新到任的总经理上任后在公司宣布，由于法定代表人更换，大家应当重新签订劳动合同，并对员工岗位进行调整。黄某被调整到了销售部门，他对此很不满意，拒绝签订新劳动合同，要求继续履行原劳动合同。总经理答复，原劳动合同已经作废。公司的做法是否正确？

用人单位更换法定代表人后，原劳动合同继续有效，因为原法定代表人是代表用人单位与员工签订劳动合同，而不是代表其个人行为。新法定代表人关于原劳动合同作废的说法是错误的，黄某与公司的劳动合同继续有效，他有权要求继续履行。

资料来源：唐鑛，刘兰. 劳动合同管理［M］. 大连：东北财经大学出版社，2015.

二、需要变更劳动合同的常见原因

劳动合同当事人无法就劳动合同变更达成一致意见，并不意味着劳动合同将永远无法变更。事实上，法律还规定了用人单位可以单方变更劳动合同的情形。

（一）劳动者的劳动能力受影响

《劳动合同法》第四十条第一项规定，劳动者患病或者非因工负伤，在规定的医疗期满后不能从事原工作，也不能从事由用人单位另行安排的工作的，用人单位提前30日以书面形式通知劳动者本人或者额外支付劳动者一个月工资后，可以解除劳动合同。根据此项规定，劳动者患病或者非因工负伤，在规定的医疗期满后不能从事原工作，用人单位可以为劳动者另行安排工作，由于工作内容是劳动合同的重要内容，另行安排工作当然涉及劳动合同的变更，这种变更无须以劳动者同意为前提。当然，用人单位也不能滥用另行安排工作的权利，需充分考虑劳动者的身体状况，使另行安排的工作比原工作更具合理性。

（二）劳动者不能胜任工作

《劳动合同法》第四十条第二项规定，劳动者不能胜任工作，经过培训或者调整工作岗位，仍不能胜任工作的，用人单位提前30日以书面形式通知劳动者本人或者额外支付劳动者一个月工资后，可以解除劳动合同。根据此项规定，用人单位在劳动者不能胜任工作时，是可以调整工作岗位的，当然也就涉及劳动合同的变更。用人单位使用此项权利时，首先要有明确的证据证明劳动者不能胜任工作，其次调整劳动者的工作岗位要注意合理性，要充分考虑劳动者的承受能力。

（三）因客观情况发生重大变化

劳动合同订立时所依据的客观情况发生重大变化，致使原劳动合同无法履行，经用人单位和劳动者协商，无法就变更劳动合同达成一致意见的，用人单位可以解除劳动合同。但是在解除劳动合同之前，应当实施劳动合同的变更程序，即用人单位有权提出劳动合同的变更，只有与劳动者无法就劳动合同变更事项达成一致时，用人单位才可以解除劳动合同。

这里的"客观情况"是指履行原劳动合同所必需的客观条件，因不可抗力或出现致使劳动合同全部或部分条款无法履行的其他情况，如自然条件改变，企业迁移、转产、被兼并等。发生上述情况时，为了使劳动合同能够得以继续履行，必须根据变化后的客观情况，由双方当事人进行变更合同的协商，直到达成一致意见。

（四）涉密人员离职前的工作调整

用人单位与掌握商业秘密的劳动者在劳动合同中约定保守商业秘密的事项时，可以约定在劳动合同终止前或劳动者提出解除劳动合同的一段时间内（通常不超过6个月），调整工作岗位，变更劳动合同中的相关内容。也就是说，用人单位可以与承担保密义务的劳动者约定脱密期，在脱密期间用人单位要对劳动者进行工作岗位的调整，劳动者一方应当履行。

 **技能要求**

一、用人单位调岗变薪事项的处理

在实践中，关于劳动合同变更的争议主要集中在用人单位的调岗变薪问题上。不少用人单位认为，调岗变薪属于用人单位用工自主权的范畴，用人单位可以随时进行操作，而劳动者只能无条件接受，其实这种认识是错误的。因为，根据《劳动合同法》的规定，工作内容和劳动报酬都是劳动合同重要的必备条款，劳动合同的条款依法订立即具有法律约束力，当事人必须履行劳动合同约定的义务，任何一方不得随意变更劳动合同内容。实践中很多用人单位单方强制变更劳动者的岗位和薪酬都是不符合法律规定的，一旦发生争议，用人单位则很有可能面临败诉的风险。

具体而言，处理调岗变薪事项，应当贯彻以下原则。

（一）劳动合同中约定调岗变薪的条款

《劳动合同法》第三条规定："依法订立的劳动合同具有约束力，用人单位与劳动者应当履行劳动合同约定的义务。"因此，用人单位可以在劳动合同的"工作内容"条款中约定"甲方可以根据市场和工作需要以及乙方的身体状况、工作能力和工作表现调整乙方的职务，调整乙方的工作岗位和工作内容，乙方无特殊原因，应当服从甲方的安排"的内容。同时，在劳动合同的"劳动报酬"条款中约定"甲方可根据实际经营情况、对乙方的考核结果以及乙方的工作年限、奖罚记录、岗位和工作内容的变化等，相应地调整乙方的工资水平，但不低于当地最低工资标准"的内容。但这种约定必须经过劳动者和用人单位协商一致方为有效。

同时，劳动规章制度作为劳动合同的附件，用人单位应当在相应的规章制度中对调岗变薪的情形进行细化明确，要明确规定可以调岗变薪的生产和工作状况、劳动者的身体状况、工作能力表现和绩效考核结果，规定相应的调整方案。这些规章制度必须符合法律的规定，通过民主程序制定并向劳动者公示，否则不会产生效力。

(二) 用人单位需要证明调岗变薪的充分合理性

在承认和保护用人单位用工自主权的同时，也要防止权利滥用，比如随意调岗降薪，侵犯劳动者权益等。为了防止用人单位用工自主权的滥用，用人单位应对其调岗变薪措施举证证明其"充分合理性"。

如何证明具有"充分合理性"呢？主要可以从两个方面来证明：一是从用人单位角度来说，即用人单位因客观情况的变化以及生产经营的需要，需要合并、增减岗位、职位等；二是从劳动者角度来说，如劳动者的身体状况、工作表现与业绩、知识技能水平等与岗位要求不符，甚至劳动者因严重失职或能力不够导致工作出现重大失误，给用人单位造成损失或者有造成损失的风险等。

综上所述，对于调岗变薪问题，用人单位必须明确，虽然有权对劳动者调岗变薪，但并不是毫无限制的，应当谨慎为之，并提供调岗变薪的"充分合理性"证据。因此，"充分合理性"成为用人单位调岗变薪操作的一个标准，只有用人单位举证证明其调岗变薪行为具有"充分合理性"，才能被劳动争议仲裁机构和法院支持。

 **案例**

客观情况发生变化，如何变更劳动合同？

某公司因业务发展需要招聘了一批新员工，原来作为班车的中型面包车已经无法满足需要了。受资金紧张的影响，公司暂时没有购置大型车辆的计划，于是将接送员工上下班的业务承包给了某旅游公司，并将原来的中型面包车进行了转让。如此一来，原来的中型面包车司机如何安置成了一个难题。

本案中，公司与面包车司机签订的劳动合同所依据的客观情况的确发生了重大变化，原劳动合同已经无法履行了，如何进行变更，可以采用以下一些步骤。第一步，视公司是否有变更意向，如果公司没有变更意向，则可以按法律规定解除劳动合同；如果公司有变更意向，则进行下一步的工作。第二步，公司初步拟定变更方案，包括调整的岗位和薪酬等内容，并告知面包车司机。第三步，面包车司机接到方案后，表示同意、不同意或部分同意。如果同意，则变更成立；如果不同意，则变更失败，双方可以解除劳动合同；如果部分同意，双方可进一步磋商。第四步，如果双方协商一致，则签订变更协议。第五步，双方严格履行变更后的劳动合同。

资料来源：唐鑛，刘兰．劳动合同管理［M］．大连：东北财经大学出版社，2015.

二、未采用书面形式的劳动合同变更

虽然《劳动合同法》明确规定变更劳动合同与订立劳动合同一样，应当采用书面形式，但在实践中，仍存在不少并未签订书面协议却实际出现了劳动合同变更的情形。《最高人民法院关于审理劳动争议案件适用法律若干问题的解释（四）》第十一条规定："变更劳动合同未采用书面形式，但已经实际履行了口头变更的劳动合同超过一个月，且变更后的劳动合同内容不违反法律、行政法规、国家政策以及公序良俗，当事人以未采用书面形式为由主张劳动合同变更无效的，人民法院不予支持。"从上述规定中可以看出，劳动合同也可以采用默认的变更方式，也就是说，虽然双方未按照《劳动合同法》的规定，经双方协商一致后采用书面的变更劳动合同的形式，但如果事实上已经变更超过一个月，而劳动者未对此提出异议的，视为双方已经变更了劳动合同，用人单位不能再以未采用书面形式来进行抗辩。

第三节　劳动合同的解除、终止和续订

第一单元　劳动合同的解除

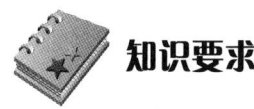
知识要求

一、劳动者单方解除劳动合同
（一）劳动者提前 30 日通知解除劳动合同
《劳动合同法》第三十七条规定，劳动者提前 30 日以书面形式通知用人单位，可以解除劳动合同。

这是劳动者可以选择的解除劳动合同的最广泛的方式，此条规定除了对劳动者有"提前 30 日以书面形式通知"的形式上的要求外，不再要求劳动者满足其他条件，因此被称为劳动者"无因解除"劳动合同的权利，即劳动者无须提供解除劳动合同的理由。要求劳动者提前 30 天通知，是为了给用人单位充足的时间找到接任者，不至于影响用人单位的生产经营活动。

劳动者行使"无因解除"劳动合同的权利，拥有完全的主动权，用人单位只能被动地接受劳动者辞职带来的后果。有鉴于此，法律并没有规定此种情形下用人单位需要向劳动者支付经济补偿，即劳动者"无因解除"劳动合同，用人单位是无须向劳动者支付经济补偿的，当然如果用人单位自愿支付，法律并不禁止。与此

同时，如果劳动者和用人单位有关于培训和服务期的约定，劳动者未履行满服务期，在此种情形下劳动者解除劳动合同，是一种违约行为，需要承担相应的违约责任。

（二）劳动者在试用期内解除劳动合同

《劳动合同法》第三十七条规定，劳动者在试用期内提前3日通知用人单位，可以解除劳动合同。

试用期是劳动合同的常见约定条款，在试用期内，劳动关系处于不稳定状态，用人单位对劳动者是否合格进行考核，同时劳动者对用人单位是否适合自己也进行了解。当劳动者发现自己并不适合在用人单位继续工作时，可以解除劳动合同。需要注意的是，劳动者在试用期内提出解除劳动合同，并不需要法律规定的理由，但是需要满足的条件是提前3天通知用人单位。

劳动者在试用期内解除劳动合同，仍拥有主动权，因此用人单位无须支付经济补偿。需要注意的是，即使劳动者和用人单位签订了培训服务期协议，劳动者在试用期内解除劳动合同，也不承担违约责任。

（三）劳动者即时告知解除劳动合同

用人单位有下列情形的，劳动者有单方解除劳动合同的权利，但是在行使这一权利时，有通知用人单位的义务，即需要明确告知用人单位解除劳动合同的理由。如果劳动者不履行告知义务，就会给用人单位正常的生产秩序造成障碍。尽管用人单位存在违法或者违约的事实，使得劳动者可以解除劳动合同，但是不能因此不顾及用人单位的劳动连续性问题而允许劳动者不辞而别。

1. 用人单位未按劳动合同约定提供劳动保护或者劳动条件的

劳动保护是为了消除劳动过程中危及劳动者人身安全和身体健康的不良条件和行为、防止伤亡事故和职业病而采取的各种措施，主要包括各种劳动安全卫生设施和规程、女职工和未成年工的特殊保护等。劳动条件是劳动者在劳动过程中所必需的物质设备条件。

劳动保护和劳动条件是保护劳动者的底线和基本要求。保护劳动者在劳动过程中的身体健康和生命安全是用人单位的基本责任和义务，如果用人单位不采取这些有利于劳动者的劳动保护措施和不提供这些劳动条件，劳动者就可以单方决定解除劳动合同。

2. 用人单位未及时足额支付劳动报酬的

劳动报酬是指用人单位根据国家的有关规定和劳动合同的约定，根据劳动者的劳动岗位、技能及工作数量、质量，直接支付给劳动者的劳动收入。在劳动者已经履行劳动义务的情况下，用人单位应当按照劳动合同的约定或者国家法律法规规定的数额、日期及时足额地支付劳动报酬，禁止克扣和无故拖欠劳动者的劳动报酬。劳动报酬是劳动合同的必备条款，用人单位未按照劳动合同的约定及时足额支付劳动报酬，也是违反劳动合同的行为，是对劳动者合法权益的侵犯。因此，当用人单位未及时足额支付劳动报酬时，劳动者有权随时告知用人单位解除劳动合同。

3. 用人单位未依法为劳动者缴纳社会保险费的

社会保险是国家对劳动者在患病、伤残、失业、年老、生育及其他生活困难的情况下，给予物质帮助的制度。社会保险具有国家强制性，用人单位应当按照法律法规的规定，负责缴纳各项社会保险费用，并负有代扣代缴本单位劳动者社会保险费的义务。因此，如果用人单位未依法为劳动者缴纳社会保险费，就是对劳动者基本权利的侵害，劳动者有权随时告知用人单位解除劳动合同。

4. 用人单位的规章制度违反法律法规的规定，损害劳动者权益的

规章制度是用人单位制定的旨在保证劳动者履行劳动义务享受劳动权利的规则和制度。用人单位的规章制度违法，可以表现为规章制度的内容违法、规章制度制定的程序违法或者规章制度没有向劳动者公示。同时，用人单位的规章制度违法，还给劳动者的权益带来了损害。上述两个条件同时具备时，劳动者有权随时告知用人单位解除劳动合同。

5. 用人单位以欺诈、胁迫的手段或者乘人之危，使劳动者在违背真实意思的情况下订立或者变更劳动合同的

用人单位以欺诈、胁迫的手段或者乘人之危，使劳动者在违背真实意思的情况下订立或者变更的劳动合同，可以认定为无效的劳动合同，从订立时起就没有法律效力。当然，劳动者在此种情形下，还可以选择不追究劳动合同的无效，而直接行使随时告知用人单位解除劳动合同的权利。

6. 法律、行政法规规定劳动者可以解除劳动合同的其他情形

这是一项弹性条款，以避免遗漏现行法律法规规定的其他情况，并采用此种方法使今后颁布的相关法律法规和现行法律法规能够很好地衔接。

（四）劳动者无须告知解除劳动合同

用人单位以暴力、威胁或者非法限制人身自由的手段强迫劳动者劳动的，或者用人单位违章指挥、强令冒险作业危及劳动者人身安全的，劳动者可以立即解除劳动合同，无须事先告知用人单位。

在上述情况下，劳动者的身体健康和生命安全都受到了威胁，已经不允许劳动者事先告知用人单位。因此，法律赋予劳动者不告知用人单位即可解除劳动合同的权利，即劳动者可以不辞而别。

二、用人单位即时解除劳动合同

即时解除，是指当劳动者存在某类法律规定的过失时，用人单位无须提前通知劳动者即可解除劳动合同，并无须支付经济补偿，因此也称为过失性解除。

法律对用人单位行使即时解除权利的条件有严格的限制，不允许扩大适用。

（一）劳动者在试用期间被证明不符合录用条件的

试用期是一段劳动关系不太稳定的时期，劳动者和用人单位都可以行使单方解除劳动合同的权利。很多用人单位认为，试用期是可以随意辞退劳动者的，这种认识是错误的，不仅损害了劳动者的合法权益，也给用人单位带来了法律风险。《劳动合同法》

第二十一条规定,用人单位在试用期解除劳动合同,要向劳动者说明理由,而这个理由必须是《劳动合同法》第三十九条和第四十条第一项、第二项规定的情形,即劳动者有过错或者有不能胜任工作等情形。换言之,说明劳动者不符合录用条件,是用人单位在试用期内随时解除劳动合同的大前提,如果这个前提不成立,用人单位是无权行使在试用期单方解除劳动合同的权利的。

同时,按照法律的规定,用人单位要以劳动者"在试用期间被证明不符合录用条件"为由解除劳动合同,还必须遵守一个时间条件,即要在试用期内提出。一旦劳动者试用期届满,即便劳动者存在在试用期间不符合录用条件的事实,用人单位也不得以此理由来解除劳动合同。

(二)劳动者严重违反用人单位规章制度的

用人单位要以劳动者"严重违反用人单位规章制度"为由解除劳动合同,必须有合法的规章制度为依据,即用人单位的规章制度内容必须符合法律规定,而且是通过民主程序制定并公之于众的。同时,劳动者违反规章制度的行为客观存在,并且达到了"严重"的程度。所谓"严重",一般应以劳动法规所规定的限度和用人单位内部的规章制度依此限度所规定的具体界限为准。最后,用人单位对劳动者的处理是按照本单位规章制度规定的程序来办理的,并符合相关法律法规的规定。

(三)劳动者严重失职,营私舞弊,给用人单位造成重大损害的

劳动者在劳动合同履行期间,应按照岗位职责严格履行自己的义务,如果有未尽职责的严重过失行为或者利用职务之便谋取私利的故意行为,使用人单位的财产受到损害,但还未达到被追究刑事责任的程度,用人单位可以单方随时解除劳动合同。用人单位以劳动者"严重失职,营私舞弊,给用人单位造成重大损害"为由解除劳动合同,需要同时满足两个条件,即严重失职、营私舞弊的行为条件,还要有给用人单位造成重大损害的结果条件。如何认定"重大损害",法律并无明文规定,一般由用人单

位的规章制度界定，因为用人单位的类型千差万别，对重大损害的界定也千差万别，法律无法做出统一规定。如果发生争议，可以由劳动争议处理机构来做出认定。

（四）劳动者同时与其他用人单位建立劳动关系，对完成本单位的工作任务造成严重影响，或者经用人单位提出，拒不改正的

劳动者同时与其他用人单位建立劳动关系，通常被称为"兼职"。法律对于劳动者的兼职并未禁止，但是尊重用人单位的规章制度。如果用人单位规章制度中禁止劳动者兼职，当劳动者出现兼职情形时，用人单位可以提出要求，让劳动者停止兼职，劳动者拒不改正的，用人单位可以行使单方解除劳动合同的权利。用人单位以此情形为由解除劳动合同，必须具备两个条件：一是查证劳动者有兼职的行为；二是证明劳动者的兼职行为对完成本单位的工作任务造成了严重影响，或者证明用人单位提出让劳动者停止兼职的要求而劳动者拒不改正的。第二个条件中的两项证明满足一项即可。

（五）劳动者以欺诈、胁迫的手段或者乘人之危，使用人单位在违背真实意思的情况下订立或者变更劳动合同的

劳动者以欺诈、胁迫的手段或者乘人之危，使用人单位在违背真实意思的情况下订立或者变更的劳动合同，可以认定为无效的劳动合同，从订立时起就没有法律效力。当然，用人单位在此种情形下，还可以选择不追究劳动合同的无效，而直接行使随时告知劳动者解除劳动合同的权利。

（六）劳动者被依法追究刑事责任的

劳动者被依法追究刑事责任，用人单位可以行使单方解除劳动合同的权利，这是毫无争议的。劳动者"被依法追究刑事责任"的范围也是法定的，包括被人民检察院免予起诉、被人民法院判处刑罚、被人民法院依据刑法免予刑事处分等几种情形。

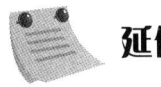 **延伸阅读**

劳动者违反治安管理规定被行政拘留，用人单位是否能解除劳动合同？

劳动者如果违反治安管理规定被行政拘留，不属于被追究刑事责任的范畴，所以用人单位不能以此理由来解除劳动合同。但是，如果用人单位的规章制度有规定，违反治安管理规定被行政拘留属于严重违反规章制度的行为，用人单位则可以劳动者严重违反规章制度为由解除劳动合同。

 **延伸阅读**

劳动者涉嫌违法被限制人身自由，用人单位如何处理？

劳动者涉嫌违法，被有关机关拘留、逮捕的，还不能认定劳动者被追究刑事责任。但是由于劳动者的人身自由已经被限制，实际上无法履行劳动合同，因此用人单位可以暂停劳动合同的履行，而不是直接解除劳动合同。暂停履行劳动合同期间，用人单位不承担劳动合同规定的义务。如果劳动者被依法追究刑事责任，用人单位可以解除劳动合同。如果劳动者经证明被错误地限制了人身自由，暂停劳动合同期间的损失，可以由劳动者依照《国家赔偿法》要求有关部门赔偿，对此用人单位不承担责任。

用人单位即时解除劳动合同的原因、条件及注意问题见表2-2。

三、用人单位预告解除劳动合同

预告解除，是指用人单位在行使解除劳动合同权利时，有提前通知劳动者的义务。《劳动合同法》第四十条规定，通知应提前30天，而且是书面形式。当用人单位无法提前30天通知时，可以用额外支付一个月工资的方法来代替提前通知。同时，此类用人单位解除劳动合同的理由，并非是劳动者的原因，因此用人单位在解除劳动合同后，要给劳动者相应的经济补偿。

表 2-2　　　用人单位即时解除劳动合同一览表

解除原因	解除条件分解	注意的问题	特别提醒
试用期间	1. 劳动者在试用期间 2. 劳动者不符合录用条件（"不能胜任工作"不等同于"不符合录用条件"）	用人单位对录用条件的证明责任	1."随时"不等于"随便" 2. 征求工会意见
严重违纪	1. 用人单位存在规章制度 2. 劳动者严重违反规章制度，已达到辞退标准	用人单位对严重违纪的界定的证明责任	
重大损害	1. 劳动者严重失职，营私舞弊 2. 劳动者造成重大损害	用人单位对重大损害的界定的证明责任	
兼职	劳动者对完成本单位的工作任务造成严重影响或用人单位提出，拒不改正的	用人单位对严重影响或者提出异议的证明责任	
无效劳动合同	劳动者有欺诈、胁迫或者乘人之危的情形，导致劳动合同无效	用人单位对劳动者欺诈、胁迫或者乘人之危行为的证明责任	
刑事责任	劳动者被依法追究刑事责任	刑事责任的范围	

用人单位通过此类理由解除劳动合同，直接剥夺了劳动者的工作机会，因此法律对此类理由的适用范围也有严格限制，不允许扩大适用。

（一）劳动者患病或者非因工负伤，在规定的医疗期满后不能从事原工作，也不能从事由用人单位另行安排的工作的

医疗期是指劳动者因患病或非因工负伤停止工作进行治病休息而不得解除劳动合同的时限。劳动者因患病或非因工负伤，需要停止工作进行治疗时，根据本人实际参加工作年限和在本单位工作年限，给予 3 个月到 24 个月的医疗期（见表 2-3）。

可见，劳动者在医疗期期间，可以进行治疗和休息，不从事劳动。但是医疗期满后，劳动者就有义务进行劳动。如果劳动者

表 2-3　　　　　　　　医疗期和累计病休时间

实际工作年限	本单位工作年限	医疗期	累计病休时间
10 年以下	5 年以下	3 个月	6 个月
	5~10 年	6 个月	12 个月
10 年以上	5 年以下	6 个月	12 个月
	5~10 年	9 个月	15 个月
	10~15 年	12 个月	18 个月
	15~20 年	18 个月	24 个月
	20 年以上	24 个月	30 个月

由于身体健康原因不能胜任工作，用人单位有义务安排调动其岗位，安排其从事力所能及的岗位工作。如果劳动者对用人单位重新安排的工作也无法完成，说明劳动者已经不能履行劳动合同，用人单位可以行使解除劳动合同的权利。但是，用人单位需要提前 30 天书面通知劳动者，或者额外支付给劳动者一个月工资，以便劳动者在心理上和时间上为重新就业做准备。

（二）劳动者不能胜任工作，经过培训或者调整工作岗位，仍不能胜任工作的

不能胜任工作，是指劳动者不能按照要求完成劳动合同中约定的工作任务或者同岗位人员的工作量。这就要求用人单位与劳动者在订立劳动合同时，要明确工作内容和工作要求，但是用人单位不得故意提高定额标准，使劳动者无法完成。如果劳动者不能胜任工作，用人单位可以对其进行职业培训，也可以将其调换到能够胜任的工作岗位上去，这是用人单位协助劳动者适应岗位要求的义务。如果用人单位尽了这些义务，劳动者还不能胜任工作，说明劳动者不具备在该单位劳动的职业能力，用人单位可以行使解除劳动合同的权利。但是，用人单位仍需要提前 30 天书面通知劳动者，或者额外支付给劳动者一个月工资。

因劳动者不符合录用条件解除劳动合同与因不能胜任工作解除劳动合同，在适用期限、解除程序与成本方面存在区别，具体参见表 2-4。

表2-4 不符合录用条件与不能胜任工作解除劳动合同的区别

项目	不符合录用条件	不能胜任工作
适用期限	试用期内	劳动合同期限内（包括试用期）
解除程序	用人单位随时提出解除	用人单位首先对劳动者进行培训或者调整工作岗位，仍不能胜任工作的，用人单位提前30天书面通知（或支付一个月工资）解除劳动合同
解除成本	用人单位无须支付经济补偿	用人单位需要支付经济补偿

（三）劳动合同订立时所依据的客观情况发生重大变化，致使劳动合同无法履行，经用人单位与劳动者协商，未能就变更劳动合同内容达成协议的

这里的"客观情况"是指履行原劳动合同所必需的客观条件，因不可抗力或出现致使劳动合同全部或部分条款无法履行的其他情况，如自然条件改变，企业迁移、转产、被兼并等。发生上述情况时，为了使劳动合同能够得以继续履行，必须根据变化后的客观情况，由双方当事人进行变更合同的协商，直到达成一致意见。如果劳动者不同意变更劳动合同，原劳动合同确立的劳动关系就没有存续的必要，在这种情形下，用人单位可以行使解除劳动合同的权利。但是，用人单位仍需要提前30天书面通知劳动者，或者额外支付给劳动者一个月工资。

四、经济性裁员

经济性裁员是指用人单位一次性解除多名劳动者的劳动合同，以此来改善生产经营状况的一种手段，其目的是保护自己在市场经济中的竞争和生存能力，以求渡过暂时的难关。由于经济性裁员涉及多名员工，增加社会的失业率，造成较大的社会影响，因此《劳动合同法》第四十一条对经济性裁员的条件、程序等内容都做了详细的规定。在经济性裁员过程中，劳动者并未出现过错，因此法律同时规定用人单位要给予被裁减的劳动者相应的经济补偿。

（一）经济性裁员的标准

经济性裁员是用人单位单方解除劳动合同的一种方式，只不过涉及的不是单个劳动者，而是一个劳动者群体。区分用人单位经济性裁员和普通解除劳动合同的标准在于被裁减的劳动者人数。按照法律规定，用人单位需要裁减人员20人以上或者裁减不足20人但占企业职工总数10%以上的，视为经济性裁员。

（二）经济性裁员的条件

法律对实施经济性裁员的用人单位有严格限制，不允许用人单位滥用经济性裁员的方式来辞退劳动者。需要进行经济性裁员的用人单位，必须满足以下条件之一：

1. 依照《企业破产法》规定进行重整的；
2. 生产经营发生严重困难的；
3. 企业转产、重大技术革新或者经营方式调整，经变更劳动合同后，仍需裁减人员的；
4. 其他因劳动合同订立时所依据的客观经济情况发生重大变化，致使劳动合同无法履行的。

（三）经济性裁员的程序

经济性裁员的程序如图2-1所示。

图2-1 经济性裁员程序

1. 用人单位需要进行经济性裁员的，应提前30天向工会或者全体职工说明情况，并提供有关生产经营的资料。
2. 提出裁减人员的方案，具体内容包括被裁减人员的名单、裁减时间、实施步骤、经济补偿办法等。
3. 就裁减人员的方案征求工会或者全体职工的意见，并对方案进行修改和完善。
4. 向当地劳动行政部门报告裁减方案，并听取劳动行政部门的意见。

5. 正式公布裁减方案,与被裁减人员办理解除劳动合同的手续并支付相应的经济补偿。

(四)经济性裁员的特殊规定

用人单位进行经济性裁员时,应当优先留用三类人员:与本单位订立较长期限的固定期限劳动合同的;与本单位订立无固定期限劳动合同的;家庭无其他就业人员,有需要扶养的老人或者未成年人的。用人单位实施经济性裁员以后,在6个月内重新招用人员的,应当通知被裁减的人员,并在同等条件下优先招用被裁减的人员。

五、对劳动者的解雇保护

在劳动关系中,劳动者和用人单位的力量并不均衡,劳动者处于弱势地位。劳动合同解除是劳动关系中的重大事件,因此法律规定劳动者和用人单位解除劳动合同的权利是不一样的。用人单位在单方行使解除劳动合同的权利时受到一些限制:首先,用人单位单方解除劳动合同必须有法律规定的理由,不享有"无因解除"劳动合同的权利;其次,对于某些特殊的劳动者,用人单位不能随意解除劳动合同。

(一)解雇保护的适用范围

如前所述,用人单位行使单方解除劳动合同的权利有三种方式:即时解除(过失性解除)、预告解除(非过失性解除)和经济性裁员。对于享受解雇保护的劳动者,法律对他们的保护是相对的,即仅仅是禁止用人单位采用预告解除(非过失性解除)和经济性裁员的方式解除劳动合同,而不禁止用人单位采用即时解除(过失性解除)的方式解除劳动合同。也就是说,当这些特殊的劳动者达到即时解除(过失性解除)劳动合同的条件时,用人单位仍可以行使单方解除劳动合同的权利。

(二)解雇保护的对象

1. 从事接触职业病危害作业的劳动者未进行离岗前职业健康检查,或者疑似职业病病人在诊断或者医学观察期间的根据我国《职业病防治法》第三十五条的规定，对从事接触职业病危害作业的劳动者，用人单位应当按照国务院卫生行政部门的规定组织上岗前、在岗期间和离岗时的职业健康检查，并将检查结果书面告知劳动者。职业健康检查费用由用人单位承担。在疑似职业病病人诊断或者医学观察期间，不得解除或者终止与其订立的劳动合同。这些规定都是出于对劳动者的保护而制定的。

2. 劳动者在本单位患职业病或者因工负伤并被确认丧失或者部分丧失劳动能力的

根据我国《工伤保险条例》的规定，职工因工致残被鉴定为一级至四级伤残的，保留劳动关系，退出工作岗位。职工因工致残被鉴定为五级、六级伤残的，保留与用人单位的劳动关系，由用人单位安排适当工作；经工伤职工本人提出，该职工可以与用人单位解除或者终止劳动关系，由工伤保险基金支付一次性工伤医疗补助金，由用人单位支付一次性伤残就业补助金。职工因工致残被鉴定为七级至十级伤残的，劳动合同期满终止，或者职工本人提出解除劳动合同的，由工伤保险基金支付一次性工伤医疗补助金，由用人单位支付一次性伤残就业补助金（见表2-5）。

表2-5　　一级至十级伤残职工劳动合同解除一览表

工伤级别	劳动合同能否解除	备注
一级至四级	不得解除	劳动关系保留到劳动者退休
五级、六级	一般不得解除，经劳动者本人提出也可以解除	解除劳动合同时由工伤保险基金支付一次性工伤医疗补助金，由用人单位支付一次性伤残就业补助金
七级至十级	一般不得解除，经劳动者本人提出也可以解除	解除劳动合同时由工伤保险基金支付一次性工伤医疗补助金，由用人单位支付一次性伤残就业补助金

可见，用人单位有责任照顾在本单位患职业病或者因工负伤导致伤残的劳动者。除了劳动者提出解除劳动合同外，用人单位不能随意解除劳动者的劳动合同。

3. 劳动者患病或者非因工负伤，在规定的医疗期内的

劳动者根据自己的工作年限，在患病或非因工负伤期间享受3~24个月的医疗期，这是法律赋予劳动者的权利。在医疗期内，劳动者停止工作，治病休息，处于相对弱势的地位。因此医疗期内的劳动者应受到特殊保护，用人单位在此期间不得随意解除劳动合同。

4. 女职工在孕期、产期、哺乳期的

女性是劳动力的重要组成部分，基于女性生理上的特殊性，其生理机能的变化会影响其劳动能力，因此有必要对女职工的"三期"进行保护，以维护女职工的合法权益。女职工的孕期，是指怀孕期间；产期，是指生育期间，根据《女职工劳动保护特别规定》，女职工生育享受98天产假；哺乳期，是指婴儿从出生到满一周岁期间。在此期间，法律除了规定给予女职工特殊的劳动保护外，还规定用人单位不得随意解除女职工的劳动合同。

5. 劳动者在本单位连续工作满15年，且距法定退休年龄不足5年的

本条规定旨在保护那些为用人单位做出很大贡献的年长的劳动者。劳动者的职业生涯并不很长，而用人单位偏好的"黄金年龄"更是短暂。当劳动者在一个用人单位工作较长时间，距离法定退休年龄很近时，他在人力资源市场上已经缺乏竞争力了，如果完全允许用人单位自由选择，对这些劳动者来说是很不公平的。因此法律规定，对于在本单位连续工作满15年，并且距离法定退休年龄不足5年的，用人单位不得随意解除劳动合同，这也是企业社会责任的体现。

6. 法律、行政法规规定的其他情形

这是一项弹性条款，以避免遗漏现行法律法规规定的其他情况，并采用此种方法使今后颁布的相关法律法规和现行法律法规能够很好地衔接。

第二章 劳动合同管理

 **技能要求**

一、竞业限制的经济补偿

竞业限制条款是对劳动者再就业权利的限制，劳动者因此会遭受损失，用人单位应当承担补偿的义务。因此《劳动合同法》规定，用人单位在解除或者终止劳动合同后，在竞业限制期限内应当按月给予劳动者经济补偿。

竞业限制的经济补偿由劳动合同当事人自行约定。当事人在劳动合同或者保密协议中约定了竞业限制，但未约定解除或者终止劳动合同后给予劳动者经济补偿，劳动者履行了竞业限制义务，要求用人单位按照劳动者在劳动合同解除或者终止前12个月平均工资的30%按月支付经济补偿的，人民法院应予支持。如果月平均工资的30%低于劳动合同履行地最低工资标准的，按照劳动合同履行地最低工资标准支付。

当事人在劳动合同或者保密协议中约定了竞业限制和经济补偿，劳动合同解除或者终止后，因用人单位的原因导致3个月未支付经济补偿的，劳动者有权请求解除竞业限制约定。

二、劳动者违反劳动合同的违约金

违约金，是指合同当事人约定在一方违反合同时需向另一方支付一定数额的货币，这是一种民事责任。《劳动合同法》出于对劳动者的保护，对违约金的适用范围做出了非常严格的限制，规定只能在下列两种情形中才能约定违约金。

（一）劳动者违反培训协议

用人单位为劳动者提供专项培训费用，对其进行专业技术培训的，可以与该劳动者订立协议，约定服务期。劳动者违反服务期约定的，应当向用人单位支付违约金。违约金的数额不得超过用人单位提供的培训费用。用人单位要求劳动者支付的违约金不得超过服务期尚未履行部分所应分摊的培训费用。

（二）劳动者违反竞业限制协议

对负有保密义务的劳动者，用人单位可以在劳动合同或者保密协议中与劳动者约定竞业限制条款，并约定在解除或者终止劳动合同后，在竞业限制期限内按月给予劳动者经济补偿。劳动者违反竞业限制约定的，应当按照约定向用人单位支付违约金。

当事人在劳动合同或者保密协议中约定了竞业限制和经济补偿，劳动合同解除或者终止后，因用人单位的原因导致3个月未支付经济补偿的，劳动者有权请求解除竞业限制约定，并可以不付违约金。劳动者违反竞业限制约定，向用人单位支付违约金后，用人单位有权要求劳动者按照约定继续履行竞业限制义务。

三、经济性裁员方案的制定

经济性裁员方案是对经济性裁员工作的总体安排和说明，通常包括以下几个部分。

（一）说明裁员原因

举出事实和理由，说明已具备《劳动合同法》所规定的规模裁员的某项许可性条件，即劳动合同订立时所依据的客观经济情况已发生重大变化，致使劳动合同无法履行，只有裁员才可以使企业摆脱困境和持续发展。

（二）列出被裁减人员名单

在选择确定被裁减人员时，应当严格依据《劳动合同法》规定，首先排除不得裁减人员，在可以裁减的人员中，按照劳动合同期限类型、期限长短、家庭人员就业状况等优先留用因素，排列出留用顺序，然后从最后留用的人员中确定裁员名单。

（三）裁减时间及实施步骤

在裁员方案中应当明确裁员方案的开始执行时间、实施的步骤及每一步的具体措施等，从而使职工对裁员行为有比较清楚的了解。

（四）裁减人员的补偿办法

这是方案中非常重要的部分，补偿办法必须符合法律法规定和集体合同约定。

在裁员方案的起草过程中，应当注意与工会或职工代表及时有效沟通，争取得到工会的理解和配合，这样可以保证裁员方案

第二单元　劳动合同的终止和续订

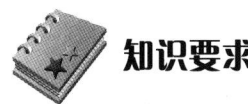 **知识要求**

一、劳动合同的逾期终止

法律除了规定劳动合同终止的情形外，为保护特定劳动者的利益，还规定了劳动合同终止受限制的情形，即当劳动者处于某些特殊情形时，劳动合同应当续延至相应的情形消失时终止。需要指出的是，这些特殊情形包含了劳动者丧失或部分丧失劳动能力的情形，按照《工伤保险条例》的规定，劳动合同终止受限又包括了劳动合同不得终止和需要逾期终止两种后果。

（一）疑似职业病患者

从事接触职业病危害作业的劳动者未进行离岗前职业健康检查，或者疑似职业病病人在诊断或者医学观察期间的，其劳动合同终止受到限制。

此规定主要是为了保护接触职业病危害作业的劳动者的利益，因为职业病对劳动者的利益影响极大，所以法律在限制用人单位解除劳动合同的同时，也限制用人单位终止劳动合同。对于从事接触职业病危害作业的劳动者的劳动合同期限届满时，劳动合同能否终止，应区分以下具体情形。

1. 未进行离岗前的健康检查，劳动合同不能终止

对从事接触职业病危害作业的劳动者，在劳动合同期限届满时，如用人单位未给劳动者做离职前的健康检查，劳动合同不得终止。

2. 疑似职业病诊断或医学观察期间，劳动合同不能终止

对从事接触职业病危害作业的劳动者，在劳动合同到期时，用人单位为劳动者进行了离岗前的健康检查，确定劳动者未患职业病的，劳动合同可以终止。若发现劳动者疑似患有职业病，在

诊断期间或医学观察期间的,劳动合同不能终止。

3. 职业病被排除后,劳动合同可以终止

疑似患职业病的劳动者在诊断或者医学观察期间被排除职业病的,劳动合同可以终止。如果劳动者被确诊患有职业病,按《工伤保险条例》的规定处理。

(二) 工伤职工

劳动者在本单位患职业病或者因工负伤并被确认丧失或者部分丧失劳动能力的,其劳动合同终止受到限制。根据《工伤保险条例》的规定,患职业病或因工负伤并被确认为丧失或者部分丧失劳动能力的,是指经过劳动能力鉴定委员会鉴定为一级至十级伤残的。其中,一级至四级为完全丧失劳动能力,五级、六级为大部分丧失劳动能力,七级至十级为部分丧失劳动能力。不同伤残等级的劳动者的劳动合同到期后,劳动关系的处理是不同的(见表2-6)。

表2-6　　　一级至十级伤残职工的劳动合同到期后劳动关系处理一览表

伤残等级	劳动合同到期后劳动关系处理	备注
一级至四级	不得终止劳动关系	劳动关系保留到劳动者退休
五级、六级	一般不得终止,经劳动者本人提出可以终止	终止时由工伤保险基金支付一次性工伤医疗补助金,由用人单位支付一次性伤残就业补助金
七级至十级	可以终止	终止时由工伤保险基金支付一次性工伤医疗补助金,由用人单位支付一次性伤残就业补助金

(三) 医疗期职工

劳动者患病或者非因工负伤,如果在规定的医疗期内,劳动合同到期的,劳动合同应当续延至医疗期满为止。

(四) "三期"女职工

女职工在孕期、产期和哺乳期内的,劳动合同期限届满时,用人单位不得终止劳动合同,劳动合同应当自动续延至该名女职工孕期、产期、哺乳期结束时止。

（五）在本单位连续工作满 15 年且距离法定退休年龄不足 5 年的劳动者

劳动者连续工作满 15 年且距离法定退休年龄不足 5 年的，属于用人单位的老职工，这类人员再就业的机会难以保障，因此法律对他们予以特殊保护，规定他们的劳动合同到期，用人单位不得终止劳动合同，而劳动合同也将自动续延至劳动者达到法定的退休年龄。

（六）工会干部

《工会法》第十八条规定："基层工会专职主席、副主席或者委员自任职之日起，其劳动合同期限自动延长，延长期限相当于其任职期间；非专职主席、副主席或者委员自任职之日起，其尚未履行的劳动合同期限短于任期的，劳动合同期限自动延长至任期期满。但是，任职期间个人严重过失或者达到法定退休年龄的除外。"

需要注意的是，对于工会专职主席、副主席或者委员，其劳动合同自动延长期限相当于其任职期限；对于兼职的工会主席、副主席或者委员，其劳动合同到期后但任期还未届满的，劳动合同顺延至任期期满即可。

（七）集体协商代表

《集体合同规定》第二十八条规定，职工一方协商代表在其履行协商代表职责期间劳动合同期满的，劳动合同期限自动延长至完成履行协商代表职责之时。即劳动者担任集体协商代表，在任职期限内劳动合同到期的，用人单位不得与其终止劳动合同，需要等到相应的情形消失后，才可以与其终止劳动合同。

二、竞业限制协议、保密协议的后续履行

对于那些已经离职的与本单位签订有保密协议或竞业限制协议的劳动者，用人单位应密切关注其离职后的动向，监督保密协议和竞业限制协议的后续履行。具体而言，主要包括以下几个方面。

（一）在劳动关系结束后按月支付竞业限制补偿金

根据《劳动合同法》的规定，用人单位支付竞业限制补偿金必须在解除或者终止劳动合同后，在竞业限制期限内按月支付。用人单位在按月支付竞业限制补偿金的同时，要密切关注劳动者的动向，确保其没有到与本单位生产或者经营同类产品、从事同类业务的有竞争关系的其他用人单位工作，或者自己开业生产或者经营同类产品、从事同类业务。

需要注意的是，如果劳动者准备去竞争对手处工作，可能会故意不领取竞业限制补偿金，导致竞业限制失效。因此，用人单位应要求劳动者及时真实地提供有效银行账户、真实通信地址等信息。同时，在拟定协议时，应当约定劳动者不领取竞业限制补偿金应当承担的责任，劳动者应承担由于本人原因造成的损失，且不能借此免除竞业限制义务。

（二）追究泄密责任

劳动者泄露、侵犯商业秘密的，用人单位可以追究其侵权责任，也可以追究其违约责任。劳动者的违约责任包括违约金和实际损失赔偿，侵权责任包括刑事、行政和民事责任。《刑法》第二百一十九条规定，对侵犯商业秘密给权利人造成重大损失的，处3年以下有期徒刑或者拘役，并处或者单处罚金；造成特别严重后果的，处3年以上7年以下有期徒刑，并处罚金。《反不正当竞争法》第二十一条对于侵犯商业秘密的行为规定监督检查部门应当责令停止违法行为，没收违法所得，处10万元以上100万元以下的罚款；情节严重的，处50万元以上500万元以下的罚款。在民事责任上，侵权人需要赔偿实际损失。用人单位应对违约责任和侵权责任两者进行比较，选择利益最大方案。

（三）追究连带责任

泄露商业秘密的劳动争议案件的特点是在用人单位和劳动者之外还存在着第三方——新用人单位。《反不正当竞争法》第九条规定，经营者不得实施下列侵犯商业秘密的行为：①以盗窃、贿赂、欺诈、胁迫、电子侵入或者其他不正当手段获取权利人的商业秘密；②披露、使用或者允许他人使用以前项手段获取的权利人的商业秘密；③违反保密义务或者违反权利人有关保守商业秘密的要求，披露、使用或者允许他人使用其所掌握的商业秘密；④教唆、引诱、帮助他人违反保密义务或者违反权利人有关保守商业秘密的要求，获取、披露、使用或者允许他人使用权利人的商业秘密。第三人明知或者应知前款所列违法行为，获取、使用或者披露他人的商业秘密，视为侵犯商业秘密。若新用人单位对涉密员工进行"恶意挖人"，原用人单位拥有要求其承担连带赔偿责任的权利。

一般来说，判断连带责任发生的条件是：两个以上侵权人有共同侵权的意愿、两个以上侵权人实施了共同的行为、该共同侵权行为造成了一定的经济损失、共同侵权行为与损失之间有因果关系。追究连带责任对证据要求较高，对于保密合同争议首先要证明商业秘密的存在，对竞业限制争议最重要的是证明员工为竞争对手提供了服务。用人单位应当综合利用各种方式获得证据，各项证据之间应当形成完整证据链，证据应当能够对用人单位要证明的事实互相印证。

三、劳动合同续订与劳动合同变更、逾期终止的区别

（一）劳动合同续订与劳动合同变更的区别

劳动合同的续订，是指针对期限届满的劳动合同，双方当事人通过协商一致，签订一份新的劳动合同。通常情况下，续订的劳动合同保留了原来劳动合同的绝大部分内容，仅仅是劳动合同期限等少部分内容发生变化。但是，劳动合同续订不可以视为劳动合同变更，二者有明显的区别。

1. 劳动合同的续订相当于新签订一次劳动合同，因此劳动合同续订后，劳动者和用人单位签订合同的次数增加了一次。劳动合同变更是在原来劳动合同基础上进行的，变更后，劳动者和用人单位签订劳动合同的次数并没有增加。

2. 劳动合同的续订需要双方就劳动合同的全部条款在平等自愿、协商一致的情况下签订。但是就劳动合同变更而言，双方只

需要就劳动合同需要变更的事项进行协商即可，原合同其他条款继续履行。

3. 劳动合同的续订通常在原合同期限届满前进行，如果双方就续订事项协商不一致，原合同期满终止。劳动合同变更可能出现在劳动合同履行过程中的任意时段，如果双方就变更事项协商不一致，原劳动合同继续履行。

（二）劳动合同续订与劳动合同逾期终止的区别

劳动合同期满，劳动合同即行终止，但对于特定的劳动者，劳动合同终止有一些限制性的规定，使得劳动合同期限自动延续，这就是劳动合同的逾期终止。

劳动合同的续订需要劳动者和用人单位协商一致，并签订新的劳动合同。但是劳动合同的逾期终止，不需要双方协商一致，而是在法定情形出现的时候劳动合同自动续延，双方也无须办理续订或变更劳动合同的手续，直至导致劳动合同逾期终止的情形消失，劳动合同才会终止。

技能要求

一、劳动合同续订的时间

（一）协商续订的时间选择

用人单位在续订劳动合同时，需要把握告知劳动者续订意向的时机。过早告知劳动者续订事宜，可能会使劳动者因提前确定劳动合同事项而影响工作；过晚告知劳动者，又可能导致劳动者因无法续签劳动合同而做出跳槽的决定，同时过晚进行续订劳动合同的协商，还有可能导致无法及时完成劳动合同续订工作。

（二）续订完成的时间要求

用人单位选择与劳动者续订劳动合同，最迟应在原劳动合同期限届满之日前办理完毕。如果原劳动合同期限已经届满，新的劳动合同还没有签订，劳动者处于没有与用人单位签订书面劳动合同的状态，而此时若距离用人单位开始用工超过了一个月，则用人单位必须承担未订立书面劳动合同应支付双倍工资的法律责任。

二、离职面谈的流程

离职面谈是指在员工准备离职或已经离职即将离开公司时，用人单位管理者与员工进行的一种面对面的谈话沟通，属于劳动关系管理的重要内容。离职面谈的目的在于从离职员工那里获取有价值的信息，在改进企业经营管理的同时，维系与离职员工的良好关系。

正常情况下，员工离职面谈由其直接上级在第一时间进行，面谈后反馈至间接上级，同时通知人力资源管理部门做好相关准备（如招聘准备等）；员工间接上级通过进一步面谈和挽留劝说后，如果员工执意离职，由人力资源管理部门执行最后的离职面谈。这是离职面谈的一般流程，在实际操作中可以根据需要灵活调整，如用人部门和人力资源管理部门同时参与面谈等。

用人部门的主要职责在于多方面了解离职员工的内心想法，及时和离职员工进行沟通，尽可能挽留有价值的员工，并做好离职面谈的记录和反馈。人力资源管理部门的主要职责为挖掘员工离职的深层次原因，挽留有价值的员工，缓和员工关系，维护企业形象等。除此之外，用人部门和人力资源管理部门在面谈过程中要做好密切配合，在信息共享和交流沟通的基础上，协同寻求对策，这对于挽留员工有着积极而重要的作用。

当人力资源管理部门的面谈结果与用人部门的反馈出现较大差异，尤其涉及用人部门管理问题时，人力资源管理部门应与除离职员工及其上级之外的相关人员进行了解和确认，以确保信息的可靠性。

三、离职面谈的内容

离职面谈的内容要根据离职的性质来确定。通常情况下，离职面谈有三个主要目标：离职原因分析、挽留员工和缓和员工关系。为确保离职面谈的有效开展，首先将离职面谈划分为四个阶段，即关系建立阶段、问题引入阶段、核心阶段以及结束阶段，每一阶段的目的和重点各不相同。然后针对每一阶段设置具体问题，问题之间保持一定的内在联系，以共同促进面谈目标的实现。

在实际操作过程中，企业应根据每一阶段的目的，结合企业和员工自身的情况来设置相应问题，问题设置要尽量全面、多维度，如制度政策、企业文化、管理沟通、收入报酬、培训发展机会等。一种比较好的做法是建立适合本企业的离职面谈问题题库，针对不同的离职员工从题库中选择合适的问题进行面谈，如此方能以不变应万变，提高面谈的效率和质量。同时，面谈中除提问题外，还应适时善意地提醒员工应注意到的违约责任、附属协议中的禁止条款等。

离职面谈内容设计的示例见表2-7。

表2-7　　离职面谈内容设计示例

面谈阶段	目的	问题举例
关系建立	营造信任沟通氛围，卸下心理防卫	时间真快，你来公司有两年多了吧，有什么感受 你上次在××活动中表现特别出色，大家都对你印象深刻 工作之外有哪些喜欢的活动或爱好
问题引入	将话题引向公司和工作，但尚不涉及离职	你对公司总体感觉如何 觉得现在的工作怎么样，有压力吗 身边的同事怎么样，有没有特别难相处的人
核心阶段	了解员工真实想法，深度挖掘离职原因，挽留有价值的员工	对公司制度和文化有什么感受，哪些需要改进 对上级主管感觉怎样，他/她哪些方面可以做得更好 决定离职的主要原因是什么，还有哪些原因 除了离职，有没有其他替代的办法 你对未来的工作有什么打算，准备好了吗 选择新工作时，你最主要考虑哪些因素呢
结束阶段	缓和员工关系，维护企业形象	你对公司还有什么好的建议吗 作为职业发展的重要决定，希望你能再次慎重考虑 感谢你对公司的付出和贡献，祝你有更好的发展

资料来源：徐宏玲，童峰. 离职面谈的系统设计与应用[J]. 中国劳动，2012（6）.

四、离职面谈的技巧

（一）充分准备，有效开始

面谈前做好深入、细致的准备是保证面谈质量的重要前提。面谈前的准备包括但不限于以下几个方面：一是收集与员工相关的历史资料和档案，了解员工的入职时间、薪资待遇、奖惩情况，在可能的情况下了解其家庭状况、性格特征、业余爱好等，以便准备相关的话题。二是向用人部门了解离职员工近期是否发生了工作或生活上的异常事件，并依据面谈记录表了解用人部门初步面谈情况，做好相应心理准备。三是在面谈时还应选好交流的主题，且尽量使之与离职员工利益直接相关，如对跳槽的员工进行面谈，应重点了解其跳槽的原因和想法，究竟是因个人发展、学习及家庭原因，还是对企业的管理模式、管理层的工作风格、团队的氛围、绩效的评价状况、当前职位工作内容等不满。

（二）建立信任，真诚沟通

一些员工离职时难免对用人部门及人力资源管理部门有一定的排斥心理，因此在面谈开始时应采取适当的方式营造一种信任和坦诚的沟通氛围。以下技巧可以尝试：一是首先谈论对方熟悉而没有压力的事情。二是尽量先谈论对方的优点，以肯定和赞美的语气进行交流。三是多倾听员工的想法，不时表示出理解和体谅的态度，让对方感觉和自己在同一"阵营"，建立朋友式的沟通关系。

（三）循序渐进，感同身受

建立信任和融洽的关系后不宜直接切入主题，以免转换过快重新激起员工的警惕甚至反感，使得前功尽弃。问题要由浅入深，循序渐进开展。例如，首先询问一下员工对公司的整体感觉，对工作有什么看法等，并不断结合自己的经历，分享自己的感受，取得认同和共鸣后再逐步切换到员工目前面临的问题和存在的困难，最后谈及离职原因，自然顺理成章，水到渠成。

（四）刨根问底，巧妙提问

根据实际面谈经验，员工首先回答的离职原因可能不是最主要的，反而位居第二、第三的原因才是更真实、重要的原因。所以，在员工回答离职原因时，尽量多问，挖掘潜在的真实原因，然后结合员工整体情况进行判断。另外，利用心理学上的转移技巧，改变提问方式，更容易让员工敞开心扉、打开心结，让员工将不满的地方以建议的方式表现出来。

（五）改善关系，维护形象

对于无法挽留的员工，企业最后能够做的就是尽量改善与员工的关系，改变员工对企业的消极看法，提升企业的形象。比如，表示对员工的感谢、理解和尊重以及未来发展的关心，给予员工美好祝福，让员工带着好的心情离开，这样对于提升企业的形象和口碑有重要意义，企业也能因此获得潜在收益。

五、离职面谈的注意事项

（一）场所选择

面谈的场所环境要尽量满足以下要求：一是安静，不被打扰，保证面谈的连续性。二是隐私，减少无关人员在场，以免员工在面谈时有所顾忌。三是舒适，选择办公室、工作场所以外没有压力感的地方，如咖啡厅等。切记面谈不是审讯"犯人"，提供一杯热茶可以缓解严肃、紧张的气氛，便于面谈的开展。同员工面谈的大忌就是谈话过程中跟员工发生争执或者情绪上的对立。特别是被辞退、开除的员工相对比较敏感，往往带有敌意和情绪化。人力资源管理部门所要做的就是尽量依据公司的制度规定进行解释，争取员工的理解。尽管员工可能犯了很大的错误或过失，但既然已经做出辞退或开除的决定，就尽量在离职阶段缓和与员工的关系，安抚员工情绪，以免给企业带来额外的麻烦和不良影响。

（二）时间控制

面谈时间要适度，时间太过仓促难以挖掘真实原因，导致流于形式而失去参考价值；面谈时间过长没有效率或者容易迷失重点。建议对于普通的离职员工面谈时间一般控制在半小时左右，关键岗位或特殊人员则可适当延长。总之，面谈时间要在实现面谈目标的基础上进行合理控制，根据离职员工具体情况来适当调整。

（三）面谈记录和反馈

在离职面谈结束后，要做好三件后续管理事项：一是做好离职面谈的关键信息记录，并基于面谈记录进行数据加工，建立员工流失关键要素分析、流失成本分析，作为离职统计分析的基础。二是将面谈结果或处理意见反馈至用人部门，面谈情况和用人部门存在明显差异的，需要向用人部门负责人进一步沟通确认。三是对离职面谈中发现的问题进行系统整理，结合企业实际，提出合理的改进建议，供企业上层领导决策参考。

相关法律法规

1. 《中华人民共和国劳动法》
2. 《中华人民共和国劳动合同法》
3. 《中华人民共和国劳动合同法实施条例》

复习思考题

1. 订立无固定期限劳动合同的法定情形有哪些？
2. 简述非全日制劳动合同订立的特别规定。
3. 简述劳务派遣劳动合同订立的特别规定。
4. 简述培训服务期协议、保密协议、竞业限制协议的主要内容。
5. 简述用人单位调岗变薪的注意事项。
6. 劳动者单方解除劳动合同的条件和程序是什么？
7. 用人单位单方解除劳动合同的条件和程序是什么？
8. 经济性裁员的要求有哪些？
9. 简述劳动合同逾期终止的情形。
10. 简述离职面谈的注意事项。

案例分析题

某投资公司由于领导层投资失误，公司资金链断裂，在长达两年的时间里，单位迟延发放职工工资有20次之多，且有拖欠缴纳社会保险费及住房公积金的行为。部分职工以单位拖欠工资为由向单位提出解除劳动合同，同时要求单位支付N+1倍经济补偿，补发拖欠工资并支付相应的经济补偿。

本案争议的焦点是：第一，职工是否能以单位拖欠工资为由解除劳动关系并要求经济补偿金？第二，职工申请拖欠迟发工资的经济赔偿是否能够得到支持？

关于争议焦点一，《劳动合同法》第三十八条规定，用人单位未及时足额支付劳动报酬的，劳动者可以解除劳动合同，同时《劳动合同法》第四十六条规定，劳动者依照《劳动合同法》第三十八条规定解除劳动合同的，用人单位应当向劳动者支付经济补偿。经济补偿金的标准按照劳动者在本单位工作的年限，每满一年支付一个月工资；六个月以上不满一年的，按一年计算；不满六个月的，向劳动者支付半个月工资的经济补偿。因此，公司应当支付经济补偿。

关于争议焦点二，单位存在迟延发放职工工资的行为有20次之多，但单位已将前18次拖欠的工资结清，仅拖欠职工两个月工资未发，那么单位是否需要为上述拖欠工资行为产生的经济赔偿"买单"呢？

从客观事实上讲，单位无义务承担已清偿的拖欠工资的经济赔偿。对于仍存在两个月拖欠工资的行为，单位是否有义务承担经济赔偿，则要看是否符合法律规定。

根据《劳动合同法》第八十五条的规定，用人单位未按照劳动合同约定或者国家规定及时足额支付劳动者报酬的，需要经过劳动行政部门责令限期支付的前置程序，如经劳动行政部门责令限期支付，单位逾期仍然不支付的，应按照应付金额的50%以上100%以下的标准向劳动者加付赔偿金。

资料来源：企业资金链断裂拖欠员工工资，此案如何调解？[EB/OL]. [2019-06-24]. http://www.mohrss.gov.cn/tjzcgls/TJZCdianxingal/201712/t20171214_283995.html.

请思考：用人单位出现无法按时足额支付劳动者工资时，应采取哪些措施？

第三章 集体协商与集体合同管理

学习目标

1. 了解国外集体谈判制度的产生、发展趋势以及主要市场经济国家的集体谈判实践模式。

2. 熟悉我国集体协商机制的具体特征。

3. 熟悉集体协商与签订集体合同的基本程序。

4. 了解集体协商准备工作的内容以及集体协商信息的收集方法。

5. 掌握集体协商的原则和技巧。

6. 熟悉集体协商议题和策略的拟订。

7. 掌握集体合同的内容和集体合同草案的拟订。

8. 熟悉集体合同争议的类型、处理程序以及对集体协商僵持或失败的处理。

9. 熟悉集体合同的履行与监督检查。

10. 熟悉集体合同的变更和解除。

第一节 集体协商的组织开展

第一单元 集体协商概述

知识要求

一、国外集体谈判制度的产生和发展

集体谈判的产生与工业革命所带来的政治、经济、人口和社会的变化密切相关,是解决工业革命发展中不断加剧的劳资矛盾的产物。一方面,技术革新带来的机械化使一些劳动者的传统技能没有了用武之地,劳动力市场竞争加剧。单个劳动者难以通过个体力量、个体谈判与雇主抗衡,代表工人利益的工会逐渐形成并壮大。另一方面,雇主对劳动者的剥削引起了激烈的反抗。各国工人的罢工此起彼伏,对生产力构成了极大的破坏。资方逐步意识到维护和谐劳资关系的重要性,劳资双方因此开始了谈判,以便共同确定就业条件或劳动标准。

工业化国家集体谈判制度的发展大致经历了三个阶段。

(一) 萌芽抑制阶段

18世纪末,英国的雇佣劳动者团体与工厂雇主签订了劳动协定,美国费城制鞋工人组成的技艺工会同雇主签订了协议,这是资本主义国家集体谈判制度的萌芽。

在资本主义发展初期,资本处于强势地位。虽然集体谈判活动在现实中已经出现,但政府方面更为推崇自由竞争的理念,因而严厉禁止工人结社,对组建工会的人员处以刑罚、对集体行动追究民事赔偿责任。开展集体谈判、签订集体合同也在禁止之列。如英国议会1799年通过的《禁止结社法》就规定工会为非法团体,禁止工人参加工会,这个限制直到1824年才被解除。

18世纪末至19世纪中期,西方工业国家出现了一些早期的工人组织。这些工人组织设立的目的不尽相同。有些组织强调设置行业用工门槛,防止本行业合格劳动力的过度供给;有些组织强调在工人由于失业、年老、疾病而失去生活来源时,工会组织可以作为一个利益共同体进行互助。到了19世纪50年代,集体谈判活动出现在许多行业中,但并不普及,随意性也较大。此时虽然也出现过类似集体合同的协议,但由于得不到法律的保护,未能形成一种规范化的制度。

(二) 立法保护阶段

19世纪后期至20世纪中期,随着工人阶级斗争的风起云涌和马克思主义的诞生发展,西方国家被迫在一定程度上放松了对集体谈判活动的限制。这一时期，集体合同（有的称集体协议）大量出现，但这些集体合同都是"君子协议"，并不具有法律效力，法院也不受理与集体合同有关的诉讼案件。1871年，英国颁布了世界上第一个《工会法》，而后又于1875年颁布了允许工人团体与企业主签订契约的《企业主和工人法》。其后，各国开始陆续颁布有关集体合同的法律，从立法上承认工人享有结社权、工会享有谈判权，集体合同的法律效力逐渐得到确认。

1904年，新西兰颁布了世界上最早的有关集体合同的若干法律。奥地利、荷兰、瑞士也先后立法承认集体合同的法律效力，确立了由民法调整集体谈判和集体合同的法律体系。

第一次世界大战后，出现了一些较有影响的集体合同法律或者劳动基准法中单列的集体合同规定。如法国于1919年制定了《集体合同特别法》，后来又将该法收入劳动法典；芬兰和瑞士分别在1924年和1928年制定了集体合同法。这些法律规定，工会会员有权在不受雇主干涉、强迫和限制的情况下，通过自己选择的代表与雇主进行集体谈判。集体谈判实现了向制度化、法制化的过渡。

（三）发展成熟阶段

第二次世界大战后，世界社会格局和经济结构发生了巨大的变化，劳资关系呈现出对抗与合作并存的特点。欧美各国工会组织不断壮大，集体谈判和签订集体合同的范围逐步扩大，集体谈判制度的地位得到了承认。西方国家政府普遍注重运用各种措施缓和劳动关系，并发展建立起一系列规范化、制度化的法律体系和调解机制。集体谈判的功能不断增强，集体谈判机制成为劳资关系中决定规则的主要途径，不仅给劳动者提供了契约保障，而且也成为雇主保证工业和平和获取利润的手段之一。

二、国际劳工组织对集体谈判的解释和规定

国际劳工组织制定了一系列的规范，在鼓励和促进集体谈判的充分发展方面为各成员国提供指导和帮助。

(一) 集体谈判定义

国际劳工组织《促进集体谈判公约》(第154号)将集体谈判界定为：雇主或雇主组织作为一方，与作为另一方的工人组织之间就以下目的进行的所有谈判活动：①决定工作条件和就业条款；②规范雇主和工人之间的关系；③规范雇主或雇主组织与一个工人组织或多个工人组织之间的关系。

集体谈判的内容包括工作条件、就业条款以及规范雇主或雇主组织与一个或多个工会之间的关系。其中，工作条件和就业条款可以包括工资、工作时间、年终奖金、带薪年假、产假、职业安全与卫生等传统主题，还涵盖双方自由决定要处理的主题，包括一些严格意义上属于就业条款与条件的主题，如提职、转岗、无通知解雇等；谈判主体之间关系的主题，可以包括为工会代表提供便利、争议处理程序、征求意见、合作和信息分享以及其他问题。

(二) 集体谈判与其他社会对话的区别

国际劳工组织把社会对话定义为政府、雇主和工人代表就共同关心的问题进行的所有类型的协商、征求意见或单纯的信息交流。社会对话包括所有层级进行的双边或三方征求意见和协商。社会对话可以有许多形式，如集体谈判、征求意见和三方社会对话。

集体谈判是西方国家社会对话的核心。集体谈判是一个共同决策的过程，目的是达成一个集体协议。集体谈判各方都有权利拒绝对方的提议，或提出相反意见，或要求对方做出让步后接受提议。虽然集体谈判可能会牵涉到其他对话过程，例如征求意见与三方社会对话，但是它依然是一个独特的社会对话形式。

征求意见是指一方在做出决定之前就共同关心的问题分享信息和听取相关方的意见。征求意见能够丰富企业层面的交流和沟通，就相关问题达成共识，通常能够为管理决策增加价值，但最终决策可能反映或不反映相关方的意见。征求意见可以是双方的也可以是三方的，可以是企业级、行业级或国家级。征求意见涉及的问题范围通常比集体谈判更宽泛。相比之下，集体谈判是一个双边的过程，征求意见是对集体谈判过程的补充，但是不能取代集体谈判。

三方社会对话涉及三方：雇主组织、工会和政府。它是三方的代表之间进行的协商、征求意见或信息、观点交流。相比之下，集体谈判是双方的，政府只有以公共部门的雇主身份出现时才可以成为集体谈判的一方。三方社会对话可以补充集体谈判，也有助于构建集体谈判所需要的经济和社会环境。当政府主管部门决定设计或调整与集体谈判相关的政策、法律和制度时，三方社会对话尤其有用。

三、主要市场经济国家的集体谈判实践模式

国外集体谈判已基本形成三大模式，即自主多元的分散化集体谈判模式、平等共决的集中化集体谈判模式与政府主导的多层级集体谈判模式。

（一）自主多元的分散化集体谈判模式：以美国为代表

在美国，企业方一般处于强势地位，只要其不违背国家颁布的劳动法或者歧视法，就可以在任何时间以任何理由合法地解雇工人，而无须提前通知，也无须支付解雇补偿费用。与企业方的强势相比，工会的力量不仅不够强大，而且工人的入会率也呈现出下降的态势。虽然伴随1935年《国家劳工关系法案》的颁布实施，美国私营经济部门的工会迎来了蓬勃发展时期，但是20世纪50年代末期企业方态度逐渐强硬起来，开始设法限制谈判范围或工会影响力的进一步扩大。同时工会出现腐败等问题导致工会公众形象和政治影响力下降，工人的入会率开始逐步下降。进入20世纪80年代，企业方开始倡导一种新的非工会化的人力资源管理模式，与此同时第三产业的快速发展带来灵活多样的就业形式，使得工会会员数量持续下降，而且下降的速度日益加快。工会入会率的下降在一定程度上反映出工会力量的削弱，而美国的工资集体谈判成果只覆盖工会会员和授权工会代表他们利益的劳工，这样从工资集体谈判中获利并获得保障的工人数量也在日益减少。

针对集体合同执行期间企业与雇员方发生的争议与矛盾，美国的纠纷解决程序主要包括调解、实况调查与利益仲裁等方式。在解决纠纷的过程中，政府一般不加以干预，主要通过以企业与雇员方双方自行协商为主、仲裁手段为辅的方式加以解决。总体上美国工资集体谈判具有自愿谈判、严格守法、内部协调的特征，尤其是自20世纪80年代以来，伴随工资集体谈判从传统立场式谈判逐步向"利益谈判"或者"互惠谈判"的转变，这些特征更加凸显。

（二）平等共决的集中化集体谈判模式：以德国为代表

在德国，通常企业与雇员方双方在集体谈判中享有很大的谈判自主权，政府一般不加以干预，主要以劳动立法的方式对谈判主体资格的认定、谈判的内容、合同的效力、劳动争议的处理程序做出规定，由联邦法院、地方法院设立的劳动法庭监督保障集体合同的执行，以推动集体谈判的顺利进行。

在德国，集体谈判主要在产业层面展开，成为最主要的谈判结构。德国工会是按照产业组织的，所有的产业工会均参加德国唯一的全国性工会组织——工会联合会（简称德工联），但是德工联只负责组织内部事务如提供政策性指导，并不参与集体谈判，集体谈判由下属的各产业工会在其谈判区域与企业方直接进行。多数产业工会将本产业在全国划分为若干个集体谈判区域，分区谈判有利于工人的组织和活动的开展，这成为德国集体谈判的一大特色。与此同时，德国企业方的组织化程度也很高，德国雇主协会总会和德国工业联合会是德国主要的企业方组织，二者都不直接参与集体谈判，前者作为保护性组织，主要目标是寻求协调其成员的谈判战略；后者则定位为"协调成员的观点和建议"，提供全面的经济政策信息。两大组织的存在为企业方进行集体谈判提供了有力的支持。

每年一次的工资集体谈判是德国集体谈判的核心内容。由于实行工资自治原则，工资及劳动条件由劳动关系双方通过集体谈判自主确定。这就决定了工资集体谈判的准备工作主要围绕着与工资密切相关的通货膨胀、劳动生产率以及本行业的经济形势展开。如果在谈判中劳动关系双方能够达成一致，则会形成一份包括"工资基本协议""工资协议"在内的集体协议。工资集体协议具有很高的覆盖率，对所属区域、行业的组织成员都有效，并且也可以将非工会会员和非企业方组织成员覆盖其中。如果劳动关系双方在谈判中未达成一致，谈判陷入僵持，通常是寻找第三方来进行调解。由于劳动关系双方负有"保持和平的义务"，采取"罢工、闭厂"的产业行动常常是劳动关系双方相互施压的最后手段，而举行罢工必须得到全体雇员 2/3 的支持才能进行。因此，德国的罢工发生率较低。

（三）政府主导的多层级集体谈判模式：以澳大利亚为代表

澳大利亚的工资集体谈判制度具有较强的政府主导特色。2005 年，霍华德政府通过了倾向保护企业利益的《工作选择法》，引发了工会和社区的强烈反对，劳工党上台后便立即推行"推动公平"政策，于 2009 年颁布、2010 年起全面实施《公平就业法》，由此成立的全国劳动关系公平仲裁庭取代此前的产业关系委员会。澳大利亚一系列劳动立法的颁布实施，形成了集体谈判较为严格的法律监管制度基础，谈判工资标准的确定须以国家的劳动工资标准为底线。

澳大利亚对于签订集体协议的谈判主体资格的认定较为宽泛，限制较少。不仅工会企业能够进行集体谈判，非工会企业的雇员也被允许组织起来进行集体谈判，而且组织起来的雇员方不需要注册成为工会会员。澳大利亚还允许个人与企业签订效力等同于集体协议的工作场所协议。集体谈判完成和协议草案制定后，必须由雇员投票通过，最后经过全国劳动关系公平仲裁庭批准，集体协议才能生效。全国劳动关系公平仲裁庭可以在制定协议过程中提供帮助，解决由协议标准引发的争议，最后评估和批准协议。

四、国外集体谈判制度发展的新趋势

从总的趋势来看，无论是在发达国家还是在发展中国家，集体谈判在不同政治经济体制影响下的劳资关系体系中都起着重要作用。同时，集体谈判机制都在不断变革以适应更加灵活化的劳资关系体系。未来，多层次的谈判机制将更加重要。

（一）集体谈判的分散化和多层次化

由于企业层面的灵活化程度不断增强，有相当数量的全国性多雇主谈判被放弃或者是影响力大大下降，显现出明显的分散化趋势。集体谈判分散化的大背景是全球化和技术的飞速发展加剧了市场的竞争，使企业需要在用人方面得到更大的灵活性。同时，全球化使资本的流动性更强，而劳动力的流动更多地受到了国界的限制，这使得劳资力量的对比发生了改变，资方的力量更为强大。

自由市场思想主导的国家，将工会视为对管理层的限制与制约。当全球化使劳资力量的平衡倒向资方时，资方追求更大的"管理自由"。在企业层面上加大了雇员的直接参与，以排除工会的影响。在工会密度下降的同时，集体谈判的覆盖面进一步下降，集体谈判出现进一步分散的趋势。而有些国家长期以来拥有各种劳资合作与沟通的制度，企业更多地把稳定的劳资关系视为保持竞争力的前提条件。在工会方的合作下，企业层面的集体谈判得到加强，进而造成集体谈判的分散化。

企业采取了不同的战略应对分散化的趋势。越来越多的国家将更多的谈判内容（如奖金分配、加班工时和工资、工作条件改善等）下放到企业。例如，法国允许在中央级合同的框架下，在最低工资等方面由企业级的谈判做调整。芬兰从2007年起将工人收入方面的谈判从产业级转到企业级进行。集体谈判的分散化对劳动者可能是不利的，因为这样会削弱工会的力量，减少与日益强大的雇主协会进行平等谈判的筹码。

在应对2008年金融危机的过程中，欧盟的集体谈判就充分暴露了企业层面集体谈判的薄弱之处。例如，由于不同企业的经营形势和权力关系不同，企业层面的谈判程序和谈判结果在数量上不同于集体谈判。在程序方面，有可能是平等谈判主体间均等谈判的结果，但也有可能是被其中一方操控，或者形成的是针对解决当前企业或工厂状况的某种"紧急"协议。从实体的角度看，这些不同的程序将导致不同类型的协议，对劳动者或雇主的利益的考虑也存在程度上的不同。而且，对于那些较小的工会化组织来说，多雇主谈判仍然比单一雇主谈判更具有吸引力。

（二）集体谈判内容的丰富化

从总的趋势来看，发达市场经济国家的集体合同所涉及的内容更加广泛。合同内容不再限于工资、工时和工作条件，还包括工作组织、职业培训、离职和雇佣规则等，在收入和工时等传统内容方面也有新的变化。集体谈判中的生育保护、探亲假、家庭暴力受害者的特殊假期、灵活工作安排、同工同酬和平等就业机会、培训以及升职等相关问题的条款，促进了性别平等。在某些情况下，集体谈判中也探讨如何改进工作流程和产品或服务的质量，提高竞争力，同时确保工人从增长中受益。

集体谈判处理主题的逐渐扩大，为通过创新性手段平衡不同利益诉求提供了空间。这是工会为适应企业和灵活化就业关系的发展而做的努力，试图以此方式在灵活化雇佣关系的背景下更好地保障工人的收入和相对稳定的就业。例如，就灵活工作时间安排开展协商，既要符合工人实现更好的工作家庭平衡的利益诉求，也要符合雇主灵活调整每周工时以便将工作时间与生产需要保持一致的利益诉求。在2009年经济危机期间，一些国家运用集体谈判的制度工具，通过协商一致的工作分享挽救了许多岗位。

（三）集体合同覆盖不同雇佣关系的工人

非正规就业的增加，使得大量非正规就业的工人更需要集体合同的保护。一些国家的工会力图将非正规就业的工人涵盖在合同中，尽管成功的例子不多。2009年，日本广岛市一家电气铁路公司与工人达成的集体合同就规定，公司的工人享有同等的工资增长的权利，与是否为企业长期雇用的工人无关。由于劳动力市场的严重分化，在一个行业甚至是一个企业内，正规就业和非正规就业的工人的利益诉求相差很大。在集体合同中，往往将非正规就业工人的条款列为一个单独的章节。欧洲一些国家的集体合同规定，在临时工按照短期合同工作一段时间后，应该转为长期合同制工人。挪威规定在总公司一级签署的集体合同适用于分包制下的工人。

 **技能要求**

一、我国集体协商机制的具体特征

我国的政治体制和文化环境决定了我国的集体协商机制从建立之初就与西方的集体谈判制度有很大区别。现有的集体协商是基于国情并借鉴其他国家先进做法所形成的集体协商制度。

（一）党的领导

党的十九大报告指出，中国特色社会主义最本质的特征是中国共产党领导，中国特色社会主义制度的最大优势是中国共产党领导。从内在逻辑上深刻把握这一重要论断，对加强和改进党的领导，推进中国特色社会主义伟大事业具有重要意义。

我国党和政府既通过制定和执行劳动基准等手段保障劳动者获得劳动基准所规定的底线利益，又通过宏观调控、公共产品供给等为保障劳动者就业和劳动关系的正常运行创造宏观和微观经济条件。

在当前劳动关系治理格局下，面对纷繁复杂的劳动关系，事实上法律体系也很难进行"一刀切"式的规制与救济，主管部门的劳动关系治理思路已经逐渐地变为党领导下的"源头治理"。其中，党的领导主要是政治、思想和组织的领导，并非直接领导，也并非是直接参与集体协商，并没有改变集体协商由企业方和职工方协商的基本情况。我国的劳动关系治理已经形成了党委领导、政府负责、社会协同、企业和职工参与、法治保障的模式。

 **案例**

企业集体协商中的"党工"结合智慧

某生物技术股份有限公司（以下简称公司）成立于1997年，

是专业的明胶及延伸产品胶原蛋白生产企业。公司采取了"体制嵌入"的模式,既继承了老国企的党委和工会制度,又融合了私营企业的先进的管理与经营模式;既主动地让党委和工会监督自己,又充分地利用先进的制度模式极大地促进了企业自身的发展。在该公司,党委和工会成为企业发展、职工方发展的"顶梁柱",成为集体协商的"助推器"。

聚焦该公司的集体协商,可以发现其"党工"结合发挥作用的具体实践智慧。

1."党工"共建的常态机制是公司集体协商的保障。公司党委和工会于1997年成立。在集体协商工作开展进入"瓶颈期"之后,公司决定由公司党委书记兼任工会主席。工会主席认为,党委书记和工会主席的"合二为一",有利于充分发挥党委的先进性、积极性,更好地促进集体协商。党委是工会的"后台",是广大职工最坚强的后盾。

公司下设工会经费审查委员会、女职工委员会、劳动保护委员会、劳动争议调解委员会、文体委员会五个分工会。党委委员成为工会的重要组成人员,成为工会的骨干力量。党委"介入"工会并参与集体协商是为了给职工"壮胆",让职工敢协商、能协商、会协商,避免集体协商走流程、搞形式。

2.有关政府部门和工会建立的集体协商指导和约束机制是公司集体协商的支撑。事实证明,公司集体协商离不开上级工会和有关政府部门的支持、引导、鼓励和监督。自公司成立以来,每年的集体合同都由有关政府部门进行审核,并提出修改意见。多年来,有关政府部门和工会都十分重视企业的集体协商工作,出台规范性文件,并多次派专职集体协商指导员赴公司指导、监督集体协商工作的开展。

资料来源:唐鑛,嵇月婷.集体协商与集体谈判[M].北京:中国人民大学出版社,2019.

(二)中国工会

中国工会是中国工人阶级的群众组织,我国的国体和政体决定了中国工会与西方工会存在着本质的区别：中国工会是合作性的，不是对抗性的。

中国工会的四个主要职能是参与职能、维护职能、建设职能和教育职能。典型的表现如中国工会体系并不区分工会会员与非工会会员，而是同样保障全国所有职工的劳动者权益。这是由中国工会的社会主义性质决定的。工会不仅要维护工人的利益，也要维护全国人民的总体利益。

中国工会一贯坚持中国特色社会主义工会发展道路，致力于成为发展社会主义新型劳动关系的重要社会力量。中国工会要从中国劳动关系的性质和特点出发，坚持通过协商、协调、沟通而不是过激的手段化解劳动关系矛盾，推动建立规范有序、公正合理、互利共赢、和谐稳定的新型劳动关系。而通过协商、沟通化解劳动关系矛盾的最有效方法之一，就是推行集体协商制度。

案例

某市某区建筑行业集体协商中工会的作用

1. 工会在推进集体协商中的作用

2010年中华全国总工会提出"两个普遍"（依法推动企业普遍建立工会组织和依法推动企业普遍开展工资集体协商）工作要求，促进了工资集体协商的深入开展。2014年，区总工会对辖区二级资质以上建筑企业进行了重点调研，了解到企业用工存在四个方面的问题。为此，需要建立行业集体协商机制，维护职工，特别是农民工的合法权益，平衡劳动关系双方的利益，构建和谐劳动关系，稳定职工队伍，促进建筑行业良性发展。

2014年12月人力资源社会保障部、住房城乡建设部、安全监管总局和全国总工会联合印发了《关于进一步做好建筑业工伤保险工作的意见》，政策规定为开展建筑行业集体协商提供了依据，为保障建筑工人特别是农民工的合法权益提供了保障。这也是中国工会特有的一种作用，在推动劳动关系领域法律法规的建设方面起着重要作用。

2. 工会在集体协商准备中的作用

首先，积极争取党政领导支持。区总工会把工资集体协商定为2014年度区人民政府与工会联席会议的主要内容。为加强领导，成立了由区委副书记、区总工会主席任组长的建筑行业工资集体协商领导小组，劳动关系三方机制成员单位的主要领导都是领导小组的成员，制定了《全区建筑行业建立集体协商机制的方案》，为开展建筑行业工资集体协商打下了组织基础。

其次，主动协调行业主管部门配合。2014年，区总工会最初与区建设局、建管站沟通开展建筑行业工资协商时，建设局等部门对参与开展行业工资集体协商工作仍存在顾虑。区总工会领导到区建设局与他们一起学习了省委、市委工会工作会议精神，进一步提高了建筑行政管理部门对工会地位和作用的认识。

同时，广泛发动企业和职工参与。区总工会采取召开企业会议和深入工地、到企业办公地的方式，向企业经营者和广大职工宣传党的十八大精神和中华全国总工会深化集体协商工作五年规划要求。区总工会还帮助企业分析经济形势和发挥工人阶级创造力的优势，使建筑行业企业经营者看到集体协商所带来的好处，增强了他们参与行业工资集体协商的主动性。协商前的充分宣传发动得到了企业的认可和广大职工的赞同，对区总工会深入了解企业的经营现状和工资分配情况起到了很大的帮助作用。

3. 工会在集体协商过程中的作用

区建筑行业工会在集体协商过程中的作用主要包括：完善行业工会组织，推选协商代表，搭建协商平台；调研工资现状，准备协商资料，起草合同草案；依照程序协商，达成一致意见，签订集体合同；建立监督机制，及时进行沟通，保证履约执行。

资料来源：唐鑛，嵇月婷. 集体协商与集体谈判［M］. 北京：中国人民大学出版社，2020.

（三）中国企业代表组织

中国的企业代表组织也与西方国家存在着很大区别。《中共中央 国务院关于构建和谐劳动关系的意见》明确规定，要坚持促进企业发展、维护职工权益，企业联合会、工商业联合会等作为企业代表组织参与三方机制建设，共同研究解决有关劳动关系重大问题；参与群体性事件应急处置，参与协调劳动关系；加强对企业经营者的团结、服务、引导、教育，积极反映企业利益诉求，依法维护企业权益，教育和引导广大企业经营者主动承担社会责任、自觉关心爱护职工，以及努力改善职工的工作、学习和生活条件，帮助职工排忧解难，加大对困难职工的帮扶力度；加强对企业经营者尤其是中小企业经营管理人员的劳动保障法律法规教育培训，提高他们的依法用工意识，引导他们自觉保障职工合法权益。

企业联合会（以下简称企联）以为企业、企业家服务为宗旨，维护企业、企业家的合法权益，促进企业、企业家守法、自律，发挥企业与政府之间的桥梁纽带作用，协调企业与企业、企业与社会、企业经营者与劳动者的关系。中国企联作为企业代表组织，代表企业、企业家参加由人力资源和社会保障部、中华全国总工会及中华全国工商业联合会组成的国家协调劳动关系三方会议；积极参加国际劳工组织和国际雇主组织有关活动，发展与其他国家雇主组织及国际机构的交流与合作；向政府及有关部门反映本会会员、企业、企业家的意见和要求，为国家制定与企业相关的法律法规和政策提供建议；引导企业、企业家遵纪守法，规范自身行为，维护市场经济秩序；提倡诚信经营，推动节能环保，积极承担社会责任，自觉维护企业职工的合法权益。全面推进集体协商制度是中国企联系统的重要工作职责。中国企联和地方各级企联致力于积极推动集体协商制度，在参与有关法律法规政策的制定修改，贯彻协调劳动关系三方机制关于推进集体协商制度的各项工作部署，开展丰富多样的宣传、培训和调研活动等方面取得了积极的成效。

工商业联合会（以下简称工商联）是中国共产党领导的面向工商界、以非公有制企业和非公有制经济人士为主体的人民团体和商会组织，是党和政府联系非公有制经济人士的桥梁纽带，是政府管理和服务非公有制经济的助手。参与协调劳动关系，协同社会管理，促进社会和谐稳定是其主要职能之一，其中包括参与协调劳动关系三方会议，引导非公有制企业构建和谐劳动关系，依法与工会就职工工资、生活福利、社会保险等涉及职工切身利益问题进行平等协商，签订集体合同，尊重和保障职工合法权益等。近年来，各级工商联充分发挥组织健全、会员广泛、贴近企业的优势，积极参与三方协调机制建设，通过与其他成员单位开展对话沟通，反映企业合理诉求、推动劳动立法协商、推进集体协商制度建设、开展劳动关系监测、参与纠纷调解仲裁，推动了中国特色和谐劳动关系的实践。

（四）中国传统文化

中国的集体协商充分体现了我国协商民主的政治思想，而这一思想的形成离不开中国传统文化。《关于加强社会主义协商民主建设的意见》中指出，社会主义协商民主是中国社会主义民主政治的特有形式和独特优势，是党的群众路线在政治领域的重要体现，是深化政治体制改革的重要内容。协商民主是在中国共产党领导下，人民内部各方面围绕改革发展稳定重大问题和涉及群众切身利益的实际问题，在决策之前和决策实施之中开展广泛协商，努力形成共识的重要民主形式。

协商民主的形成离不开中国的传统文化。文化的作用是深远的，又是潜移默化的。中国的协商民主在文化背景的影响下，比起个人主义更强调集体主义，更注重社会价值选择。中国情境下发展的社会主义坚持个人与社会价值的辩证统一，而不是个人本位的价值观。因此，中国协商民主融合了马克思主义和中华民族传统文化中崇尚团结和谐的集体主义精神，具有深厚的理论底蕴和丰富的实践经验，体现了公平、多元、兼容、互惠双赢的政治理性以及"天下为公"的理念。

中国的协商民主根植于中华民族深厚的社会历史文化传统之中。中国共产党领导的多党合作和政治协商制度是马克思主义政党理论和统一战线学说同中国实际相结合的产物。中国的历史文化传统对政协思想有着重要的影响。一是"天下为公"观念和集体主义精神。中国传统文化坚持个体之间的联系，突出个体与群体成员间相互和谐，认为人是共同体的一部分，不能独立于共同体之外。二是民本思想。受民本思想的影响，中国传统政治思想和政治机构设置中就存在协商因素。三是传统的"和合"思想，中国传统文化提倡"礼之用，和为贵"。而"大一统"观念是"合"思想的主要体现。"和合"思想体现了尊重差异、开放包容、和而不同的思想内涵，是中国协商民主形成的重要历史文化渊源。在继承中国深厚文化传统的基础上，在马克思主义的指导下，现实生活中具有不同利益诉求和不同文化背景的群体之间，则较容易在协商中达成共识。

在中国，完全对抗式的集体协商既与传统美德相背离，也与现实相左。从传统美德来看，中国自古以来既有着"和为贵"的传统，也有"合则两利、斗则俱伤"的无数史实。从现实来看，完全对抗式的协商只会造成大面积的罢工，甚至造成严重的暴力事件，会给企业带来巨大的损失，失业率也会大大增加。集体协商的重点在于不断完善集体协商的准备工作，在充分的调查分析基础之上，协商代表充分考虑双方的诉求，对诉求的合理性加以判断，在经过多轮磋商后，以书面的形式确定协商成果，自然可以在一定程度上避免"严重的对抗"，甚至是"冲突"。《关于加强社会主义协商民主建设的意见》也提出我国需要稳步推进基层协商，其中包括推进企事业单位的协商。应健全以职工代表大会为基本形式的企事业单位民主管理制度。畅通职工表达合理诉求渠道，健全各层级职工沟通协商机制。积极推动由工会代表职工与企业就调整和规范劳动关系等重要决策事项进行集体协商。逐步完善以劳动行政部门、工会组织、企业组织为代表的劳动关系三方协商机制。

二、集体协商与签订集体合同的基本程序[1]

根据《劳动合同法》《集体合同规定》和《工资集体协商试行办法》等法律、法规、政策的规定，集体协商应当按照以下程序进行。

1. 产生集体协商代表。
2. 提出协商要约。
3. 做好协商的准备。
   （1）开展宣传教育工作。
   （2）熟悉有关法律、法规。
   （3）收集了解与集体协商有关的情况和资料。
   （4）充分征求职工的意见。
   （5）明确协商代表分工。
   （6）制定集体协商实施方案。
   （7）确定集体协商记录员。
4. 正式协商。
   （1）召开协商会议。
   （2）起草集体合同。
5. 职工（代表）大会讨论通过。
6. 首席代表签字。
7. 审查备案。
8. 公布实施。
9. 履行。
10. 监督检查。

---

[1] 中华全国总工会组织部，中华全国总工会集体合同部. 全国工会工资集体协商培训教材［M］. 北京：中国工人出版社，2011.

第二单元　集体协商准备阶段

知识要求

一、集体协商准备工作的内容

（一）议题意见、资料的收集和整理①

1. 熟悉有关法律、法规

在开展集体协商前，集体协商代表应当认真学习、了解与集体协商有关的法律、法规、规章和制度，如《劳动法》《工会法》《劳动合同法》《集体合同规定》《工资集体协商试行办法》等。通过掌握法律和政策依据，为集体协商提供有力支撑。

2. 收集了解与集体协商有关的情况和资料

进行集体协商需要用事实和数据说话，因此应当收集了解与集体协商有关的情况和资料。

3. 充分征求职工的意见

通过工会小组会、座谈会、问卷调查等形式，广泛了解职工群众在各个方面的意愿和要求。

有的地方集体合同条例（如《江苏省集体合同条例》）中明确规定："用人单位和职工方应当在协商会议开始五日前如实向对方提供协商所需的情况和资料。其中涉及国家秘密、商业秘密的，双方协商代表不得泄露。"②

（二）拟订协商议题

在将职工和用人单位的意见归纳整理后，结合现行政策和企业情况进行分析研究，提出协商议题。对于协商议题的拟订，首先要注意协商的民主性，即代表不等于代替，要积极收集职工真正关心的议题和建议。其次要注意有关议题信息来源的科学性。

---

① 中华全国总工会组织部，中华全国总工会集体合同部. 全国工会工资集体协商培训教材［M］. 北京：中国工人出版社，2011.

② 《江苏省集体合同条例》第二章第十七条。

还要注意拟订议题的合理性。

另外,也不应忽视情况沟通的环节。职工方和用人单位方的沟通,尤其是对重要的敏感性问题或可能会产生分歧意见的问题,通过会前的非正式协商,坦诚交换意见,有利于形成共识。

(三) 起草集体合同草案

拟订草案应参照有关法律、法规和政策,以及同行业和具有可比性的用人单位的劳动标准,包括集体合同范本和其他与签订集体合同相关的资料等。集体合同作为一种法律文书,草案文本可以由工会提出,也可以由用人单位提出,还可以由用人单位与工会共同组织有关人员起草。

二、集体协商的原则和技巧

集体协商的原则,是在集体协商过程中行事所依据的准则;集体协商的技巧,则是指在集体协商中对于某种策略理念的灵巧运用方法。

首先应区分清楚技巧与策略的概念。打一个比方来说,如果说集体协商的过程就是从 A 点到达 B 点的过程,那么策略就是指你是从哪条路前往目的地的,是走水路还是陆路,技巧就是你是步行还是坐船。策略通过技巧表现出来,技巧加上一定的策略使得效果最大化。无论是集体协商的策略制定还是技巧选择,都需要在规定的原则范围内实行。

(一) 集体协商的原则

根据我国《集体合同规定》第五条的规定,进行集体协商,签订集体合同或专项集体合同,应当遵循下列原则:

1. 遵守法律、法规、规章及国家有关规定;
2. 相互尊重,平等协商;
3. 诚实守信,公平合作;
4. 兼顾双方合法权益;
5. 不得采取过激行为。

(二) 集体协商的技巧

协商中的策略技巧多种多样,不同条件、不同环境下需要运用不同的策略技巧。按照协商的进程划分，可以将协商技巧分为开始协商时的策略技巧、中间协商过程中的策略技巧和结束协商时的策略技巧。

1. 开始协商时的策略技巧。首先，需要注意的是，底线是双方协商的基础，是否达成协议不仅取决于双方之间是否存在一个积极的协议区域，同时还取决于这个区域的大小。在协商之前，双方对自己在协商中希望达成的协议以及协商的底线已经有了清晰的认识。所以，一般在协商开始阶段，往往要提出相对较高的要求，同时也必须确定一个可以接受的底线，这样便可以形成一个协商空间，双方可以在一个特定的协商空间内讨价还价。其次，既要保证自己坚定的立场，又要表现出灵活的、不与人对立的态度，把握住度，保证推进，保持协商的耐心和节奏。

2. 中间协商过程中的策略技巧。第一，将协商的决定权模糊化。用人单位方可以在协商的关键时刻宣称自己没有决定权，所以要取得所谓上级或董事会、股东大会的同意，以此拖延时间，给自己一个回旋空间。第二，不要轻易提出平分差价，但可以鼓励对方提出平分差价，让对方感觉自己是"赢家"。第三，应对困境。协商中期容易出现双方意见不一致，甚至找不到解决办法的僵持状态，可以先将问题放置一边，转而讨论一些容易解决的小问题来创造契机，而不要一味地钻牛角尖。另外，在对方要求小的让步时，己方应该要求相应的回报。第四，当对方表示无法接受己方该项议题的要求时，可以选择用其他议题的要求降低来进行替换性应对。

3. 结束协商时的策略技巧。在协商中要一点一点地解决问题，把每一项议题的协商成果落在实处。在结束协商阶段，注意坚持自己的终极目标，逐渐减少让步，避免自己在急躁情绪的影响下匆忙收场，为协议成功而退让。最后，在结束协商的阶段还需要注意与对方保持良好的继续合作的关系和态度，避免不必要的冲突。一段劳动关系不能因为一次集体协商而宣告终结，而应该是更加紧密的事业结合体的关系。

除此之外，集体协商还有一些特殊问题需要加以注意。

集体间的协商一般是由协商小组（或协商委员会）进行的，那么，协商小组之间如何保持有效的协作就显得十分重要。每个小组应该作为一个整体来运作，追求一个共同的目标，协调好一致的立场。如果不能事先在小组内达成一致，在协商桌上就会出现严重的沟通问题。

在协商小组内需要做到：①研究协商小组的实力和弱点。注意发现每个组员的特长，以实现互补。②合理安排小组的讨论和辩论程序，加深大家对目标的理解。③明确划分权限。事先决定由谁来做主谈，谁做替补，谁做观察员。做好分工，以免发生内部冲突。④在协商中，小组成员应在各方面互相支援。主谈者应负责控制协商过程，并掌握其他成员发言的火候。⑤决定协商过程中小组内如何沟通。⑥经常对协作情况进行总结，制定改进措施，使小组更有效地工作。⑦总结经验教训。

协商小组应避免的错误是：①在进入协商前，没有就协商目标和协商策略达成一致。②领导独裁，协商前和协商中事必躬亲。③每当出错或遇到困难时便谴责他人。④以为每个人都知道在小组内如何沟通。⑤在协商中只关心被讨论的问题，不关心讨论的进展情况。

 **技能要求**

一、集体协商议题的拟订

完成了集体协商所需信息的收集整理之后，就要选择和确定协商议题了。集体协商是政策性、专业性极强的一项工作。协商前的充分准备，广泛收集集体协商所需要的各方面信息数据，选择确定理性科学、切合企业实际的议题，对协商顺利展开并取得预期成果，解决企业劳动关系领域的关键问题，促进企业劳动关系和谐发展至关重要。确定集体协商议题时，要综合考虑各方面因素，权衡利弊得失，尽量保证协商议题有理有据、切合实际。

下面主要从职工方角度介绍集体协商议题的拟订（其中所述的重点因素同样是企业方需要综合考虑的）。

（一）对照法定标准

准备集体协商议题时，特别需要注意集体协商议题与法律法规标准之间的关系。法定标准是底线，遵守法律是所有企业必须做到的。集体协商应该是在法定标准之上展开，原则上所谈标准应该是优于劳动法标准或是细化相关标准。

在确定集体协商议题时，需要避免一种倾向，即集体协商内容的"格式化""文本化"，照抄法条或标准文本，缺乏具体的、体现企业特色的、可操作性的内容。我国集体协商开展的时间不长，很多企业没有集体协商的实践经验，为了推进集体协商工作，一些地方就制作了集体合同范本，供企业劳动关系双方参照。但不少初次进行集体协商的企业，往往照搬格式样本，然后填入法定标准了事。这种做法是不可取的，因为它失去了进行集体协商的实际意义。正确的做法是，结合社会经济发展和企业经营实际与特点，体现职工群众的关切与诉求，选择和确定集体协商的议题。

（二）突出重点诉求

虽然可列入集体协商议题的内容很多，但是不应该一味求全。集体合同既可以是综合全面的合同，也可以是就单项问题订立的合同。抓住重点是确定协商议题时十分重要的一环。每个企业应紧密结合本企业的特点与实际，集中解决本企业最关键的难点问题、职工群众迫切关心的热点问题。比如，在女职工占比大的企业，女职工保护就是特别重要、职工特别关心的问题；对于建筑类企业，可能工资支付保障问题是职工最关心，也影响到企业顺利运行的问题；对于一些互联网技术类企业，可能劳动强度大、加班加点问题是最核心的问题。准确地找到企业劳动关系的重点问题，把关系职工切身利益，也是影响企业发展的、迫切需要解决的重点问题纳入协商议题，才能确保集体协商真正发挥应有的作用。面对复杂繁多的可选议题，职工方协商代表应当分出轻重缓急，科学排序，把那些属于重点的和亟待解决的事项作为集体协商的主要议题，确保集体协商工作的针对性和实效性，其他议题再依次安排。

确定协商议题的数量，应注意适度性。一次协商会议议题，一般以安排一个主要议题和若干个小议题为宜。议题过多，重点不突出，集体协商双方对问题的讨论难以深入，不易形成双方都满意的结果。会议议题安排过少，一旦协商过程中有意见分歧，一个标的谈不下来，没有缓冲和回旋余地，也很难取得预期成果。另外，有些职工关注度较高的议题，本次协商可能谈不下来，可以记录在案留待下次协商再议。

（三）考虑企业接受度

确定集体协商议题时，维护和增进劳动者权益是职工方协商代表必须考虑的问题，但也需要考虑企业方能够接受的程度。一般而言，在协商达成合同过程中，有两种情况是企业方比较容易接受的：一是在企业方目前掌握的协商底线以内的内容；二是在劳动关系双方共同努力形成的利益增量范围内的内容。对于前者，职工方协商代表需要全面地掌握企业经营实际状况和各方面动态信息，在此基础上通过高超的协商技巧与方法实现目标。比如，在确定工资增幅问题时，如果职工方协商代表清楚企业实际的可分配利润，在协商中较好地应用技巧，就可能在集体合同中就确定工资增加幅度方面取得较大利益。对于后者，则需要工会提出具有建设性的建议，通过劳动关系双方的合作，提高企业的可分配利益，并从中取得自己的利益。例如，工会提出参与管理的方案，通过职工合理化建议活动为企业创造了实际收益，企业方就易于接受在收益增量范围内提出的各种要求。

（四）分析企业经营状况

进行集体协商不是只考虑单方面的利益增长，还要从企业经营的实际状况出发，以稳定职工队伍、促进企业持续发展为目标。因此，确定协商议题时应该针对企业不同的经营发展状况，在议题选择上有所侧重。

对于生产经营正常和效益较好的企业，协商议题的侧重点在于让职工分享企业发展成果，建立正常的待遇机制。议题可以涉及工资水平、加班工资、奖金分配、特殊情况工资、补充保险、补贴和福利等。应重点协商职工尤其是一线职工工资增长幅度与企业经济效益增长的比例关系。

对于盈利较少，仅能维持正常生产经营的企业，协商议题应侧重努力保持职工实际收入水平不下降，以政府部门发布的物价指数为基准，结合企业能力与未来发展，设计具体议题方案。

对于生产任务暂时不足的企业，议题的侧重点在于协商职工在岗或待岗培训和轮班休息及培训、休息期间职工工资和福利等。

对于生产经营出现困难的企业，议题侧重点在于建立职工劳动经济权益的保障机制，应重点就工资支付办法、企业最低工资、职工社会保险、下岗职工基本生活保障等与企业方进行协商。

对于生产经营严重困难的企业，议题应侧重"保岗位、保工资"，争取企业不裁员、不减薪、少减薪，共度时艰，等困难时期过后再协商提高工资待遇。

（五）循序渐进稳步前行

集体协商不能一蹴而就，应该考虑本企业建立集体协商机制的阶段，在集体协商的实践中循序渐进，由浅入深地逐步推进涉及职工切身利益的各项议题。

在集体协商的起步阶段，企业方和职工方对集体协商都是比较陌生的，这一阶段开展集体协商的重点是让双方更多地熟悉了解集体协商的意义、目的、程序、方法等基本内容，培养双方的集体协商意识。这一时期的议题可以从相对容易解决又为大多数职工所关注的问题开始。

在集体协商逐渐步入正轨阶段，企业方和职工方的协商意识都有所增强，同时职工方可能会对协商内容提出更高的要求。在这种情况下，工会应当更加深入地考查了解行业或者企业的实际情况，以及职工的诉求，提升集体协商质量。

在集体协商逐渐深入、成熟的阶段，协商主体更加健全，协商程序更加规范,协商的影响和作用力已经扩大。在这种情况下,工会在推动确定集体协商议题时要在广度和深度上进行扩展,努力将工时工价定额标准、奖金福利、职业技能培训、职工参与企业二次分配等涉及职工利益的事项都纳入其中。

(六)注意程序性内容

在集体协商议题中,还应该包括程序性内容,即规定集体合同自身运行规则的内容,包括集体合同的订立、履行、变更、解除、终止、续订条件以及集体合同争议处理等,这是促使集体合同履行和保护双方合法权益的程序性保障。目前法律对集体合同的违约责任的规定还不是特别明确。可以在集体协商中约定违反集体合同责任的约束性条款。例如,在确定工资与企业业绩挂钩条款时,应该明确企业没有及时履行相关规定的约束性办法,如规定补偿比例、补发相应工资的时间期限、协商机制等内容。如果集体合同中缺少这些内容,没有形成制约机制,合同实施的保障程度就可能打折扣。

二、集体协商策略的拟订

集体协商谈判策略,是集体协商策略的逐步分解,是集体协商在每一流程上的实现形式。一个好的谈判策略,是在对当前协商过程走向的"脉搏"把握下制定的。其中可能会短暂牺牲当前利益,也可能会采取迂回退让的方式以退为进,但总体的思想方针应该是以追求提高或维持己方利益为主,合理制定集体协商谈判策略。下面主要从企业方角度介绍集体协商策略的拟订(所述策略职工方同样可以运用)。

(一)共赢策略

在集体协商过程中,针对某一项议题,要取得双方都满意的结果,可以采取的方式是,既要考虑职工的利益目标,也要兼顾企业的利益目标,从企业的实际出发,通过有效的集体协商使双方共同受益。

(二)攻进策略

当经济总体陷入萧条期,本企业经济效益低下,即使增加人工成本投入并采取激励手段，经济效益仍难以预期，此时，企业方可以采取攻进策略，要求减少对成本的投入，甚至提出减员或者维持当前薪酬水平的要求。在谈判过程中，企业方通常在阐述企业经营困难的同时先给出一个较为苛刻的方案，例如大规模裁员、延长工作时间、减少福利待遇等，以便于在涉及核心利益的问题上，如工资谈判议题的过程中，获得更大的主动权，以达成预期的谈判目标，通过满足不裁员、不变更工作制度等要求而达到维持当前薪酬水平的目的。

（三）让步策略

在工资集体协商中，若劳动力市场求大于供（供不应求），根据"物以稀为贵"的交易原则，职工方可能抬高要求，节节推进。若企业对人工成本投入的获利高于对实物成本或技术成本投入的获利，职工方提出提升薪酬待遇的要求，此时，企业方可以采取退却策略，以暂时的让步，换取未来的回报。这一退让，是对当前形势的预估，但前提在于，在自身底线范围之内退让。

（四）坚守策略

若劳动力市场供求关系处于不稳定状态，企业内部人工成本投入和其他成本投入之间的效益比不稳定，企业方无法预估对某项议题进行退让后可能的损失与收益，也无法揣测推进提高该项议题要求所引发的后果，那么坚守当前的态度和立场，并向对方表示己方的考量，不失为一种更合适的方式。

（五）迂回策略

我们知道，各项劳动标准之间存在着内在的联系，即存在着此消彼长的关系。对此，企业方可以采取相应的迂回策略，即通过一个议题的退让谋求另一议题的推进。例如，可以增加实物福利的发放以谋取对工资增长率的谈判需求减弱。或者，同意对方的工资增长需求但表明需要对方完成某种工作任务或达到某项工作绩效标准。

（六）包容策略

在集体协商中，要允许对方提出不同的观点、意见，认真倾听，理性思考，正确对待，求同存异，保证集体协商在和谐有序的气氛中进行。包容策略，也就是企业方不能单一执着于自身的立场和策略方法，要对对方可能提出的替代性方案进行理性思考，朝着一个更利于双方的局面努力。

第二节 集体合同的订立和履行

第一单元 集体合同订立阶段

知识要求

一、集体合同的内容

（一）内容分类

一般而言，集体合同包括三类条款：一是实体性条款；二是程序性条款；三是约定性条款。

实体性条款即有关劳动标准和劳动条件的规范部分。比如劳动报酬、工时标准、休息休假标准、劳动安全卫生条件、保险福利等。这些内容是集体协商最主要、最核心的部分，是双方关注的重点。

程序性条款即有关订立集体合同的一般性规定，包括集体合同期限，变更、解除集体合同的程序，履行集体合同发生争议时的协商处理办法，违反集体合同的责任，以及履行集体合同的监督检查等。

约定性条款即法律法规当中没有明确做出规定，但劳动关系双方认为应该协商约定的内容。这个部分的协商空间非常大，关键要看劳动关系双方，特别是职工方能够发现和提出什么问题，且双方认可并愿意进行协商。比如，某铁路局集团针对行业业务间断性特点，就一些职工下岗、待岗、转岗问题展开协商，规定在同等条件下，项目必须优先满足集团职工上岗；针对生产任务忙闲不均和季节性变化，制定非全日制、临时性、季节性的弹性工作方式，最大限度满足不同层次、不同年龄职工就业岗位需求。某企业工会考虑到工会工作的实际需要，经工会方面提议、与企业双方协商约定，为工会提供计算机等办公设备，以及工会外出工作与活动的车辆等。这些议题在法律法规中并没有明文规定，但劳动关系双方认为有必要就可以纳入协商范围。

(二) 合同类型

按照集体合同的种类划分，有综合性集体合同和专项集体合同之分。

综合性集体合同涉及劳动关系的多方面内容，如劳动报酬、工作时间、休息休假、劳动安全与卫生、保险福利等。实践中，初次进行集体协商签订集体合同的企业，倾向于协商签订综合性集体合同。将劳动关系领域的各方面问题都列举涉及。随着集体协商实际工作的深化，企业会更有目的地针对企业重点问题，开展集体协商，签订专项集体合同，比如工资增幅专项集体合同、劳动安全卫生专项集体合同、女职工保护专项集体合同等。

在各类专项集体合同当中，工资集体合同是最普遍的，也是各企业每年必谈的内容。在西方市场经济国家工资问题也是集体协商（谈判）永恒的话题。因为社会经济环境、企业生产经营状况、物价指数、劳动力市场供求关系等，每年都会发生变化，客观环境的这些变化必然影响到职工对工资诉求的改变。工资是企业人工成本最主要的部分，职工工资的高低，直接影响到企业的利润；而对于普通职工而言，工资又是职工最主要的生活来源，工资水平的高低，直接影响职工及其家庭的生活状况。正因为如此，劳动关系双方都高度关注工资问题。工资的影响因素复杂多样而且多变，因此，工资集体合同的期限比较短，一般只有一年。而涉及其他劳动条件与标准的合同可能期限长一些，比如三年或更长。

(三) 合同格式

集体合同并没有固定的格式，但在我国，部分省市为进一步推动地方集体合同制度建设,规范集体协商内容,提升集体合同文本质量,会根据《劳动合同法》《集体合同条例》等规定,总结各地的实践经验,在征求工会、企业家协会、工商业联合会等单位的意见后,拟制集体合同的格式文本。因此,企业在拟订集体合同时,可以参考当地的集体合同格式文本。

二、集体合同草案的拟订

(一)起草集体合同文本的主体

一般来说,起草集体合同文本可以有三种方式:一是由工会方面起草;二是由企业方面起草;三是工会方面和企业方面共同组织有关人员一起起草。从市场经济国家的实践来看,集体合同文本由工会方面起草的情况较多。因为进行集体协商签订集体合同的要求一般都是由工会首先提出的。工会方在起草过程中,为了保证集体合同文本的文字表述准确清楚、逻辑严谨,经常需要律师、专家的帮助。

(二)起草集体合同文本的基本要求

集体合同作为一种劳动法律文书,一旦签订生效,就对企业全体人员具有约束力。所以,起草合同是一项十分严肃的工作。一份高质量的合同草案,将为集体协商奠定良好基础。在前期收集资料信息和职工意见的准备工作完成后,就可以基本确定本次协商谈判的主题,并开始起草集体合同。

在起草集体合同过程中必须把握以下几个要点。一是拟订草案应参照有关法律、法规和政策,以及同行业和具有可比性企业的劳动标准,包括集体合同范本和其他与签订集体合同相关的资料等。二是集体合同内容应从企业实际出发,避免千篇一律、毫无特色的统一文本。三是把握集体合同内容应当具备的法定要件:订立集体合同的双方主体须具有法定资格;集体合同的必备条款必须涉及劳动条件与劳动标准等内容;集体合同内容的协商条款可由劳动关系双方酌情议定;集体合同中应有明确的法律责任规定;集体合同应标明履行期限。四是集体合同的格式应讲求规范,避免随意性。五是集体合同内容应当具体,具有可操作性,避免过于笼统、原则。六是集体合同内容的文字表述应当准确明了，逻辑严谨，避免含糊不清、容易引起歧义的表述。在起草集体合同文本时严谨、认真、仔细，就可以为下一步的协商过程打下一个良好的基础，避免一些人力和时间的浪费。

（三）起草集体合同的程序

现阶段，我国起草集体合同的一般程序是首先成立由工会及职工协商代表组成的合同起草小组，有条件的企业应先对职工协商代表进行培训，使其了解集体协商集体合同制度的相关知识和基本方法。其次，合同起草小组审查到期的集体合同内容，如果需要可提请进行修订；对集体合同内容中涉及某些特殊工作场所或某些特殊技术方面的规定，可以请有关专家协助论证。最后，可以将起草的集体合同草案征求职工的意见。对于首次进行集体协商的企业，如果工会缺乏相关经验，可以求助于上级工会或劳动行政部门协助指导。

三、向职工代表大会报告集体合同内容

《集体合同规定》第三十六条规定，经双方协商代表协商一致的集体合同草案或专项集体合同草案应当提交职工代表大会或者全体职工讨论。实践中，职工代表大会讨论集体合同草案的一般程序是：

一是清点代表人数。职工代表大会讨论集体合同草案，应当有 2/3 以上职工代表出席。

二是把印制好的集体合同草案发至职工代表每人一份。草案可以在会场上分发，也可以会前印发，以便职工代表事先阅读审议合同草案，避免在会议召开时由于审议时间不足而影响职工代表意见的充分表达。

三是宣读集体合同草案，宣读人可由劳动关系双方议定。

四是做出说明。由集体协商首席代表就集体合同的产生过程、主要劳动标准确定的法律依据，以及职工和管理者各自应承担的义务做出说明。

五是分组讨论。以职工代表团（组）为一个讨论单位，各代

表团（组）应认真做好记录，特别是对草案提出的意见要详细记录在案，以供讨论修改之用。

六是大会主席团听取各职工代表团（组）讨论修改意见。企业法定代表人根据各职工代表团（组）的意见进行必要的说明，取得大多数职工代表的认可。

七是大会表决，可以采取投票表决方式，也可以采取举手表决方式。

八是宣读表决结果。根据职工代表表决情况，由大会主席团执行主席宣读表决结果。集体合同草案应经全体职工代表半数以上同意方获通过。

九是如果集体合同草案没有获得职工代表大会的通过，就要对草案进行修改。协商代表就职工代表大会上职工代表所提意见进行认真讨论协商，对修改意见达成共识。修改后的集体合同草案仍要按照法律法规的规定提交职工代表大会讨论通过。讨论通过的集体合同草案，由协商双方的首席代表签字。

四、集体合同争议的类型

劳动争议是指劳动关系当事人之间因劳动权利与义务发生的争执。集体协商集体合同争议原则上属于劳动争议里的集体劳动争议类型。

通常情况下，劳动争议是按照劳动争议的性质进行分类。劳动争议按照性质划分可以分为权利争议和利益争议两种类型。世界上多数市场经济国家使用的劳动争议概念，大都是按照这两种分类。

所谓权利争议，一般是指在实施和运用法律规定及在执行劳动标准过程中，劳动关系双方之间发生的矛盾和纠纷。就集体合同而言，权利争议的特点是，双方或一方的权利约定在前（规定在集体合同中），争议发生在后。也就是集体合同履行过程中的争议。

所谓利益争议，一般是指劳动关系双方为要求新的权利而发生的矛盾和纠纷。利益争议的特点是，争议发生在前，权利的实现在后。也就是劳动关系双方为争取新的利益而发生的争议。比如,进行工资集体协商时就工资增长议题双方发生的争议。

我国《劳动法》对集体合同争议的分类,是按照时间阶段,分为因签订集体合同发生的争议和因履行集体合同发生的争议。

因签订集体合同发生的争议,大都发生在要约和集体协商过程中,即职工方向企业方提出签订集体合同的动议、要求启动集体协商,或者劳动关系双方围绕合同文本具体条款进行协商过程中发生的矛盾和纠纷。

因履行集体合同发生的争议,则发生在生效后的集体合同实施过程中,由于其中一方未能遵守合同的约定或者双方对合同条款存在不同理解,从而引发双方的争议和纠纷。

 **技能要求**

一、集体协商信息及其收集方法

为了准备进行集体协商,必须尽可能全面收集相关信息。集体协商所需信息资料,可以说是多多益善。而最基本的应该有三个部分:集体协商的法律法规文件、与协商相关的重要数据信息和职工方的诉求。

(一)集体协商的相关法律法规文件

我们国家现行劳动法律法规,对集体协商签订集体合同具有重要指导意义。在开展集体协商工作时,两个方面的法律法规尤其关键。一是关于集体协商集体合同制度的法律法规;二是有关劳动条件劳动标准的法律法规。从法律的层级上看,既要知晓国家立法,也应该知晓地方立法的相关规范。同时,还需要查阅协调劳动关系三方发布的一些相关文件。

我国有关集体协商签订集体合同的法律法规,是开展集体协商签订集体合同工作的直接法律依据。涉及集体合同制度的法律、法规和相关文件主要包括:

1.《劳动法》——1994年7月全国人民代表大会常务委员会

通过，1995年1月1日起施行，2018年12月第二次修正。《劳动法》第三十三条、第三十四条、第三十五条、第八十四条，分别对集体合同的内容、主体、程序，集体合同的生效，集体合同的法律效力以及集体合同争议处理事项做出了规定。由此开始，集体合同制度在我国正式建立。作为一部综合性劳动法律，《劳动法》对集体合同制度做出了原则性规定。

2.《集体合同规定》——1994年12月劳动部颁布，2004年1月劳动和社会保障部出台新的《集体合同规定》，取代了1994年的规定。作为政府劳动部门指导和规范集体协商及签订集体合同、协调处理集体合同争议、加强集体合同管理的主要规章，《集体合同规定》将《劳动法》关于集体合同制度的原则规定进一步具体化，对集体合同的签订、集体合同的审查以及集体合同争议处理等做了较为详细、具体的规定。

3.《工会法》——1992年4月全国人民代表大会通过，自公布之日起施行，2009年8月第二次修正。《工会法》第六条规定，工会通过平等协商和集体合同制度，协调劳动关系，维护企业职工劳动权益。《工会法》是从工会权利的角度规范集体协商集体合同行为的。它明确了集体协商与集体合同制度是工会协调劳动关系、维护职工劳动权益的途径，并且赋予了工会代表职工进行平等协商签订集体合同的权利，还对处理集体合同争议过程中工会的权利和职责做出了法律规定。

工会作为职工方代表，依照《工会法》的规定代表职工进行集体协商签订集体合同，是工会维护职工权益的重要途径与法定责任。

4.《工资集体协商试行办法》——2000年11月劳动和社会保障部颁布。专门规范了工资集体协商和签订工资集体协议的行为。此试行办法包括了工资集体协商的内容、工资集体协商代表、工资集体协商程序、工资协议审查等内容。它为作为专项集体合同的工资协议的签订程序和内容等事项提供了比较详细的规范。

5.《劳动合同法》——2007年6月全国人民代表大会常务委

员会通过，2008年1月1日起施行，2012年12月修正。《劳动合同法》中的"特别规定"一章，专有一节涉及集体合同，规定了区域性、行业性集体合同问题。第五十三条规定："在县级以下区域内，建筑业、采矿业、餐饮服务业等行业可以由工会与企业方面代表订立行业性集体合同，或者订立区域性集体合同。"这是关于集体合同范围级别上的一个突破，是对实践发展的一种确认。

6. 工会和协调劳动关系三方的相关文件。为大力推进集体协商工作的开展，各级工会组织以及协调劳动关系三方多次联合发文，指导集体协商工作的推广、普及和深化。2006年8月劳动和社会保障部、中华全国总工会、中国企业联合会/中国企业家协会联合发布《关于开展区域性行业性集体协商工作的意见》，推进区域性行业性集体协商工作的开展。2009年7月中华全国总工会发布《关于积极开展行业性工资集体协商工作的指导意见》，对行业性工资集体协商提出明确要求。2010年5月国家协调劳动关系三方（人力资源和社会保障部、中华全国总工会、中国企业联合会/中国企业家协会）联合印发《关于深入推进集体合同制度实施彩虹计划的通知》，要求以工资集体协商为重点，从2010年到2012年，力争用三年时间基本在各类已建工会的企业实行集体合同制度，对未建工会的小企业，则通过签订区域性、行业性集体合同努力提高覆盖比例。2011年1月中华全国总工会印发《中华全国总工会2011—2013年深入推进工资集体协商工作规划》，2014年3月和4月又印发《中华全国总工会关于提升集体协商质量增强集体合同实效的意见》《中华全国总工会深化集体协商工作规划（2014—2018年）》。2014年4月国家协调劳动关系三方（人力资源和社会保障部、中华全国总工会、中国企业联合会/中国企业家协会、中华全国工商业联合会）印发《关于推进实施集体合同制度攻坚计划的通知》，要求各地不断推进集体合同覆盖范围，提升集体协商质量。中华全国总工会以及国家协调劳动关系三方印发的文件，体现了不同发展阶段集体协商工作的进展与重点要求，对于集体协商工作具有重要指导意义。

7. 涉及劳动标准的法律法规。劳动标准是指以法律形式规定的关于劳动条件的基本标准。劳动标准包括：

（1）工时、休息和休假标准，如工作日的种类、加班加点及其报酬、延长工作时间的一般程序、延长工作时间特殊规定、延长工作时间的工资支付等；

（2）工资标准，包括工资的形式、最低工资标准；

（3）女职工和未成年工保护标准；

（4）社会保险标准等。

劳动标准根据性质可分为两大类：

（1）法定劳动标准。法定劳动标准具有强制性，是国家法律和国家标准化机构批准的要求强制执行的劳动标准。如《劳动法》《劳动合同法》中的法定标准。

（2）政策性劳动标准。政策性劳动标准是政府根据自己的政策目标，在最低标准基础上制定的关于劳动条件的导向性标准，具有指导性作用。例如，地方政府劳动部门每年定期公布的工资指导线。

涉及劳动标准的法律法规内容繁多，而这些内容是集体协商必须涉及的，所以集体协商代表需要认真收集和全面掌握，这样才能为集体协商提供科学的依据。

（二）集体协商所需要的相关数据信息

集体协商所需数据信息是多方面、多层次的，包括国家宏观层面的数据、地方相关数据信息和企业相关数据信息。

1. 宏观数据类

我国各级政府劳动部门都会定期发布劳动关系相关指标的统计数据，它们集中反映出劳动关系的现实状况、存在问题和发展趋向。在众多统计数据当中，与集体协商集体合同制度密切相关的包括综合性经济指标和劳动力市场状况、就业与失业状况、劳动报酬状况、劳动关系状况和社会保障制度方面的状况等。

（1）综合性经济指标。其中最为重要的是以下三项指标：

一是国内生产总值（GDP）。是指在一定时期内（一个季度或一年），一个国家或地区的经济中所生产出的全部最终产品和劳务的价值，常被认为是衡量国家经济状况的最佳指标。它不但可以反映一个国家的经济表现，更可以反映一国的国力与财富。一国 GDP 的增降，在很大程度上反映了国家经济运行状况的好坏。

宏观经济状况如何对集体协商的内容与趋向，具有重要的基础性作用。

二是居民消费价格指数（CPI）。它是一个反映居民家庭一般所购买的消费商品和服务价格水平变动情况的指标，它同人民生活密切相关，在整个国民经济价格体系中具有极为重要的地位。

这个指标的变动与集体协商密切相关。一般而言，CPI 上升，则表明职工现有收入的购买力降低，在此情况下就有理由要求提高工资水平，以保障或提升职工收入的实际购买力。

三是职工平均工资。是指企业、事业、机关单位的职工在一定时期内平均每人所得的货币工资额。它表明一定时期职工工资收入的高低程度，是反映职工工资水平的主要指标。

上述数据显示了整个国家的经济状况、年度经济增长水平，以及在此背景下的职工平均工资水平以及物价水平，反映了职工实际生活水平的升降幅度、职工分享经济发展成果的状况。这些数据也是确定集体协商过程中是否提出工资增长以及增长幅度应该多大的重要依据。一般而言，在国家经济高速增长条件下，职工的工资应该有相应比例的增加；当居民消费价格指数上升时，职工工资也应该做出相应调整，以保证职工生活水平不至于受到过大影响而下降。这几个数据对于企业以及区域性、行业性的集体协商都具有非常重要的参考价值。

（2）劳动力市场状况。包括劳动力市场管理的法律法规、劳动力市场的基本供求状况。了解现实的劳动力市场状况，是开展集体协商的重要前提。因为劳动力市场的供求状况，会直接影响到劳动力价格、在职职工的工资水平等相关方面。任何一方提出本方要求、确定协商议题的争取目标时，都必须了解当时整个国家、所在地区以及所处产业行业的劳动力市场供求状况，根据劳动力市场的状况，提出比较符合实际、切实可行的协商要求。

（3）就业与失业状况。就业状况对集体协商工作的影响是很大的，特别是协商企业所在地区、行业的就业情况，对该企业协商中各方的许多具体要求都会产生相应的影响。当相关地区、相关行业甚至相关岗位出现劳动力供不应求状况时，提高工资的要求就容易实现；相反，当劳动力出现供大于求的局面时，竞争加剧，工资增长就比较困难。同时，把握劳动力市场上劳动者素质状况、教育水平、失业率，以及国家的培训就业目标，也可以引导企业在集体协商涉及职工培训议题时，确定比较明确的任务和方向。

（4）劳动报酬状况。劳动报酬、工资分配本身就是集体协商的一个核心内容，因此，劳动报酬方面的指标数据对集体协商工作至关重要。随着市场经济改革的不断推进，国家借鉴吸收了其他市场经济国家的一些有益做法，为企业工资集体协商提供引导。这当中有以下几项重要的指标是必须了解把握的：

一是劳动力市场工资指导价位。政府有关部门对各类职业（工种）工资水平进行广泛调查，经过汇总、分析和修正，公布有代表性的职业（工种）的工资指导价位，以规范劳动力市场供需双方的行为，从微观上指导企业合理确定劳动者个人工资水平和各类人员的工资关系。建立劳动力市场工资指导价位制度，有利于充分发挥市场机制对工资分配调节的基础性作用，促进市场均衡工资率的形成；有利于指导企业根据劳动力供求状况和市场价格，形成企业内部科学合理的工资分配关系；同时也有利于企业工资宏观调控体系建设。

二是行业人工成本信息。行业人工成本信息指导制度是指政府劳动部门或由其委托的社会组织调查、收集、整理并分析预测行业人工成本水平，定期向社会公开发布行业人工成本信息，指导企业加强人工成本管理、合理确定人工成本水平的制度。

三是最低工资标准。我国实行最低工资保障制度，最低工资标准是由各省、自治区、直辖市人民政府劳动部门制定,每两年调整一次。各地政府公布的最低工资标准,是集体协商工资过程中必须掌握的、非常重要的参考指标。

四是工资指导线。我国已建立工资指导线制度,它是政府为保证宏观经济目标实现,根据社会经济发展相关经济指标的现状与变动提出的关于年度工资水平增长标准的权威性建议。工资指导线多采用年度报告的周期形式,提出短期的工资指导方针和工资水平提高的百分比。每年各地方会发布本地的工资指导线,工资指导线与企业集体协商有着非常直接的联系。

年度工资增长指导标准,包括"三条线":年度工资增长基准线、年度工资增长上线、年度工资增长下线。年度工资增长基准线,是指根据经济增长预测所得出的工资增长理想百分比,既有利于实际工资提高,又有利于降低人工成本,提高经济效益。年度工资增长上线,又叫"预警线",指年度工资增长的最高标准,超过此限度,可能违反工资规律并引发消费基金过度膨胀。对于年度工资增长下线,考虑到物价上涨因素和政府最低工资标准的要求,实际上应将货币工资增长等于物价指数,或不低于最低工资标准,作为确定工资增长下线的依据。

(5)劳动关系状况。主要涉及劳动争议发生状况和劳动争议处理统计数据。劳动关系双方应该随时了解和掌握劳动争议发生的状况,包括劳动争议的数量、规模、种类、影响等重要数据,从中把握当前劳动争议发生、变化的规律,尽可能在企业层面采取积极应对措施,通过有效的集体协商,预防和减少包括集体劳动争议在内的各种争议的发生。

(6)社会保障制度方面的状况。包括失业保险、工伤保险、生育保险、医疗保险、养老保险的缴费、登记、管理等法规政策以及各地的实践,对于进行集体协商的企业有重要的价值。只有详细充分了解社会保险的相关法规政策,才能在企业协商过程中严格按照法律法规的要求,借鉴其他企业的经验讨论协商本企业的有关规定。

2. 地方相关数据信息

（1）地方政府发布的有关物价指数、工资指导线和行业工资中位数、平均工资、最低工资标准、最低生活保障标准等，既要收集本企业所在地的上述数据，还要掌握周边地区或类似地区的上述数据，以便进行对比。

（2）本地区的劳动力市场的供求状况。

（3）同行业或同类型企业的劳动标准、工资水平等。

3. 企业相关数据信息

需要收集的企业内部数据信息包括四个方面：

（1）本企业生产经营及财务状况，包括上一年度状况和本年度预测水平。企业的资产负债表、利润表和现金流量表，就是反映企业经营状况的主要依据。

（2）近年来本企业劳动条件与劳动标准状况。

（3）本企业的人工成本状况。

（4）企业现行规章制度，特别是涉及职工民主权利和经济利益方面的规定。由于工资问题一般都是集体协商、集体合同的核心内容，因此，对本企业的工资分配制度、工资水平等问题也必须十分清楚。

（三）收集相关数据信息的途径与方法

集体协商所需数据信息纷繁复杂，职工方收集查找数据信息时，可以采取分工合作的方式。实践中，有企业开展集体协商时，职工代表会分成若干小组，包括数据小组、法规小组、意见征集小组等，分别负责收集查找有关方面数据资料，为协商做好准备。具体途径包括以下几个方面。

网上查询：对于政府发布的权威数据，比如行业人工成本、主要职业工种岗位工资、劳动力市场工资指导价位、企业工资指导线等政府公开信息和政策文件，可以在国家统计局网站、各级人力资源和社会保障部门以及政府相关部门的网站上查找。也可以通过省市的权威报刊、地方政府网站、各级工会组织网站查找。对于本行业、同类企业的相关数据，可以通过行业网站、行业工会网站进行查找。

会议收集：参加政府、工会组织以及三方相关会议时，可以收集了解到劳动关系方面的状况及数据资料。也可以通过参加相关信息发布会、政策研讨会收集所需信息。

专家咨询：向经济领域、劳动法领域的专家咨询，有实力的企业工会也可以咨询专业机构，有针对性地订购第三方机构的调研数据。

（四）收集企业数据信息的注意点

企业数据信息的获取相对难度比较大。一些企业方不愿意提供相关数据，甚至可能提供不完全的或虚假的数据。在收集企业数据信息过程中需注意以下几点：

1. 知晓双方义务。职工方协商代表首先应该知晓，为集体协商提供必要信息是集体协商双方的义务。很多地方的集体协商合同条例或规定中都有类似规定。

2. 提出明确要求。职工方可以在集体协商要约中明确要求企业方提供必要的资料数据，比如反映企业经营发展状况的资产负债表、利润表（损益表）和现金流量表，以及其他集体协商议题所需数据和资料。对于一些专业性特别强的数据报表，职工方代表应该尽量学习理解，也可以寻求专业人士帮助解读分析，做出准确判断。

3. 主动收集。注意企业内部各类会议的资料收集，比如企业职工代表大会上厂长、经理的报告，各类生产经营方面会议的文件，凡是涉及企业经营发展指标、状况的报告、报表、总结等，都可以作为了解分析企业经营状况的参考。

同时建立了职工董事、职工监事制度的企业，可以借助职工董事、职工监事的身份获取数据。有些数据也可以间接通过调查和访谈职工进行摸底。

4. 沟通核对。集体协商数据收集之后，对于特别关键的、协商中可能作为计算依据的数据，应该事先与企业相关方面进行充分的沟通和仔细的核对，避免出现偏差。

（五）收集企业职工的诉求

1. 诉求收集

企业职工的诉求是进行集体协商的基础。职工对自身权益的保护与提升、对企业的发展与进步有什么想法、意见和要求，应该收集起来，纳入集体协商的议题之中。企业职工人数众多、工作岗位各异，诉求与意见各不相同，职工方的代表需要通过科学的方法，有效地收集职工的意见和建议，并进行归纳与整合。

收集职工方面诉求需注意几个要点：第一，要注意所收集的职工意见和建议，应当是企业劳动关系领域的、适合纳入集体协商议题的内容；第二，收集职工意见的范围要广，尽量涉及各个层面、各个工种、各种类型的职工群体；第三，应该注意多数职工的普遍意愿与要求，同时也不忽视少数职工的意见，特别应注意职工因合法权益受到侵害而产生的不满情绪。

收集职工诉求的方法，可以灵活多样。可以通过职工代表会议、工会小组会议、专题座谈会、单独交谈、调查问卷等方式。方法不是一成不变的，可以根据企业的规模、经营方式等选取切合实际的方法，经济高效、有针对性地了解职工的真实想法。

（1）问卷调查法的运用。若采取问卷调查法，可采用集中填答的方式，以保证问卷回收率。问卷调查法成本较低，比较适合涉及工资、福利等敏感问题，方便后期定量分析。

（2）访谈法的运用。访谈法可以弥补问卷调查的一些不足。围绕不同的议题、面向不同的群体，开展形式多样的访谈。可以通过面对面交流或者电话、视频等进行访谈。要注意访谈对象的代表性，尽量覆盖主要岗位，关注一线职工的普遍诉求。职工方协商代表可以结合现实需要来选择具体的访谈形式，可以进行个别访谈，也可以进行集体访谈或座谈。

（3）现代通信手段的运用。信息时代，应该借助现代通信手段，全方位了解职工群众的想法与诉求。比如通过邮箱、QQ群、微信群、微信公众号、问卷星等互联网平台，以灵活便捷的新颖形式，征求职工特别是青年职工群体的意见和想法，充实集体协商的议题。

（4）借助企业职工代表大会的相关机制。很多企业都有职工代表大会制度。每次协商之前召开职工代表大会可能比较困难，但是企业职工代表大会中的职工代表提案委员会，是可以发挥作用的。通过各提案小组向职工征集诉求与议题，不失为一种操作便捷、效果明显的好办法。

在调查收集职工诉求时，职工方协商代表要注意方式方法，态度诚恳，耐心倾听，详细记录，必要时请职工对记录进行确认并签字。对一些预计协商难度比较大的议题，可以事先征集职工签名，在协商会议出现僵局、争论激烈的时候，带有职工签名的相关材料，可以成为职工心声的证明。

2. 诉求整理

在收集完各类诉求信息之后，需要对这些信息进行梳理。面对大量零散的信息，运用科学的方法加以汇总、归纳、分析和整理，从错综复杂的信息中，找出其相互之间的关系，分出议题的轻重缓急，力求准确、全面地明确企业劳动关系和劳动条件方面的问题。

整理加工方法包括：一是分类，即对获得的诉求信息按内容、层次分门别类，比如哪些是涉及部分职工的事项，哪些是关系到整体劳动关系的内容，哪些是迫切需要解决的问题，哪些是可以分阶段逐步处理的事项等。二是比较，对诉求信息的质量、代表性、紧迫程度等进行比较，寻找本轮协商最集中、最重要的议题。三是鉴别，对得到的诉求信息进行必要的验证，向企业相关部门或职工请教核实，对一些重要数据进行反复测算，保证诉求信息的真实可靠。四是选择，即从众多的诉求信息中，筛选出有代表性、可以作为协商议题的主要诉求。

二、签订集体合同争议处理的程序

（一）签订集体合同争议的处理方式

签订集体合同过程中发生争议，双方当事人不能协商解决的，当事人一方或双方可以书面向人力资源和社会保障行政部门提出协调处理申请；未提出申请的，人力资源和社会保障行政部门认为必要时也可以进行协调处理。

人力资源和社会保障行政部门应当组织同级工会和企业组织等三方面的人员，共同协调处理签订集体合同争议。

三方协商机制主要由代表政府的人力资源和社会保障行政部门、代表职工的工会和代表企业的企业组织（企业联合会、企业家协会、工商联、商会等）组成。三方协商机制，实际上是一种平等对话的机制。政府、企业代表组织和工会组织三方的职能不能相互替代，而是各有侧重和相互独立，三方相互没有隶属关系。

《中共中央 国务院关于构建和谐劳动关系的意见》提出：依托协调劳动关系三方机制完善协调处理集体协商争议的办法，有效调处因签订集体合同发生的争议和集体停工事件。

（二）签订集体合同争议的处理渠道

签订集体合同争议处理实行属地管辖，具体管辖范围由省级人力资源和社会保障行政部门规定。中央管辖的企业以及跨省、自治区、直辖市企业因集体协商发生的争议，由人力资源和社会保障部指定的省级人力资源和社会保障行政部门组织同级工会和企业组织等三方面的人员协调处理，必要时，人力资源和社会保障部也可以组织有关方面协调处理。

（三）签订集体合同争议的处理程序

协调处理签订集体合同争议应当按照以下程序进行：①受理协调处理申请；②调查了解争议的情况；③研究制定协调处理争议的方案；④对争议进行协调处理；⑤制作《协调处理协议书》。

《协调处理协议书》应当载明协调处理申请、争议的事实和协调结果，双方当事人就某些协商事项不能达成一致的，应将继续协商的有关事项予以载明。《协调处理协议书》由集体协商争议协调处理人员和争议双方首席代表签字盖章后生效。争议双方均应遵守生效后的《协调处理协议书》。

协调处理签订集体合同争议，应当自受理协调处理申请之日起30日内结束协调处理工作。期满未结束的，可以适当延长协调期限,但延长期限不得超过 15 日。

三、集体协商僵持或失败的处理

集体协商往往是无法通过一次会议就宣告成功的,常常是经过若干次的博弈、中途休会、各自讨论,重新划定谈判议价区间的多次会议。并且在涉及多个议题时,可能会因为某个关键议题的协商无法顺利进行而使得会议中止。原本谈判议题或者谈判中出现的新议题通过协商未能达成一致,即意味着集体协商失败。

集体协商失败可以划分为两大层次:底线性协商失败(即为"集体协商失败")和程序性协商失败(即为"集体协商僵持")。这两大层次的主要划分依据是:是否存在议价域。底线性协商失败的原因多出现在谈判之前,在双方确定其议价区间时,若双方不存在议价域,或议价域过小,导致协商过程中的讨价还价没有现实的意义和价值,就注定此次双方协商走向失败;程序性协商失败表现为议价区间存在,但由于协商过程中出现协商代表的技巧或能力失误,导致协商不和谐并陷入僵持状态,这一失败,是可以迅速通过协商调解进行规避和挽回的。

(一)集体协商陷入僵持或失败的原因分析

其实并不是在每一次集体协商会议中都会出现僵持或者失败,但有时在一次集体协商会议中可能出现多次僵持。那么通常在什么样的情况下,出于什么原因,协商会陷入僵持呢?只有把握好可能导致集体协商僵持或失败的原因,才能够更好地安排协商策略,使得协商能够顺利进行。

1. 双方协商目标差异太大

通常在集体协商会议开始前,双方会就协商议题根据自己的协商目标划定合适并且属于权限范围内的议价区间。当双方预先设定的议价区间交叉过小时,在协商过程中,要协调双方的利益就比较困难,通常需要双方都做出同等且较大的让步,才能使协商顺利进行。如有任何一方不妥协,僵持就会形成。如果议价区间根本就没有交叉的话,那么协商最终都会以僵持结束。并且由于协商代表协商权限的限制,这种僵持一旦形成就很难通过现场的调整来解决，通常需要采取休会，向上级请示，并重新划定议价区间的方式来解决。

2. 过大估计对方的让步程度

一方面，在集体协商前，双方通常会通过分析己方的协商目标和对方的让步程度等关键因素，来确定己方在协商过程中的协商底线和期望值。如若错误分析对方的让步程度将可能造成议价区间的上移，过高的协商底线和期望值会使得双方的议价域被压缩或者消失，从而使得协商陷入僵持或失败。另一方面，在集体协商中，估计对方让步程度又是一个动态过程，对方协商人员的某一句话或者某一个行为都可能改变己方对对方让步程度的估计，从而调整相应的协商策略。但在这个过程中可能存在判断失误的情况，如过大地估计对方的让步程度，就会不断地想逼近期望值去要价，这时候很可能自己给出的解决方案已经超过对方的协商底线了，那么协商将陷入僵持或失败。

3. 协商代表的权限所限

协商代表始终是代表着自己背后的整个利益群体在进行协商，由于其自身的身份、职位等因素的限制，协商代表通常只能在预先设定的议价区间进行讨价还价。作为企业方的代表，如职工方给出的最终方案，十分逼近己方的协商底线或者是已经超出协商底线，代表本人担心上级指责其工作不力或者是没有权限去调整协商底线时，通常协商就会陷入僵持或者失败。

4. 双方的核心利益过于集中，忽略策略运用

在协商双方势均力敌，并且双方的主要目的与核心利益都集中在某个或者某几个关键问题上时，如果在协商过程中不能够有效并且精准地运用好协商策略与技巧，通常比较容易使协商陷入僵持或失败。例如，在工资专项集体协商中，双方均把关注点放在工资这个单一议题上。这样双方协调、让步的余地就会比较小，很难采用迂回策略来推动协商的进行，这种情况下双方很容易在工资问题上均采用坚守策略，在讨价还价环节中互不让步，形成僵持。因此通常情况下，单一协商主题往往比多主题更具冲突性。

5. 协商代表能力素质欠缺或代表间分工不合理、配合不佳

俗话说"事在人为",协商代表的能力素质是协商能否成功的重要因素,特别是在双方合作的客观条件良好、共同利益较一致时,协商代表能力素质的高低往往是起决定性作用的因素。协商代表在使用一些策略时,对时机掌握不好,或运用不当,也往往导致协商过程受阻,出现僵持。因此,无论是协商代表作风方面的原因,还是知识经验、策略技巧方面的不足或失误都可能导致协商的僵持或失败。另外,代表间的分工协作也是非常关键的一个因素,如果配合不佳或者分工不合理,通常会让己方在协商中变得很被动,使得协商逐步陷入僵持或失败。

6. 协商代表的言语失误

在集体协商中,由于一方言行不慎,伤害对方的感情或使对方觉得"丢面子",也会形成协商的僵持,而且这种僵持较难处理。实践中,协商代表维护个人的面子甚于维护组织或群体利益的例子并不少见。如果在协商中,一方感到丢了面子,往往会奋起反击挽回面子。这时,这种人的心态处于一种激动不安的状况,态度特别固执,语言也富于攻击性,明明是一个微不足道的小问题,也毫不妥协退让,自然双方就很难继续交谈,从而陷入僵持。

(二) 处理集体协商僵持或失败的技巧

想要突破僵持或失败,使得集体协商能够顺利进行下去,除了要了解僵持或失败产生的原因之外,还要在此基础上,进一步估计目前协商所面临的形势,分析现场双方的争锋焦点在哪里,反思己方在先前的协商中做出了哪些承诺和自己可能在哪些问题上存在不当之处,并进而认真分析对方为什么在这些问题上不愿意让步,困难在什么地方,想要突破这个困难让协商结果朝着对自己有利的方向发展需要做些什么,想方设法地找出造成僵持或失败的关键问题,找出对方在协商中起决定作用的关键人物,然后要认清自己在协商中受哪些因素制约,并主动做好与有关方面的沟通工作,寻求理解、帮助与支持,通过内部协调,对自己的进退方针、分寸做出大致的选择。还要认真研究突破僵持或失败

的具体策略，确定整体行动方案。只有这样才能够成功地将协商推进下去。针对不同原因、不同情况，其具体的做法主要有以下几种。

1. 中止协商，重新调整议价区间

如果在某些关键议题上双方很难达成一致，那么很可能是双方议价区间交叉过小造成的，这时候通常很难在现场直接对己方的议价区间进行调整。因为协商底线是由上级领导基于对企业的整体考量而给出的，协商代表需要通过重新向上级请示才能够对其进行适当的调整，因此通常情况下会采取中止协商，重新调整议价区间的方式来进行处理。

2. 重新审视局势，对对方的让步程度做出正确的判断

当己方错误分析对方可能做出的让步程度，给出的方案逼近自己的期望值，但不被对方接受而陷入僵持时，通常需要重新审视现场的形势，通过对方代表的言语、态度等，对对方的让步程度重新做出评判，及时修正己方的错误，寻求合适的理由进行一定的让步，这样既做出了适当的让步，又不让对方觉得自己立场不够坚定，从而达成一个理想的协商结果。

3. 提高协商规格

在集体协商过程中，必要的时候可以请上级领导出面，因势利导，以表明对协商局势的关注，缓解双方的紧张情绪，也可以达到消除僵持、避免失败的效果。同时上级领导的介入可能能够更好地从企业整体利益上进行把控，在适当的时候方便及时地调整议价区间从而使得协商能够顺利进行。

4. 采取横向式的协商

在某一个关键问题的协商陷入僵持时，应当主动把协商的面撒开，撇开争执的问题，转而先谈另一个问题，而不是盯住一个问题不放，不谈妥誓不罢休。例如，在工资增长问题上职工方给出的方案企业方很难接受，可以先暂时将这个问题放一放，改谈福利待遇、工作制度等其他问题。如果在这些议题上双方感到满意了，再重新回过头来谈工资增长问题，阻力就会小一些。或者

可以通过调整工作制度上的问题来弥补，从而缓解工资增长问题给企业方造成的压力，使得工资增长问题的协商能顺利地进行下去。

5. 调换协商代表

在集体协商陷入僵持，并且经多方努力仍无效果时，可以征得对方同意，及时更换协商代表。尽管这可能改变协商的局势，使得协商能够进行下去，但这是一种迫不得已、被动的做法，必须慎重。例如，己方代表失误的言语使得协商陷入僵持时，可以考虑将该协商代表调换以缓解协商的氛围，使得双方重新建立信任，推动协商的顺利进行。

6. 调和气氛，强调求同

协商中气氛紧张，易使协商者产生压抑、沉闷，甚至烦躁不安的情绪。可以组织双方协商代表搞一些松弛的活动，使绷紧的神经得到缓解。这样，协商双方可以不拘形式地就某些僵持问题继续交换意见，以在融洽轻松的气氛中消除障碍。或者可以通过回顾双方以往愉快的合作历史，强调和突出共同点和合作的成果，以此来削弱彼此的对立情绪，从而打破僵持。

简言之，不管怎样，要想处理好集体协商僵持或失败的情况，就要对其前因后果作周密的研究，然后在分析比较各种可能的选择之后，再确定实施某种或某几种策略的组合。当然，其成功地运用还是要归结于协商代表的经验、直觉、应变能力等素质因素。

四、预防集体协商过程争议的途径

预防签订集体合同过程中发生的争议，应提高协商双方的认识，提升共同体意识；完善集体协商规则，规范协商行为；推动劳企沟通协商；提升双方的协商能力，提高协商实效。

集体协商过程中产生争议，一般源于当事方的认识程度不高、能力水平不足等问题，而现阶段又以诉求表达机制不完善或意愿没有得到及时表达为直接诱因。因此，政府在预防集体协商过程争议方面，一是要积极预防，重点解决协商主体方面的问题。主要内容包括建立明确的谈判框架，提升双方的协商能力，推动劳企沟通协商来构建协商文化、塑造合作精神等。二是预警防范，对于可能发生集体协商争议的高风险企业进行监控，在必要时提前介入，引导双方以法律手段解决分歧。

（一）积极预防

预防集体协商过程中发生的争议，应以防止和消除当事人之间的意见分歧为首要目标。争议预防服务使得劳动关系双方可以认识到他们之间的分歧，并致力于解决分歧。

国际劳工组织认为，在防止集体谈判纠纷方面，政府主管部门可采取的首要措施是，建立明确的集体谈判框架和程序。根据具体情况，政府主管部门还可以通过以下五种方式预防争议：

1. 为第一次进入集体谈判的雇主和工会提供关于谈判框架和谈判程序的信息。

2. 鼓励采用行为规范来引导社会伙伴相互认可对方的代表地位并带着善意谈判。很多国家规定，司法或准司法机构在处理相应争议时要考虑相关行为规范。

3. 为雇主和工会提供集体谈判技巧培训，或支持他们提升谈判技巧。

4. 鼓励在工作场所进行信息交流和意见征询，例如工人—管理者联合委员会定期开展沟通，讨论和解决问题。工人—管理者联合委员会不会取代集体谈判，而是通过加强建设性对话来补充集体谈判。

5. 为谈判各方提供预防性调解服务，以促进双方建立积极的关系或修复因产业行动而破裂的劳资关系。

我国各级政府协调各方，大力推动健全企业内部民主管理制度，构建和谐劳动关系的举措都属于积极预防的机制性建设。

（二）预警防范

预警防范主要包括三个环节：排查、评估和预警。

1. 建立劳动关系重大问题的信息排查网络。"防"在"治"先，从源头介入，促进企业用工更加规范、劳动关系协调制度更加健全，及时化解劳动关系苗头性、倾向性问题，有效防范重大恶性的劳动纠纷，是减少劳动关系领域不和谐因素的关键。实践中，不少地方的做法值得总结。

例如，有的地方要求掌握重点行业动态，严格执行裁员报告制度。有的地方人力资源和社会保障局的相关部门每季度召集一次涉及人力资源和社会保障方面的矛盾纠纷排查工作会议，听取劳动信访、仲裁、监察、社会保险经办机构在工作中发现的矛盾纠纷多发企业的情况汇报，并将各部门汇报的违规违纪信息进行综合比对，按照涉及案件的多少，排列违规违纪企业名单。还有地方要求建立和畅通信息渠道，及时掌握企业实行平等协商和集体合同制度的情况。

2. 合理评估风险。要对劳动关系矛盾纠纷进行风险评估和分级工作，对摸排出来的隐患和问题要进行认真的分析研究。对于重点企业要做到心中有数，要抓紧、抓小、抓苗头，力争从源头上预防和减少突发事件的发生。在实践中也同样有不少好的做法。

例如，某地建立了劳动纠纷多发企业黄牌警示和红牌干预制度。凡涉及劳动关系矛盾纠纷的企业，人力资源和社会保障部门应当加强劳动保障政策法规宣传，规范企业用工管理；对一年内涉及3起以上（含）违法情形严重、影响恶劣案件的企业，实行黄牌警示，不予通过劳动保障执法年审，并督促其限期整改；对限期不改的，实行红牌干预，记入劳动保障不诚信企业名单，并通报人力资源和社会保障部门依法查处。

3. 建立预警和预报制度。加大对重点地区和重点企业的监控力度，对于排查出来的高风险企业，要有应对解决策略。要形成有针对性的预警制度，对一些可能引发群体性纠纷事件的重点监控企业，应进行主动预报，必要时主动出击，遏制突发事件的苗头。

第二单元　集体合同履行阶段

知识要求

一、集体合同的履行与监督

（一）集体合同的效力

集体合同是工会代表职工与企业缔结的有关劳动条件和劳动标准的书面协议。它是国家劳动基准法与个人劳动合同之间的重要环节，对企业内部劳动关系双方具有约束力。因此，在市场经济国家有人把集体合同称为"企业宪法"。集体合同的内容是劳动合同的基础，集体合同的内容规定对劳动合同具有约束效力，即集体合同的内容，对所有适用该合同的企业劳动合同的相关内容具有预先规定的效力，劳动合同的标准不得低于集体合同规定的标准。

我国《劳动法》规定："依法签订的集体合同对企业和企业全体职工具有约束力。职工个人与企业订立的劳动合同中劳动条件和劳动报酬等标准不得低于集体合同的规定。"

集体合同一经签订生效就具有法律效力，受到法律保护。集体合同的效力体现在以下几个方面：

1．时间效力。指从集体合同生效至其终止的时限内，为集体合同有效的持续期间。在此持续期间，集体合同始终保持其效力。

2．人员效力。指集体合同对哪些人适用且具有约束力。集体合同对企业方和企业全体职工具有约束力，双方人员都必须遵守集体合同的规定，不得违约。

3．法律效力。集体合同中劳动条件和劳动报酬的规定不得违背国家法律、法规的规定；企业与职工签订的劳动合同在相关方面不得低于集体合同的规定。也就是说集体合同的法律效力高于劳动合同，劳动法律、法规的法律效力高于集体合同。

（二）集体合同的履行

集体合同的功能与效力，是通过集体合同的履行来体现的。从一般合同的原理来看，合同的签约双方一旦签字，合同生效，就意味着双方达成一致并愿意履行合同所规定的内容。合同的履行情况如何，主要就是看是否按照约定的时间、约定的方式履行了合同约定的条款。如果没有按约履行或部分未履行，违约方就要承担相应的法律责任。集体合同也不例外，集体合同一旦生效，集体合同主体双方就必须按照集体合同的规定履行自己应当承担的义务。

我国《劳动法》规定："集体合同签订后应当报送劳动行政部门；劳动行政部门自收到集体合同文本之日起十五日内未提出异议的，集体合同即行生效。"

履行集体合同应当遵循实际履行、全面履行和协作履行的原则。

1. 实际履行原则是指集体合同双方当事人按照合同规定的标的履行自己的义务和实现自己的权利，不得以其他标的或方式来代替。包括两个方面：一是一方当事人违约，即使接受了处罚，也不能以罚金或赔偿损失来代替合同标的的履行，除非违约方对合同标的的履行对另一方当事人已无实际意义。例如，用人单位如果未履行劳保用品发放的义务，违背了劳动安全与卫生的专项集体合同，即使受到了劳动保障部门的处罚，也必须按照合同约定发放劳保用品。二是一方当事人不履行合同时，另一方当事人有权请求仲裁机构和法院敦促其履行。实际履行要求劳动者一方要按照集体合同的约定提供劳动；企业则应按照集体合同的约定提供劳动条件等。

2. 全面履行原则是指集体合同双方当事人应按照约定全面履行自己的义务，它要求当事人按照合同约定的内容，在履行期限、履行地点以适当的履行方式全面地完成合同义务。当事人一方在履行中对合同约定义务的任何一个环节的违反，都违反了全面履行原则。特别需要注意的是，集体合同履行包括合同中的劳动条件和劳动标准条款，还包括合同中的程序性条款以及其他劳动关系事项的规定，比如对职工方协商代表做出的权利义务规定。《广东省集体合同条例》中规定，如果协商代表违约，泄露企业商业秘密，给企业造成损失的，要承担赔偿责任；而企业方也不得限制、干扰工会履行职权或者职工方产生协商代表，对职工方协商代表打击报复。如果出现上述行为，违反治安管理规定的，按照《治安管理处罚法》的有关规定处理。企业集体合同中如果有类似规定，要求劳动关系双方都必须遵守。

集体合同的全面履行在很大程度上依赖于对集体合同履行所实施的监督检查。有效监督可以随时发现问题、整改督促。

3. 协作履行原则是指集体合同双方当事人在合同的履行过程中发扬协作精神，共同完成合同规定的义务，共同实现合同规定的权利。集体合同是劳动关系双方经过协商签订的，双方之间高度的相互依存，要求履行集体合同时密切协作。协作履行的原则要求任何一方都要保证自己能够实际、全面履行合同的内容和条款。任何一方完成自己的任务就为合同的履行打下了良好的基础。

在集体合同履行的过程中，双方当事人要关注合同履行的实际状况，并进行必要的相互检查和监督。例如可以建立由企业管理者和劳动者相同人数组成的监督小组，共同监督集体合同的实施。在双方遇到问题时，应及时进行沟通，寻求解决问题的办法，避免事态扩大。双方的积极协作是保证集体合同全面履行的重要基础。

（三）集体合同履行的监督检查

集体合同的效力只有通过合同的全面履行才能体现出来。因此，集体合同签订以后面临的最重要的问题，便是如何保证集体合同的有效履行。要保证集体合同的有效履行，必须建立起行之有效的监督检查机制，这套机制应该由严密的组织机构、行之有效的方式方法和对违约行为的处理处罚构成。

1. 组织形式

集体合同的履行除需要当事人双方自觉恪守合同规定以外，

更重要的是还必须建立一个行之有效的监督检查制度。

集体合同的监督检查工作从组织形式上看，主要有以下几种：

（1）以劳动行政部门为主实施的劳动监察，主要依托其基层组织（如劳动监察大队和中队）和劳动监察员开展工作，任务就是对企业劳动标准的执行情况进行监督检查，集体合同的履行自然包含在检查项目之内。

（2）由企业党政工联合组成的集体合同监督检查小组实施监督检查。

（3）由企业的上一级工会（或以工会为主）组成的工会劳动法律监督组织实施集体合同监督检查。

（4）职工代表大会下设的以工会和职工代表为主的集体合同监督检查专门小组实施监督检查。

实践中，各地不断摸索新的覆盖程度更高的监督检查组织构架。例如加入工商、税务等部门，协同治理。各种形式的监督检查组织机构，形成一种纵横交错的工作网络。

2. 方式方法

集体合同的监督检查从其方式上来说，主要有以下几种：

（1）常规巡查。即由监督检查组织机构定期就集体合同的履行情况进行检查。这种形式的检查，特点是比较细致和全面，往往涉及集体合同的各个方面，特别是劳动条件方面的条款落实情况，发现问题及时纠正。

（2）随机抽查。其特点是不定期和随时就集体合同的履行情况进行检查，而且事先不发出检查的通知。

（3）针对某个问题进行重点检查。例如遇到因履行集体合同发生争议或在争议得到平息和处理之后，及时就集体合同的履行情况进行检查。

（4）到期检查。集体合同到期时，对合同履行情况进行检查。可以通过职工代表大会，由相关人员对集体合同履行情况做出说明，并接受职工代表的质询。

对于集体合同履行状况应该如何做出分析和判断？

第一，对于有量化指标的合同条款，应该严格审查。比如企业职工的年度工资增长幅度。对于这样一个适用于所有职工的指标，如何在每个职工身上得到体现，需要进行详细的分析和计算。在正常情况下，一个负责任的企业履行这方面的承诺应该是没有问题的。但是当企业经营遇到困难时，一些企业会借故不愿履行集体合同有关增资的条款。面对这种情况，劳动关系双方的相关人员，应该协助有关方面认真分析实际状况，找到问题的关键所在，帮助企业寻找克服困难、按期履约的有效途径。

第二，对于涉及劳动安全卫生方面的条款，需要特别注意。比如一份集体合同中要承诺改善车间的通风设备，以保障职工的身体健康。企业完成这项工作，履行这一条款，必须明确履行主体即负责安全生产的部门，履行时间即具体的完成时间，履行费用即相应的预决算。在改善劳动条件方面，不能等到发生了职业危害才去追究责任，而是要求企业方必须按照合同条款要求有所作为、履行改善的职责。

第三，对一些程序性条款进行监督。比如，有的集体合同中涉及企业裁员方案的制定程序。在企业没有发生裁员行为的时候，对它的履行情况就很难判定；但是当企业准备进行裁员的时候，就需要特别注意整个裁员过程是否符合集体合同中确定的程序，有没有发生违反程序规定的行为。

集体合同的监督检查从方法上来说主要有两种。一种方法是现场检查。负责监督检查的人员亲临企业现场，并向企业管理人员和职工直接询问和了解有关情况，核实有关劳动标准执行情况的材料，听取双方代表关于集体合同履行情况的介绍。另一种方法是，建立信息反馈制度，定期收集集体合同实施过程中的重要数据指标，通过职工举报制度、阶段性评估制度、公示制度等方式，了解、分析和把握集体合同履行中存在的问题，进而采取相应的对策。

3. 处理措施

对于集体合同履行中存在的问题应及时采取有力的处理措施。

（1）向违约当事人发出通告，并规定出一定期限责令其改正。实践当中，有的地方协调劳动关系三方联合进行综合检查，对有问题的企业发出《集体协商履约特别提示函》直至《违约整改通知书》，要求相关企业限期整改。

（2）在通告发出之后规定的期限内，若违约当事人未改正其错误的做法，根据违约行为的具体情况给予相应的行政和经济处罚。

（3）对于个别因违约而造成企业财产及职工权益重大损失和侵害的当事人，可交由司法机关追究刑事责任。

监督检查的目的是保证集体合同的全面有效履行。落实集体合同的主体首先是企业一方，监督检查需要借助多方力量、多种手段，仅仅靠职工和工会一方是远远不够的。同时，监督检查最关键的不是处罚，而是发现问题、解决问题，促使集体合同真正落到实处。

二、集体合同的变更和解除

集体合同一旦经过法定程序确立就具有了法律效力，但是这并不意味着集体合同一经签订就不可以变更。在一定条件下，集体合同可以变更或解除，但必须严格按照法定程序进行。在集体合同没有履行或没有完全履行之前，因订立集体合同所依据的主观和客观条件发生变化，当事人按照有关法律规定对原集体合同进行修改和补充，就称为集体合同的变更；在集体合同所依据的主观和客观条件发生变化，使集体合同不能履行或不必要履行的时候，当事人依照有关规定，终止原集体合同关系，称为集体合同的解除。经集体合同当事人双方协商代表协商一致，可以变更或解除集体合同。集体合同变更后，应当自双方首席代表签字之日起10日内，由用人单位一方将文本一式三份报送劳动行政部门审查。

变更和解除集体合同不是随意的行为，而是有条件的。根据《集体合同规定》第四十条的规定，有下列情形之一的，可以变更或解除集体合同或专项集体合同：

1. 用人单位因被兼并、解散、破产等原因，致使集体合同或专项集体合同无法履行的。

2. 因不可抗力等原因致使集体合同或专项集体合同无法履行或部分无法履行的。不可抗力是指不能预见、不能避免并不能克服的客观情况，包括各种自然灾害及战争等社会现象。不可抗力事件发生后，允许根据实际情况变更或解除集体合同。

3. 集体合同或专项集体合同约定的变更或解除条件出现的。

4. 法律、法规、规章规定的其他情形。

一些地方性的集体合同法规政策，在可以变更或解除集体合同的情形中还规定了订立集体合同所依据的法律、法规、规章发生修改或者遭到废止的情况。国家法律、法规和政策是订立集体合同的重要依据之一，在集体合同订立之后，如果国家有关法律、法规和政策发生了变化，必须变更有关的集体合同内容或解除集体合同。

必须指出，集体合同变更或解除，致使当事人双方的集体合同关系变化或终止，并不是说当事人之间原来存在的一切义务关系一笔勾销。如果企业破产，破产财产在清偿破产费用和公益债务后，应首先清偿破产人所欠劳动者工资、社会保险费用以及应支付给劳动者的其他费用。企业合并或分立后，集体合同主体变更了，但合并或分立后的企业仍然要承担和分担原集体合同规定的义务。

 **技能要求**

一、履行集体合同争议处理的程序

（一）履行集体合同争议的处理方式

因履行集体合同发生争议，当事人应先进行协商。如果协商不成，此类争议不能进行调解，也不能像签订集体合同争议那样由劳动行政部门协调处理，而是进入劳动争议仲裁程序。

因履行集体合同发生的劳动争议，经协商解决不成的，工会可以依法申请仲裁；尚未建立工会的，由上级工会指导劳动者推举产生的代表依法申请仲裁。

履行集体合同发生的劳动争议，仲裁委员会应当优先立案，优先审理。仲裁委员会处理因履行集体合同发生的劳动争议，应当按照三方原则组成仲裁庭处理。

集体合同双方对仲裁裁决不服的，可以自收到仲裁裁决书之日起15日内向人民法院提起诉讼；期满不起诉的，裁决书发生法律效力。

进入诉讼程序的因履行集体合同发生的争议，法律并无特别规定，参照普通劳动争议诉讼程序进行。

（二）履行集体合同争议的处理渠道

集体合同履行过程中常见争议的解决方法和途径有以下三种。

1. 协商解决集体合同履行纠纷

协商是解决履行集体合同争议的必经途径。发生履行集体合同争议后，当事人双方，即企业工会代表与企业代表，可以就争议事项召开专门会议进行协商，经协商达成一致意见的，应制作协议书并由双方自觉履行。协议书经工会和企业代表签字、盖章后，发生法律效力，对双方具有约束力。

2. 仲裁解决集体合同履行纠纷

仲裁解决集体合同履行纠纷是指由劳动争议仲裁委员会对集体合同纠纷进行仲裁。仲裁委员会处理这类纠纷应当按照三方原则组成仲裁庭。通过仲裁查明事实，分清责任，对不遵守集体合同约定的一方，裁决其承担违约责任。

3. 诉讼解决集体合同履行纠纷

诉讼解决集体合同履行纠纷是指通过人民法院的审理，对集体合同纠纷案件进行判决。但必须掌握一个原则，即"不经仲裁不得起诉"，只有在当事人一方对仲裁裁决不服的情况下才能起诉，否则人民法院不予受理。

（三）履行集体合同争议的处理程序

如前所述，对集体合同履行过程中出现的问题，双方代表应及时协商，制定解决方案并共同实施。当事人协商解决不成的，可以依法向劳动争议仲裁委员会申请仲裁。对仲裁裁决不服的，可向人民法院提起诉讼。协商、仲裁、诉讼是解决履行集体合同争议的三个环节，该三个环节不能选择性进行。未经协商不能进行仲裁，未经仲裁也不能直接诉讼。在协商阶段双方签订协议书并履行，在仲裁阶段双方均未就裁决结果起诉，在诉讼阶段未就诉讼结果起诉或法院做出终审判决，均可使履行集体合同争议得到解决。

（四）履行集体合同争议的其他注意事项

集体合同中劳动报酬和劳动条件等标准不得低于当地人民政府规定的最低标准；企业与劳动者订立的劳动合同中劳动报酬和劳动条件等标准不得低于集体合同规定的标准。如果新签订的集体合同中约定企业可将劳动者工资降低（如统一降低原工资标准的1%），而企业早先已与劳动者签订的劳动合同中约定的工资标准高于集体合同的规定，则企业应当依据新的集体合同及时与劳动者重新签订劳动合同；如果劳动者拒绝签订，其以企业单方降低工资标准为诉求申请的仲裁将不会得到支持。

二、预防集体合同履行争议的途径

预防履行集体合同争议的重点在于强化集体合同约束力、加强对集体合同履行的监督。

（一）引导协商双方增强履约责任

1. 增加和完善集体合同文本内的履约监督检查的条款，通过集体合同约定的方式，确定合同双方当事人在合同履行过程中所承担的责任和义务，避免双方当事人在合同的履行和监督检查过程中不密切配合的问题。

2. 明确履约责任。企业方作为履约的主体，对集体合同制度的履行负主要责任。企业方的各职能部门对集体合同各项条款的履行负专项责任。企业工会对集体合同的履行负监督责任，这里应该包含工会有责任引导和教育职工遵守合同约定的劳动者一方的义务。

3. 建立向职工代表大会报告制度。企业要将集体合同履行情况向职工代表大会做出报告，请职工代表监督集体合同履行情况。

（二）强化外部监督检查

来自企业外部的监督检查，是保障集体合同履约到位、避免出现因履行集体合同发生争议的重要手段。可以采取的做法主要包括：

1. 将企业建立和执行集体协商和集体合同制度情况作为劳动监察、劳动用工年检的重要内容，加强执法监督。对企业无正当理由拒不建立集体协商制度和签订集体合同，以及劳动关系双方不履行集体合同规定的义务等行为，及时依法予以纠正。

2. 开展协调劳动关系三方联合检查，推动并积极参与人大、政协等就集体协商工作开展的监督检查和巡视。

3. 发挥激励和约束机制的导向作用。将企业签订和履行集体合同的情况列入社会信用体系，并作为和谐劳动关系企业评价的条件之一。政府在部署经济工作和加强企业管理工作中，同步对企业落实集体协商制度提出要求，通过社会联合激励和约束措施引导企业履行集体合同。

4. 通过集体协商质效评价，推进集体合同的落实。例如，有的地方从集体协商过程、集体协商结果、集体协商知晓度和满意度三个维度，围绕企业履行协商法定程序、集体协商结果及落实情况等方面进行评价，引导和督促企业依法诚信协商、落实协商结果，持续提升协商质量。

实践中探索了一些切实的手段，强化对集体合同履行的要求。例如，有的地方在《企业集体协商条例》中规定，对于拒绝或者拖延集体协商，拒不履行或者不完全履行已经生效的集体合同等行为，经责令限期整改但逾期不改的，将被列为不良信用企业，纳入人力资源社会保障信用体系和公共信用信息共享平台。有的地方在开展和谐劳动关系企业评价时，将工资集体协商和集体合同履行情况作为重要评价指标之一。如将被认定为和谐劳动关系企业的信息，作为企业信用良好的信息列入社会信用体系；对信用状况良好的信息主体,国家机关在日常监督管理、行政许可、项目审批、资质认定、政府采购、招标投标、专项资金安排、财政补贴等活动中给予优先、优惠等激励措施。有的地方实施《集体协商工作质效评价》,规定对于集体协商工作质效评价综合得分90分以上的企业,优先推荐企业、主要经营管理者及工会、工会主要负责人等参加相关评先评优活动。

相关法律法规

1. 《中华人民共和国工会法》
2. 《中华人民共和国劳动法》
3. 《中华人民共和国劳动合同法》
4. 《工资集体协商试行办法》
5. 《集体合同规定》
6. 《最低工资规定》
7. 《工资支付暂行规定》
8. 《劳动部 全国总工会 国家经贸委 中国企业家协会关于逐步实行集体协商和集体合同制度的通知》
9. 《工会参加工资集体协商的指导意见》
10. 《劳动和社会保障部 中华全国总工会 中国企业联合会/中国企业家协会关于开展区域性行业性集体协商工作的意见》
11. 《企业工会工作条例》

复习思考题

1. 简述主要市场经济国家的集体谈判实践模式。
2. 简述我国集体协商机制的具体特征。
3. 简述集体协商与签订集体合同的基本程序。
4. 简述集体协商信息的收集方法。
5. 如果你是集体协商企业方的代表,在集体协商过程中你会使用哪些技巧？

6. 简述集体协商一般包含哪些议题。

7. 如果你是集体协商职工方的代表，你会如何拟订集体合同草案？

8. 简述集体合同争议的类型和处理程序。

9. 简述集体合同履行监督检查的组织形式和方式方法。

10. 简述集体合同变更和解除的条件。

 **案例分析题**

某航空公司职工方（包括飞行员、空服人员与飞机维修安检人员）提出全面加薪、放宽休假制度等事宜。在正式协商之前，12名职工率先停工，使公司遭受一定的财务损失，同时影响公司在顾客中的品牌形象。12名职工遭到停职处分，公司部分管理者坚持不再雇用他们，但职工方代表反对该项决议。老王身为总经理，全权代表公司立场与工会代表展开协商。

近年来，因种种原因，有关行业普遍要求公司加薪或给予更多福利照顾，如公司未能予以满意响应，出现了一些怠工、停工等群体性事件。本次协商是该公司近年来的首次劳动关系双方的协商交流。身为总经理的老王认为，难以接受职工方的要求，因为近年来，对比国内其他新成立的航空公司，某航空公司营运利润有逐年萎缩现象，从公司账面会计的角度来看，在职工薪资上不宜做大幅度调整。老王表示，坚决反对12名职工的行为，绝不能开先例。而工会则表示，如协商结果不能令职工满意，会极大地影响职工的工作状态，给公司造成更大损失。老王身为总经理，除了关心公司利润，也关心职工方福利，以及未来与职工方的关系是否良好。在协商过程中，工会方多次强调全面加薪，并且态度较为强硬。

在本次劳动关系双方协商的要约中，职工方和公司方主要需关注如下几个协商事项：

1. 正副飞行员的起薪提高幅度；

2. 空服人员薪资提高幅度（空服人员薪资提高不涉及调升底薪）；

3. 空服人员的休假调幅；

4. 设置增加维修安检技工、维修安检师的岗位数量；

5. 是否成立职工方惩戒委员会；

6. 被停职的12名职工的处分结果。

资料来源：唐鑛，嵇月婷. 集体协商与集体谈判［M］. 北京：中国人民大学出版社，2020.

请思考：根据上述案例，自行安排收集航空行业薪资及福利等数据信息，进行案例分析，并为总经理老王拟订一个合适的协商策略文案。

（提示：在集体协商会议中，协商策略和技巧的选择与运用，直接影响协商的结果，运用不当可能会造成严重的后果。策略文案中应当包含策略选择、议价区间、协商技巧、应急处理等主要内容，并分析各协商议题的先后顺序是否对协商结果有影响。）

第四章　劳动规章制度管理

学习目标

1. 掌握劳动规章制度的内涵、基本特征、意义及其与劳动合同、集体合同的联系与区别。
2. 掌握劳动规章制度公示的手段、举证方式。
3. 掌握劳动规章制度制定的依据、原则、内容及技术要求。
4. 熟悉劳动规章制度的效力。
5. 熟悉劳动规章制度实施的主体、原则与机制，以及劳动规章制度实施的常见问题。
6. 掌握劳动规章制度违法时的处理方式。
7. 了解劳动规章制度实施过程的监督检查方法。
8. 掌握劳动规章制度审查、修订的含义与原则，了解劳动规章制度审查、修订的必要性。
9. 掌握员工违规违纪行为的处理方式与流程。

第一节　劳动规章制度的制定

第一单元　劳动规章制度概述

知识要求

一、劳动规章制度的内涵
(一) 企业内部劳动规则
企业内部劳动规则源于1954年7月颁布的《国营企业内部劳

动规则纲要》。当时正处于社会主义改造未完成的新中国成立初期，由于旧的劳动管理制度的崩溃和新的劳动管理制度尚未建立，企业中出现旷工、怠工、不服从指挥等违反和破坏劳动纪律的现象。当时我国第一部宪法尚未颁布，规范国家基本秩序的是具有临时宪法性质的《中国人民政治协商会议共同纲领》（以下简称《共同纲领》）。该纲领第八条规定，中华人民共和国国民均有遵守劳动纪律的义务。而《国营企业内部劳动规则纲要》正是根据《共同纲领》第八条制定的。虽然该纲要中对企业行政方面也有一些义务规定（如第二条的说明义务和第七条的基本职责等），但其主要内容是强调职工的义务，主要目的是严格劳动纪律。

而《劳动法》颁布的1994年，正是中国从计划经济刚刚步入市场经济的过渡时期。在社会主义市场经济体制下，政府不再直接决定劳动条件而改为设立最低劳动标准，劳动条件由劳动关系当事人自主决定。在这种背景下，《劳动法》在总则中首先明确了劳动者的权利和义务（第三条），然后为了"保障劳动者享有劳动权利和履行劳动义务"，又赋予用人单位"建立和完善规章制度"的义务（第四条）。

所以说，之前计划经济下的企业内部劳动规章，以劳动者的义务为中心内容，其目的是严格劳动纪律。而社会主义市场经济下的企业劳动规章制度，则以劳动条件为中心内容，其目的是保障劳动者的权益。

（二）劳动规章制度

劳动规章制度，又被称为雇佣制度或工作规则。1959年，国际劳工组织将劳动规章制度定义为：企业界对工作规则、企业规程、服务规则、就业规范、职场纪律的统称，供企业的全体从业人员或大部分从业人员使用，专对或主要对就业中从业人员的行动做出有关的各种规定。

《劳动法》第四条规定："用人单位应当依法建立和完善规章制度，保障劳动者享有劳动权利和履行劳动义务。"我国《公司法》第十八条第三款规定:"公司研究决定改制以及经营方面的重大问题、制定重要的规章制度时,应当听取公司工会的意见,并通过职工代表大会或者其他形式听取职工的意见和建议。"《劳动合同法》第四条第一款规定:"用人单位应当依法建立和完善劳动规章制度,保障劳动者享有劳动权利、履行劳动义务。"通常认为,用人单位规章制度的范围更加宽泛,不仅包括劳动规章制度,也包括与劳动无关的其他规章制度。

本教程所称的劳动规章制度是指用人单位按照法定程序制定的、在用人单位内部对用人单位和劳动者具有约束力的劳动规章制度的总称。依据《劳动合同法》第四条第二款规定,劳动规章制度的内容应包括劳动报酬、工作时间、休息休假、劳动安全卫生、保险福利、职工培训、劳动纪律以及劳动定额管理等。

二、劳动规章制度的基本特征

用人单位制定的劳动规章制度是针对本单位的实际情况及现实问题而制定的,也是用人单位加强管理、进行制度规范的常用手段,它反映着人与人和人与物之间的关系,体现了生产过程中管理者与职工之间、技术人员与工人之间、管理者相互之间、工人相互之间的互相合作和分工协作关系。劳动规章制度的制定不仅仅是用人单位管理层意志的体现,同时也是全体职工意志的体现。劳动规章制度具有以下基本特征。

(一)调整对象和适用范围的特定性

劳动规章制度是用人单位和职工在劳动过程中的行为规则,它的调整对象仅限于劳动过程或者与劳动过程密切相关的事项,凡是与劳动过程无关的事项,都不应通过劳动规章制度来规范。另外,劳动规章制度通常以用人单位内部公开的和正式的行政文件为表现形式,仅在本单位内适用,超出本单位范围,自然就失去了效力。

(二)制定过程的合意性

关于劳动规章制度的制定,是用人单位的"单决权",还是用人单位和劳动者双方的"共决权",目前还存在不同看法。编者认为，按照《劳动合同法》第四条的规定，劳动规章制度的制定应坚持"共议单决"，用人单位在制定劳动规章制度时应当充分听取职工意见，对其合理化意见和建议应当吸收采纳，对不能吸收的意见和建议，也应当予以解释和说明，劳动者虽然依法享有参与权和建议权，但是劳动规章制度的最终决定权属于用人单位。

（三）约束力的双向性

劳动规章制度的内容是基于劳动者与用人单位之间存在的劳动关系而产生的权利和义务，不单纯是用来约束劳动者的，用人单位的管理行为也要受劳动规章制度的约束，克服随意性，既要维护企业正常的生产经营秩序，又要保证劳动者的合法权益得以实现。

三、劳动规章制度的意义

（一）劳动规章制度在劳动关系规则网络中的意义

劳动关系系统中的规则是一个网络，既包括法律、法规、政策、命令，也包括协约、合同及劳动规章制度。劳动规章制度作为劳动关系系统输出项的规则，是劳动关系各方主体交涉的结果。同时，这种输出也会成为输入要素再次进入劳动关系系统，成为劳动关系主体交涉的基础。劳动规章制度是劳动关系规则网络中最重要的内容之一，是明确劳动条件、调整和规范劳动关系的主要机制，也是签订劳动合同的基本依据。

劳动关系规则网络中，通过法律赋予或达成合意而产生法律效力的规则，可以称为劳动关系规范。劳动关系规范一般有法定劳动基准、集体合同、劳动规章制度、劳动合同四个层次。这四个层次的劳动关系规范是法律效力递减、劳动条件递增的关系。其中，劳动基准作为外部规范，是所有企业内部形成的规则的依据。

（二）劳动规章制度在劳动关系中的现实意义

企业劳动规章制度是整个组织机构正常运行的制度保障，没有合理的劳动规章制度就没有一个真正发挥作用的组织和机构，也就没有企业的正常生产和经营活动。只有通过劳动规章制度来规范管理者和职工的职责和行为，才能使企业正常运转，充满生机和活力。

1. 劳动规章制度是企业正常运行的保证及企业职工行动的指南

在企业的运行过程中，针对企业全体职工的劳动用工管理主要有四种工具可以运用，分别是劳动法律法规、双方当事人签订的劳动合同、集体合同以及企业劳动规章制度。在劳动关系管理中，由于劳动法律法规的相对原则性、劳动合同的单一性以及集体合同在劳动关系管理中作用的有限性，企业劳动规章制度较好地弥补了以上三种劳动关系管理工具的不足，与这三种劳动关系管理工具共同构成了劳动关系管理体系。

劳动规章制度虽属调整个别劳动关系的规范，但劳动规章制度规定的是企业共通的权利义务，适用于企业的所有劳动者。劳动规章制度明确了企业的劳动条件和企业职工的行为规范，可以大量减少因劳动条件不统一或对行为规范的解释不一致所造成的劳动争议和劳动纠纷。因此，劳动规章制度保证了企业的正常运行，是企业职工行动的指南。

2. 劳动规章制度是企业奖惩的依据

《劳动法》第四条规定："用人单位应当依法建立和完善规章制度，保障劳动者享有劳动权利和履行劳动义务。"这里的劳动权利和劳动义务是一种抽象的法律规范。在具体的劳动条件确定和劳动关系运行中，这些抽象的法律规范很容易产生歧义以致发生劳动争议。企业劳动规章制度就是对以上抽象的法律规范的具体规定与解释，它明确了工作场所的劳动条件与行为规范。

可见，劳动规章制度是企业劳动条件及劳动纪律等方面的具体规定，不论其法律性质如何解释，劳动规章制度都对企业的劳动者具有规范作用。因此，企业的奖惩必须以劳动规章制度为依据，这样才有助于企业对工作场所的正常管理，保障企业的日常运转，预防劳动争议的发生。

3. 劳动规章制度是劳动关系双方维权的利器

劳动规章制度是用以规范劳动者个人与企业之间的个别劳动关系运行的企业劳动规则，是签订劳动合同的主要依据之一。

市场经济中的企业，因为拥有经营自主权，也就拥有了对劳动者进行指挥命令的管理权，因此，企业通过制定劳动纪律、行为规范等手段来促使劳动者履行劳动义务，对劳动者进行管理。但是，市场经济中的企业毕竟是以追求利润为目标的，企业很容易牺牲劳动者的利益甚至侵犯劳动者的权利。所以，劳动规章制度要"通过民主程序制定"才能具有法律效力，即"用人单位在制定、修改或者决定有关劳动报酬、工作时间、休息休假、劳动安全卫生、保险福利、职工培训、劳动纪律以及劳动定额管理等直接涉及劳动者切身利益的规章制度或者重大事项时，应当经职工代表大会或者全体职工讨论，提出方案和意见，与工会或者职工代表平等协商确定。"通过民主程序制定的规章制度应该是劳动关系双方利益妥协和利益平衡的结果。

因此，劳动规章制度一旦具有法律效力，它就不仅仅是企业一方维权的工具，也成了劳动者一方维权的利器。

四、劳动规章制度与劳动合同、集体合同的联系和区别

劳动规章制度、劳动合同、集体合同，都是确立劳动关系双方权利和义务的重要依据，是规范劳动行为的准则和协调劳动关系的重要制度。因此，从三者的目的来看，具有一致性，均是为调整企业劳动关系而存在的。但三者的区别也是明显的，具体区别主要体现在以下几个方面。

（一）参与主体和制定要求不同

根据《劳动合同法》的规定，劳动规章制度制定也是劳动关系双方共同决定的事项，需要经过民主程序，最后通过平等协商确定。但是，劳动规章制度制定时对劳动关系双方"共决"的要求比较低。《劳动合同法》第四条第二款规定："用人单位在制定、修改或者决定有关劳动报酬、工作时间、休息休假、劳动安全卫生、保险福利、职工培训、劳动纪律以及劳动定额管理等直接涉及劳动者切身利益的规章制度或者重大事项时，应当经职工代表大会或者全体职工讨论，提出方案和意见，与工会或者职工代表平等协商确定。"从这一规定中可以看出，企业制定劳动规章制度时需要将企业起草的劳动规章制度草案交由职工代表大会或者全体职工讨论，而不是由职工代表大会或者全体职工"讨论通过"；职工讨论后，让职工提意见和方案，最后由企业和工会或职工代表通过平等协商确定。集体合同的制定需要劳动关系双方共同决定，其"共决"的程度比劳动规章制度要高。《劳动合同法》第五十一条规定，企业职工一方与用人单位通过平等协商，就劳动报酬、工作时间、休息休假、劳动安全卫生、保险福利等事项，可以订立集体合同。集体合同草案应当提交职工代表大会或者全体职工讨论通过。这里法律要求集体合同草案应该提交职工代表大会或者全体职工"讨论通过"。显然，集体合同所要求的"讨论通过"比劳动规章制度所要求的"讨论"在"共决"程度上要高。劳动合同订立是劳动者与用人单位的双方法律行为，缺少任何一方就无法订立劳动合同，劳动合同的内容均由用人单位和劳动者遵循平等自愿、协商一致的原则，共同确定，因此，劳动关系双方在劳动合同事项上的"共决"程度更高，且是用人单位与单个劳动者进行"共决"。

 **案例**

何种规章制度被认可？

侯先生是某公司高压配电室值班长。2018年，侯先生所在公司下发《关于对〈员工手册〉工作时间岗中睡觉处罚条例内容进行修订的通知》（以下简称《通知》）。侯先生认为《通知》内容违反行业规范及技术规范，拒绝在《通知》上签字。

公司以侯先生"不接受公司管理，严重违反了公司的规章制度"为由，对侯先生做出开除处理。公司人力资源部的理由是：

公司《员工手册》中有明确规定，员工不服从公司管理，不执行上级正确指令，不接受批评教育，工作中弄虚作假，严重妨碍和扰乱公司正常管理秩序的，给予警告处分并罚款200元至400元，情节严重的辞退或开除。侯先生不服从管理，公司有权将其开除。

侯先生不服公司决定，向劳动争议仲裁委员会申请仲裁，要求继续履行劳动合同。劳动争议仲裁委员会经审理，裁决公司与侯先生继续履行劳动合同。

公司不服仲裁，诉至法院。公司主张《员工手册》工作时间岗中睡觉处罚条例修订内容经民主程序制定，但未能举证。

法院审理认为：用人单位在制定或修改有关劳动报酬、劳动纪律等直接涉及劳动者切身利益的规章制度时，应当经职工代表大会或者全体职工讨论，提出方案和意见，与工会或职工代表平等协商确定。该公司自行修改《员工手册》工作时间岗中睡觉处罚条例后，在"签字即代表同意"的思想指导下让员工在《通知》上签字，员工应有拒绝签字的权利，否则就是将自行修改的、涉及劳动者切身利益的规章制度强加于全体职工。故侯先生拒绝在《通知》上签字并无不当，公司以侯先生严重违反规章制度为由决定开除侯先生，没有法律依据。最后，法院支持了侯先生的主张，判决继续履行劳动合同。

（二）内容指向不同

劳动规章制度、劳动合同、集体合同都会涉及劳动报酬、工作时间、休息休假等内容。但是，三者的内容指向与侧重点是不同的。劳动合同中的内容是企业与单个劳动者约定的事项。集体合同与劳动规章制度的事项一般来说都是适用企业和全体劳动者之间的事项。就同一问题而言，集体合同与劳动规章制度的侧重点是不同的。比如，对于工作时间事项的规定，集体合同侧重于工时标准以及延长时间的工作要求，主要目的是对劳动者在工作时间上进行保护，而劳动规章制度侧重于规定实行哪一种工时制度、上下班时间以及违反规定的处理等，主要目的是要求职工遵守工作时间。再如休假制度，集体合同和劳动规章制度也都会涉及，集体合同主要侧重于为劳动者享有各类假期提供保障，而劳动规章制度主要侧重于职工请假的手续、要求以及违反的后果等。

（三）实施方式不同

劳动规章制度的实施主要靠企业通过奖励和惩罚两种手段来落实，在实践中，一般是通过教育为主、惩罚为辅的原则来督促职工自觉遵守规章制度，维护正常的生产工作秩序。劳动合同、集体合同作为双方的协议，主要靠协议的约束力来确保落实。

（四）效力范围不同

劳动规章制度的内容是集体性的，它的效力范围是整个企业，对象是全体职工。集体合同的效力范围一般也是适用整个企业，但针对特定群体的集体合同仅适用特定的群体，如企业内部的女职工权益保护专项集体合同仅适用企业内部的女职工。劳动合同的效力仅适用于企业的单个劳动者，对其他劳动者无法发生法律效力。

（五）效力等级不同

劳动规章制度、集体合同、劳动合同的效力等级是一个非常重要的法律问题，理清三者之间的关系对于处理劳动争议具有重要的指导作用。首先，如果劳动规章制度与劳动合同、集体合同规定的事项不一样，那么三者具有同等的法律效力，因为从法律规定来看，劳动规章制度和劳动合同、集体合同都具有法律效力，三者对不同的事项做出不同规定的，在各自的范围内适用。其次，如果劳动规章制度与劳动合同、集体合同对同一事项做出规定且规定的内容不一致，三者的效力哪个高呢？对此，《最高人民法院关于审理劳动争议案件适用法律若干问题的解释（二）》第十六条给出了明确的答案，即："用人单位制定的内部规章制度与集体合同或者劳动合同约定的内容不一致，劳动者请求优先适用合同约定的，人民法院应予支持。"最高人民法院确定劳动合同和集体合同的优先适用效力，主要目的是防止用人单位特别是企业的经营管理者不正当行使劳动用工管理权，借少数人的"民主"侵害多数职工依法享有的民主权利，从而倡导运用协商对话、集体协商的机制建立和谐劳动关系，维护和推行集体合同制度，促进劳动力市场管理秩序的规范。

 **技能要求**

劳动规章制度的公示

《劳动合同法》第四条第四款规定："用人单位应当将直接涉及劳动者切身利益的规章制度和重大事项决定公示，或者告知劳动者。"《最高人民法院关于审理劳动争议案件适用法律若干问题的解释》第十九条规定："用人单位根据《劳动法》第四条之规定，通过民主程序制定的规章制度，不违反国家法律、行政法规及政策规定，并已向劳动者公示的，可以作为人民法院审理劳动争议案件的依据。"《劳动合同法》和《最高人民法院关于审理劳动争议案件适用法律若干问题的解释》都规定公示是企业制定劳动规章制度的法定程序，也是企业劳动规章制度的生效条件。在实践中，企业公示的目的是使员工知晓企业的劳动规章制度。

（一）劳动规章制度的公示手段

企业可以通过网站、电子邮件、公告栏、《员工手册》、培训和劳动合同附加条款等手段进行公示，告知员工必须遵守企业制定的劳动规章制度。需要指出的是，处理劳动争议时，还必须有证据证明员工已经知晓企业的劳动规章制度。

1. 通过网站或电子邮件公示

企业可以将制定的劳动规章制度发布在企业网站上或通过邮件发送给员工，这种公示手段的优点是快捷、节省成本，其缺点是增加了企业的举证成本，要达到保存这种证据的目的，必须要有相应的技术支持。

2. 通过公告栏公示

企业可以将劳动规章制度张贴在员工容易看到的公告栏等处，其优点是无须召集员工开会学习，还可以节省印刷费用、节省空间，公示成本低且容易操作；其缺点同网络公示基本相同，就是增加了企业的举证成本。以公告栏公示作为证据需要企业和员工双方共同认可，否则证据无效。因此，员工如辩称企业没有公示，企业较难举证。

3. 通过《员工手册》公示

企业可以将劳动规章制度印制为《员工手册》发放给员工，这种手段的优点是企业可以通过印发并让劳动者签收来举证已经公示，且便于员工随时查阅和学习。其缺点是印刷成本较高，如需修订和更改，容易造成浪费。

4. 通过培训公示

企业可以组织员工开会学习或培训企业的劳动规章制度，并且让参加会议的人员签到或签字。通过培训的手段告知员工的优点是容易证明企业已经公示，而且可以节省印刷成本，其缺点是有的企业员工人数多，组织开会或培训费时费力。此外，这种手段不便于劳动者随时了解劳动规章制度的内容。

5. 通过劳动合同附件公示

企业可以直接将和员工的权利义务息息相关的劳动规章制度作为劳动合同的附件，这种手段的优点是降低了企业的举证责任，能够有效预防劳动争议的发生。其缺点是劳动合同附件的制定需要耗费一定的人力、物力，其条款必须表述清晰、明确才能发挥其优势。例如，企业在和员工签订劳动合同时，可以写上这样一句话："乙方（员工）已经认真阅读了上述劳动规章制度，并且理解了上述劳动规章制度的含义，愿意遵守这些劳动规章制度"，这样就能保证公示的有效性。

（二）劳动规章制度不公示的法律后果

我国《劳动合同法》及相关的司法解释都对劳动规章制度不公示的法律后果做出了阐释。未按规定公示劳动规章制度的法律后果包括：劳动规章制度无效、企业承担行政责任或民事责任。

1. 劳动规章制度无效

企业劳动规章制度无效，不仅起不到劳动关系管理的作用，也无法作为审理劳动争议案件的依据。如果无效的劳动规章制度在实行过程中给员工利益造成了损害,还要承担相应的赔偿责任。劳动规章制度无效的情形很多,例如制定主体不合法、内容不合法、程序不合法、未公示等均可造成企业制定的劳动规章制度无效。

2. 企业承担行政责任

《劳动合同法》第八十条规定:"用人单位直接涉及劳动者切身利益的规章制度违反法律、法规规定的,由劳动行政部门责令改正,给予警告;给劳动者造成损害的,应当承担赔偿责任。"企业收到劳动行政部门的警告或处罚,不仅会对企业声誉造成负面影响,严重的还可能影响到企业日常的生产经营。

3. 企业承担民事责任

如前所述,《劳动合同法》第八十条还规定了用人单位的民事责任,即劳动者因此遭受损害的,用人单位应当承担赔偿责任。赔偿的范围原则上限于受害人的实际损失,如工资福利损失。

(三)劳动规章制度公示的举证方式

在《劳动合同法》第四条和《最高人民法院关于审理劳动争议案件适用法律若干问题的解释》第十九条都明确规定了"公示"是劳动规章制度生效的要件,但是对于如何认定公示并未做出具体规定。企业与员工发生与劳动规章制度相关的劳动纠纷或争议时,有可能导致司法机关对同一案件做出相反的判决。因此有必要对劳动规章制度公示的举证方式进行实践指导。

1. 签字确认

当企业通过《员工手册》、培训或劳动合同附件等方式进行劳动规章制度的公示时,可以在员工领取《员工手册》前后、培训前后或签订劳动合同时,请员工签字确认并注明相应日期。需要注意的是,以培训方式进行公示时,应当做好培训记录(包括培训的劳动规章制度名称)。

2. 拍照或录像

当企业通过公告栏进行劳动规章制度的公示时,可以选择在张贴期间拍照留存证据。需要注意的是,照片一定要明确包含公示时间、地点等信息。当企业选择培训方式进行劳动规章制度公示时，有条件的企业也可以选择将培训过程录像，以此作为证据。

3. 申请公证

当企业通过网站或电子邮件等方式进行劳动规章制度的公示时，建议企业通过法律程序申请公证。《民事诉讼法》第六十九条规定："经过法定程序公证证明的法律事实和文书，人民法院应当作为认定事实的根据。但有相反证据足以推翻公证证明的除外。"此外，企业签字确认、拍照或录像的资料也可以经过法定程序进行公证。

第二单元　劳动规章制度制定的原则与程序

 **知识要求**

一、劳动规章制度制定的依据

（一）劳动规章制度制定的法律依据

我国关于企业劳动规章制度制定的法律依据主要包括《宪法》《劳动法》《劳动合同法》《公司法》以及其他配套法律法规。共同协商制定劳动规章制度不仅是企业和员工的权利，也是企业和员工应尽的义务，是劳动关系双方享有权利、履行义务的制度保障，因此，企业在与劳动者代表双方共同协商确定劳动规章制度时必须遵守上述法律的规定。

《宪法》第五十三条规定："中华人民共和国公民必须遵守宪法和法律，保守国家秘密，爱护公共财产，遵守劳动纪律，遵守公共秩序，尊重社会公德。"这里提到的"劳动纪律"就是企业劳动规章制度的重要组成部分。

《劳动法》第三条第二款规定："劳动者应当完成劳动任务，提高职业技能，执行劳动安全卫生规程，遵守劳动纪律和职业道德。"这里的"劳动纪律"就指的是用人单位制定的劳动规章制度。《劳动法》第四条规定："用人单位应当依法建立和完善规章制度，保障劳动者享有劳动权利和履行劳动义务。"这里的"应当"表明制定劳动规章制度，既是用人单位的法定权利也是用人单位的法定义务。依据《劳动法》第二十五条规定，严重违反劳动纪律或用人单位的劳动规章制度的，用人单位有权解除劳动合同。

《劳动合同法》第四条规定："用人单位应当依法建立和完善劳动规章制度，保障劳动者享有劳动权利、履行劳动义务。用人单位在制定、修改或者决定有关劳动报酬、工作时间、休息休假、劳动安全卫生、保险福利、职工培训、劳动纪律以及劳动定额管理等直接涉及劳动者切身利益的规章制度或者重大事项时，应当经职工代表大会或者全体职工讨论，提出方案和意见，与工会或者职工代表平等协商确定。在规章制度和重大事项决定实施过程中，工会或者职工认为不适当的，有权向用人单位提出，通过协商予以修改完善。"该法明确规定了用人单位必须依法建立和完善劳动规章制度。

《公司法》第十八条第三款规定："公司研究决定改制以及经营方面的重大问题、制定重要的规章制度时，应当听取公司工会的意见，并通过职工代表大会或者其他形式听取职工的意见和建议。"该法明确规定了用人单位有制定劳动规章制度的权利。

《最高人民法院关于审理劳动争议案件适用法律若干问题的解释》第十九条规定："用人单位根据《劳动法》第四条之规定，通过民主程序制定的规章制度，不违反国家法律、行政法规及政策规定，并已向劳动者公示的，可以作为人民法院审理劳动争议案件的依据。"

《最高人民法院关于审理劳动争议案件适用法律若干问题的解释（二）》第十六条规定："用人单位制定的内部规章制度与集体合同或者劳动合同约定的内容不一致，劳动者请求优先适用合同约定的，人民法院应予支持。"

（二）劳动规章制度制定的企业内部依据

1. 企业的基本特征

企业的基本特征表现为行业特征和企业自身的特征两个方面。

行业的一切要求和标准对行业内所属的企业均具有约束力和控制力。这样，企业在制定劳动规章制度时，对员工的行为约束，如着装约束、员工工作秩序约束、员工卫生条件约束等都要相应提出具体的要求和措施。

企业特征是企业的个性风格，它对制定企业劳动规章制度也会产生影响。例如，企业可能依据自身的观念（如决策者的观念等），对员工提出一些有利于企业发展的基本要求和基本规则。这类要求是在企业经营发展过程中逐渐总结出来的，并使其成为企业内部的规则。

2. 企业的管理制度

企业的管理制度包括企业对生产的管理制度、对人力资源的管理制度、对用工的管理制度、对后勤的管理制度、对财务的管理制度、对经营计划的管理制度、对市场的管理制度、对服务的管理制度等。其中对企业劳动规章制度影响最大的是企业的人力资源管理制度和用工管理制度等。因为企业的劳动规章制度是企业员工管理制度的一种延续，是企业对员工管理规则的具体化。它是在企业人力资源管理制度和用工管理制度的基础上制定的，其规则必须要全面反映企业的人力资源管理和用工管理的基本思想和基本内涵。

3. 企业 CIS 战略[①]目标

企业 CIS 战略目标规定着企业的形象战略。企业形象战略的内容主要有：产品形象、员工形象、品牌形象、环境形象等。其中员工形象由员工的各项表现得以形成，包括员工的着装、员工的精神风貌、员工的语言特征、员工的行为表现等。而这些内容又是企业劳动规章制度中所必备的内容。这说明企业的 CIS 战略目标是企业制定劳动规章制度的一个重要依据。而劳动规章制度是企业战略目标具体分目标的一种表现，是实现其战略目标的一种具体规划。

---

① CIS 是 Corporate Identity System 的缩写，译作企业识别系统。CIS 战略也称形象战略。

二、劳动规章制度制定的原则

企业作为生产经营的组织者和管理者，拥有对劳动者劳动力的管理权和支配权，制定劳动规章制度是履行其管理权的具体方式之一。合法制定的劳动规章制度具有法律效力，可以作为人民法院审理劳动争议案件的依据。因此，在企业劳动规章制度的设计中应该兼具合法性、民主性、真实性、效能性，在具体操作中企业应当遵循合法原则、民主原则以及公正原则。

（一）合法原则

企业劳动规章制度可以被视为国家及地方的劳动法律法规的延伸，因此，合法原则是制定劳动规章制度时首先要遵守的。从广义上讲，劳动规章制度不能与集体合同、劳动合同相矛盾，也可以划归为合法原则的要求。在遵守合法原则的前提下，保证制定的劳动规章制度公平、反映实际情况，这样的劳动规章制度对实际管理才更有针对性。

1. 劳动规章制度内容不能违法

即便是企业和员工共同协商制定的劳动规章制度，其内容也不能违法，例如，劳动规章制度规定女职工在本企业工作三年以后才能怀孕生子，这就侵犯了女职工的生育权，违反了法律的规定，侵犯了劳动者合法权益。劳动者不仅可以不遵守，而且有权随时解除劳动合同，并要求企业支付经济补偿金。劳动规章制度不得违反法律法规的规定，并不意味着简单地照抄照搬法律条款，而是要联系企业的具体情况将法律规定具体化、细化，使其具有可操作性。

2. 劳动规章制度不能与集体合同、劳动合同相冲突

企业劳动规章制度与劳动合同、集体合同以及劳动条件基准一起构成了劳动法协调劳动关系的重要工具，这些都是确定劳动关系当事人双方权利和义务的重要依据。厘清三者之间的关系，有助于设计正确合法的劳动规章制度。

关于企业劳动规章制度与集体合同的关系，一般认为，集体合同的效力优先于该企业的劳动规章制度；劳动规章制度违反集

体合同时,劳动行政部门有权命令变更其内容。也就是说,集体合同应当成为制定企业劳动规章制度的依据,企业劳动规章制度所规定的劳动者的利益不得低于集体合同所规定的标准。

关于企业劳动规章制度与劳动合同的关系,一般认为,在劳动合同订立过程中,劳动者有权了解企业劳动规章制度,或者说,企业有向求职的劳动者公开企业劳动规章制度的义务。而且,在劳动合同中,一般也有劳动者应当遵守企业劳动规章制度的约定。这就意味着企业应当按照劳动规章制度提供劳动条件和劳动待遇,也意味着劳动者承认企业劳动规章制度并愿意受其约束。

从国际惯例来看,三者的效力由大到小分别是集体合同、劳动规章制度和劳动合同,当三者之间发生冲突时,以高效力层级的规定为准。但是我国在"劳动规章制度与劳动合同的规定不一致时应适用哪个"这一问题上有着特殊的规定。《最高人民法院关于审理劳动争议案件适用法律若干问题的解释(二)》第十六条给出了明确的答案:"用人单位制定的内部规章制度与集体合同或者劳动合同约定的内容不一致,劳动者请求优先适用合同约定的,人民法院应予支持。"也就是说劳动规章制度与劳动合同的内容有冲突时,法院采用的判案标准完全是依照"劳动者请求",劳动者可以选择适用对自己最有利的部分。因此,企业在制定劳动规章制度时,应当在内容上做好与劳动合同、集体合同的衔接,避免发生冲突。

(二)民主原则

民主原则反映在制定企业劳动规章制度时要发动职工积极参与,听取职工意见,保证职工在企业劳动管理中实现参与管理的权利,这也是企业劳动关系管理的措施之一。

1. 劳动规章制度要综合反映劳动者的利益

企业劳动规章制度要从企业全体劳动者的利益出发,反映全体劳动者的意愿。制定劳动规章制度的目的是规范劳动者行为,只有符合全体劳动者的利益,才能激发和调动他们的积极性。因此企业要反复调研，广泛听取劳动者的意见，集思广益、综合分析，将全体劳动者的意愿反映出来。我国《劳动合同法》第四条就明确规定，劳动规章制度的制定、修改或决定应当经职工代表大会或者全体职工讨论，提出方案和意见，与工会或者职工代表平等协商确定。

2. 劳动规章制度要以公示的方式向全体劳动者正式公布

企业劳动规章制度要本着公开的精神，使全体劳动者都知道劳动规章制度，这是民主原则的重要体现，是实现民主的有效方式和途径。只有劳动者知晓劳动规章制度才能真正起到监督、规范劳动者行为，保障劳动者合法权益的作用。公开的内容包括劳动规章制度内容的公开、方式和程序的公开。公布是公开的正式程序和方式，在劳动规章制度经过一定的会议讨论通过后，必须采取公示的方式向全体劳动者正式公布。

3. 制定和执行劳动规章制度要受到民主监督

企业劳动规章制度的实施是企业管理者行政权力的运用，它和其他权力一样要接受民主监督。企业如果不把制定和执行劳动规章制度置于职工民主监督之下，它的形成和实施就缺少了群众基础，对后期的执行也不利。职工的监督主要体现在职工有权对劳动规章制度实施过程中企业管理者的行为提出批评、建议和意见，有权进行检举。

(三) 公正原则

制定劳动规章制度属于企业内部管理工作，是企业经营自主权的体现。在这个过程中，企业要遵守公正原则，结合企业的实际情况，制定劳动规章制度的内容；正确处理职工与企业之间的关系，涉及奖惩内容时，要做到合情、合理、合法。

企业劳动规章制度是法律法规在企业内部的细化、延伸，但是制定劳动规章制度并非照搬照抄法律条款，也不要抄袭别的企业的劳动规章制度内容，而是要以法律为衡量标准，以企业生产经营以及管理的实际情况为基础进行制定，如此制定出的劳动规章制度才能真正起到规范管理的作用。

企业与劳动者之间建立劳动关系之后，双方在权责上具有从属关系，企业使用劳动者，安排其生产劳动，劳动者完成生产任务，遵守企业的劳动规章制度。这种权利义务的分配并不意味着企业在制定劳动规章制度时就能为所欲为，企业应当从维持企业正常管理和不侵犯劳动者合法权益的角度出发，制定劳动规章制度的内容，否则不仅制定出来的劳动规章制度不能规范管理，企业也可能受到法律的制裁。

制定劳动规章制度要注意做到公平合理、符合实际情况。比如，劳动规章制度规定职工迟到一次就立即解除劳动合同，这就是显失公平的内容。由此引发劳动争议时，企业将处于不利地位。每个企业的情况千差万别，在同一企业内，各个工种和岗位也各有特点，企业在制定劳动规章制度时，必须综合考虑，根据本企业的实际情况和存在问题制定出相应的内部管理制度。

除上述原则外，制定劳动规章制度还要参照上级单位的制度、方针政策和企业自身其他制度的内容，考虑到其中的协调性、一致性和匹配性，以保证劳动规章制度实施的有效性。

三、劳动规章制度的内容

（一）基本内容

1. 关于劳动条件的规定

关于劳动条件的规定，是企业在劳动关系运行中贯彻执行以《劳动法》为中心的国家劳动法律法规条款的具体体现。因劳动条件涉及劳动者的切身利益，其规定要详细、准确、具体。主要应包括以下内容。

（1）工作时间及休息休假。包括标准工作时间的规定、不定时工作时间的规定、综合计算工时工作制的规定、延长工作时间的规定、休息日的规定、节日休息的规定、年休假的规定、探亲假的规定、婚丧假的规定、女职工产假的规定等。

（2）工资与劳动报酬。包括企业工资分配原则、工资组成的规定、工资确定的规定、工资调整的规定、工资集体协商的规定、工资支付的规定、工资扣除的规定、奖金的规定、津贴及补贴的规定等。

（3）劳动安全卫生。包括安全卫生责任制、安全教育的规定、安全卫生环境的规定、安全培训的规定、健康检查的规定、女职工特殊安全卫生保障措施、安全卫生中的权利义务等。

（4）员工培训。包括一般培训、脱产培训、业余培训、特别培训以及培训费用规定等。

（5）社会保险和福利。包括社会保险项目及待遇，退休、退职的规定，员工福利的规定等。

2. 关于劳动纪律的规定

（1）劳动纪律。劳动纪律是劳动者在劳动过程中必须遵守的劳动规则和秩序，它是保证劳动者按照规定的时间、质量、程序和方法，完成自己承担的工作任务的行为准则。企业劳动规章制度可以规定对劳动者的时间纪律、组织纪律、岗位纪律、协作纪律、安全卫生纪律、品行纪律等。

（2）岗位规范。岗位规范是企业根据劳动者劳动岗位的特点，对上岗人员的行为提出客观要求，制定相应标准的综合规定。企业劳动规章制度中岗位规范的主要内容有岗位规范的基本要求、岗位职责的规定、劳动者上岗标准的规定、生产技术规程的规定等。

（3）奖励与惩罚。奖励是企业对劳动者的鼓励和表彰，包括精神奖励和物质奖励；惩罚是企业对违纪人员的制裁和处罚。企业劳动规章制度中对奖励的规定主要是奖励的条件和奖励的种类，以明确获得奖励的具体要件和内容。惩罚的规定包括实施惩罚的条件、处分的种类、罚款及赔偿经济损失等内容。

3. 关于程序管理的规定

劳动规章制度也会做出劳动关系双方之间相互承认对方地位的约定，也会形成关于标准形成的手续、标准的解释与实施，以及关于纠纷处理的手续等合意。主要包括以下内容：

（1）员工招聘。其中包括招聘权限、招聘原则、招聘方式、招聘程序等。

(2）劳动合同管理。其中包括劳动合同订立、劳动合同续订、试用期、劳动合同期限、劳动合同内容、劳动合同履行、劳动合同变更、劳动合同解除、裁减人员、解除劳动合同的经济补偿、劳动合同终止等。

(3）劳动争议处理。其中包括劳动争议处理的原则、企业劳动争议处理委员会的规定、企业内部申诉机构以及劳动争议的预防等。

（二）对劳动规章制度内容的基本要求

1. 内容合法

劳动规章制度必须在现行法律框架内制定，不得违反国家法律、法规、规章、政策及地方性法规和政策。劳动规章制度中违反法律规定的内容自然无效，员工可以不受其约束。实践中，个别企业劳动规章制度存在违反国家规定的工时、休息休假、加班等基本劳动标准的现象，有的甚至出现上下班搜查员工身体、限制员工婚育等违法内容。

2. 内容合理

劳动规章制度的内容除了做到合法以外，还要做到合情合理。如《劳动合同法》第三十九条规定，劳动者"严重违反用人单位的规章制度的""严重失职，营私舞弊，给用人单位造成重大损害的"，用人单位可以单方面解除劳动合同。但何谓"严重违反""严重失职""重大损害"，法律没有做进一步的具体规定，需要用人单位在劳动规章制度中予以细化和完善。用人单位在界定这些问题时，就需要把握好一定的"度"。在如何把握合理与否的"度"上，虽然没有统一的标准，但不能超过一般正常人所能接受的程度，不得违反公序良俗。比如，有的用人单位对员工工作时间就餐、饮水、如厕等事项规定了极为苛刻的时限，一般正常人很难达到，这样的内容就属于不合理，甚至有可能侵犯劳动者人身权利。需要指出的是，当用人单位和劳动者就劳动规章制度内容的合理性问题发生争议时，最终要通过劳动争议仲裁机构或者人民法院来裁判。

3. 不得与劳动合同、集体合同的内容相冲突

劳动规章制度、劳动合同、集体合同虽然都具有法律效力，但是当三者对同一问题的规定出现不一致时，劳动者可以选择适用对自己最有利的部分。因此，劳动规章制度应当与劳动合同、集体合同在内容上做好衔接，避免发生冲突。

（三）劳动规章制度的框架结构

企业在制定劳动规章制度时，不仅应该做到内容合法、符合企业发展要求，还应该做到形式结构的规范化。作为管理劳动关系最重要的工具，劳动规章制度实际上就是企业内部的法律。因此，在制定劳动规章制度时可以参照法律条文的表述形式，便于企业在发生劳动纠纷时，人民法院、劳动争议仲裁委员会做出公正的裁判。根据相关法律条文通用的表述形式，企业劳动规章制度的框架结构可以分为以下三个部分。

1. 前言

企业劳动规章制度前言部分应包含三个方面内容：一是劳动规章制度的目的或原则，明确告知员工劳动规章制度制定的目的和制定原则；二是劳动规章制度的适用范围，不同层级、不同岗位的员工或不同地域的分公司、子公司，其所使用的劳动规章制度也可能有所不同，因此，在制定劳动规章制度时需要明确其适用范围；三是劳动规章制度的相关术语解释，这是对劳动规章制度的完善和补充。

2. 主文

企业劳动规章制度在主文部分应明确企业员工所享有的权利、需要履行的义务以及需要承担的责任。劳动规章制度中的权利内容规定了员工应该享有什么权利，即在双方保持劳动关系期间应当做什么，这是劳动规章制度的核心部分，例如，企业的奖惩制度规定在什么情况下，员工有权利获得奖励。劳动规章制度的义务内容明确了员工在和企业保持劳动关系期间不应当做什么，例如，企业的考勤制度规定了员工需要履行企业上班时间的义务。责任是当员工违反了劳动规章制度中对员工义务的规定后应该承

担的后果，例如，在企业的考勤制度中，若员工违反了按时上下班的规定，就应当承担相应的后果、责任。

3. 附则

企业劳动规章制度附则部分应该包括三方面内容：一是劳动规章制度的解释、修改，应明确具有解释、修改权的主体，以及进行解释、修改的原则；二是劳动规章制度的追溯力，要明确企业的劳动规章制度不具有追溯力，即现下颁行的劳动规章制度对企业员工以往的行为不具有效力；三是劳动规章制度的生效时间，劳动规章制度的生效日期可以自颁布之日起。

四、劳动规章制度的效力

（一）劳动规章制度的效力表现

劳动规章制度的法律效力是指劳动规章制度对人和对事的约束力。通常认为，劳动规章制度的法律效力表现在三个方面：

一是对于依法制定的劳动规章制度，员工应当遵守，除非该规章制度违反法律强制性规定，或者劳动合同当事人约定排除适用。

二是企业制定的劳动规章制度也构成企业的行为依据或准则。规章制度内容上有权利性的规定，也有义务性的规定。对义务性的规定，企业也需要遵守，否则可能因此承担不利的法律后果。如劳动规章制度规定了发放工资的时间与流程，如果不遵守则可能构成拖欠工资。

三是对于司法机关来说，通过民主程序制定的劳动规章制度，不违反国家法律、行政法规及政策规定，并已向劳动者公示的，可以作为人民法院审理劳动争议案件的依据。

（二）劳动规章制度的效力范围

企业劳动规章制度的效力，可以分为对人的效力、空间效力、时间效力三类。

1. 对人的效力

企业劳动规章制度一般是用于企业内部的劳动管理，所以对全体职工都有约束力，当然对企业本身也有约束力。

2. 空间效力

企业劳动规章制度的空间效力范围，指企业劳动规章制度约束力的空间。一般来讲，企业劳动规章制度在企业经营运作的场所都有效，但是，有的规章制度适用的空间效力范围不限于工作场所，还适用于其他场所，比如，不论是在工作场所还是在工作场所之外，员工都有义务遵守公司的保密制度。

3. 时间效力

时间效力范围涉及企业劳动规章制度的生效时间、失效时间及溯及力。生效时间、失效时间要在规章制度中明确。一般来讲，员工在企业任职期间企业劳动规章制度都是有效的，除非企业废除该规章制度。关于劳动规章制度的溯及力，一般而言，企业劳动规章制度的法律效力不能溯及既往，也就是说，企业劳动规章制度只对其发布实施之后的人或事产生效力。

（三）劳动规章制度的合法性条件

根据《最高人民法院关于审理劳动争议案件适用法律若干问题的解释》《公司法》《劳动合同法》等规定，劳动规章制度的生效要件包括以下几个方面。

1. 制定主体合法

《劳动法》和《劳动合同法》的第四条都规定，用人单位应当依法建立和完善劳动规章制度，因此，劳动规章制度只能由法律或企业章程授权的主体制定，即用人单位。在实践中，企业制定劳动规章制度时通常会授权或委托人力资源管理部门、行政部门或战略规划部门等起草，但是，劳动规章制度在发布时一定要以企业的名义发布，否则其效力范围将容易遭到质疑，面临制定主体不适格的法律风险。

2. 制定内容合法、合理

劳动规章制度的内容必须在现行法律、法规的框架之内制定，不得违反法律、法规和政策的规定，否则，企业极易因劳动规章制度内容不合法、不合理而引起劳动纠纷。依据《最高人民法院关于审理劳动争议案件适用法律若干问题的解释》第十九条的规定，劳动规章制度得以成为审理劳动争议案件依据的一项重要前提，就是其内容不违反国家法律、行政法规及政策的规定。从实践来看，在企业劳动规章制度法律地位的问题中，合法性相对来说比合理性更容易认定。当劳动关系双方就劳动规章制度的合理性问题产生纠纷时，劳动关系双方都不是最终的裁判者，最终的裁判者是劳动争议仲裁机构和人民法院。此外，企业劳动规章制度的内容要和劳动合同、集体合同做好衔接，避免发生冲突。

3. 制定程序合法

根据《劳动合同法》第四条的规定，劳动规章制度制定的程序一般包括起草、讨论、通过和公示四个步骤。

（1）起草草案

劳动规章制度的起草一般有两种情况：一种是新劳动规章制度草案的起草，另一种是旧劳动规章制度修正草案的起草。起草人一般是企业行政人员，也可委托外界顾问或专家代为起草。起草草案的具体过程可依照以下顺序进行：

1）选定起草人员。起草劳动规章制度是一项具有一定政策性、知识性和技术性的工作，需要专业的团队来完成。企业应当选择懂法律政策，熟悉企业实际经营状况，有管理知识以及较高文字写作能力的人员，还要吸收工会干部和职工群众参加，一起承担企业劳动规章制度的起草工作。起草班子的人数没有特别的规定，但是要注意精干有效的原则。如果企业难以组成专业化的起草班子，也可以委托专门的劳动保障政策法律咨询机构代为起草。

2）拟定起草大纲。为了保证起草工作有序进行，在确立了起草班子后，要由起草人员拟定劳动规章制度起草大纲。起草大纲要确定劳动规章制度的基本框架、体系构成、内容梗概，明确起草工作的指导思想、方法步骤、人员分工、起草工作的要求以及完成起草工作的时间等。起草大纲决定着以后起草工作的成败，一定要反复论证，多征求职工和有关专家的意见，确定成熟后再着手起草。起草大纲经企业行政部门讨论审定后即可开始起草工作。

3）形成草案文稿。起草人员按照起草大纲确定的框架和内容，在计划时间内进行起草工作，形成劳动规章制度草案的文稿。形成的草案文稿虽然不是正式的劳动规章制度，但也应符合劳动规章制度的外在表现形式，即符合一般的格式，内容也应全面。

（2）职工讨论

《劳动合同法》第四条第二款规定了劳动规章制度制定的必备法律程序，即经由职工代表大会或全体职工讨论、修改。

起草劳动规章制度和起草其他文件一样，不可能一次完成，而是要经过反复的修改才能成熟完善，因此，草案文稿修改时需要多次的讨论。同时，劳动规章制度草案文稿的修改讨论，不只是简单的起草工作程序，而是企业制定劳动规章制度坚持民主原则和公正原则的具体体现，修改的过程也不只是对文字的简单增删，而是对劳动规章制度内容的更进一步认识和深化，使其更加成熟和完善。

企业劳动规章制度草案的修改，应按照一定的步骤次序进行。通常先由起草人员自行修改，然后召开职工代表大会或全体职工大会讨论、修改，之后，再由起草人员在征求各方意见的基础上进行综合整理、去粗取精，对文稿进行修改补充。经过反复讨论和征求意见，对文稿做反复的修改后，形成比较成熟的审议文稿。

（3）协商通过

经职工代表大会或全体职工征求意见后形成的劳动规章制度审议稿，再由企业代表同工会或者职工代表共同进行协商修改，最终形成企业劳动规章制度的终稿。在我国，虽然司法解释要求劳动规章制度要"通过民主程序制定"才能具有法律效力，但对何为民主制定并无明确具体的说明。考察我国相关法规政策，一般认为，民主制定包括工会同意、职工代表大会通过、职工代表投票通过等几种方式。

（4）制度公示

企业制定的劳动规章制度，经法定程序确认其内容合法、程序有效后，要由企业法定代表人签字并加盖企业行政公章，作为正式文件向全体员工正式公布。制度公示是指把劳动规章制度告知到每一个新加入企业的劳动者，或者是把新制定的劳动规章制度正式公布，告知到企业的所有劳动者。关于公示的方式，我国并不存在相关的具体规定或要求。在实践中，企业公示的目的是使员工知晓企业的劳动规章制度，可以通过网站、电子邮件、公告栏、《员工手册》、会议、培训和劳动合同附件等方式进行公示，告知员工必须遵守企业制定的劳动规章制度。

 **技能要求**

劳动规章制度制定的技术要求

在实践中，要制定一套完备的劳动规章制度，不仅需要符合法律的要求，还需要符合技术要求。完善的劳动规章制度，不仅有助于企业管理水平的提高，而且有助于和谐劳动关系的构建。就劳动规章制度制定的技术要求而言，主要包括以下几个方面。

（一）劳动规章制度的内容要有法律依据和针对性

劳动规章制度属于规范性文书，是国家法律、法规和政策的延伸、细化。因此，劳动规章制度的内容必须遵守国家的法律、法规，必须符合国家的政策文件。这一点，在前面已从不同角度进行了阐述，在此技术要求中再做强调。现实中有些企业的劳动规章制度由于部分条款与现行国家法律、法规相冲突，因而不具有法律效力。

劳动规章制度的制定还应根据企业实际生产经营情况，做出有针对性的具体规定和要求，使劳动规章制度保障劳动者享有劳动权利、履行劳动义务的作用真正落到实处，避免照搬照抄法律、法规原则性规定的问题。

（二）格式规范，内容齐全

就形式而言，劳动规章制度是由许多条文构成的。如果条文非常多，可以把条文按照内容与层次，分为若干编、章、节、款、目。比较先进的方法一般是在条文前面加上条目，作为本条的标题，可以方便阅读。条文本身也有结构。

就内容而言，劳动规章制度通常包含前言、主文和附则三个部分。三个部分的具体内容构成前面已经介绍，这里不再赘述。

（三）语言严谨

劳动规章制度是企业进行劳动关系管理的基本工具，是用来规范企业员工行为的。在语言表述上，首要的一点就是要做到"明确"，即文字表述明白、准确，不产生歧义，否则相关条款无法得到正常执行。强调劳动规章制度语言的严肃性和规范性，是由其性质所决定的。作为以单位名义发布的规范性文书，其目的是要约束组织中成员的行为，为了体现它的权威性与强制性，文字表述必须要严肃、规范。

1. 尽量使用"应当""必须""禁止"等带有强制意味的词语，避免"不可以""尽量"等口语化和建议性的词语。例如，某公司关于出差报销的制度有这样一条："公司建议员工出差后7个工作日内到财务部报销有关费用"，此处的"建议"用得不妥，应改为"规定"。再如，某公司关于档案管理的一条规定："各部门档案管理员请于每季度结束时将本部门的档案移交到公司行政部。"此处的"请"与该条文所应有的命令语境不协调。

2. 用词要规范，劳动规章制度的用语必须是正式的、规范的书面语言。不使用方言俚语和不规范的简称，不滥用冷僻词和生造词语等。例如，某公司的劳动规章制度中充斥着诸如"公司总办""公司副总""公司总助"等简称，规范的说法应该是"公司总经理办公室""公司副总经理""公司总经理助理"等。此外，涉及具体业务的专门用语时，需运用规范的专业术语。对于一些尚把握不准的提法和难以阐明的定义，不要勉强写入，以免造成歧义。总之，劳动规章制度是由具体的语言文字组成的，写作时必须字斟句酌，认真把关，不能认为这些是细枝末节而有所忽视，否则会削弱了劳动规章制度作为规范性文书所具备的约束力。

3. 除了严肃和规范之外，劳动规章制度的语言还必须是严密、无懈可击的。有些企业制定的劳动规章制度表述前后矛盾，语言漏洞较多，因而难以严格执行下去。劳动规章制度的周密性，体现在内容上就是要完整齐全，在文字表述上则是全面周到。每一章节、每一条款甚至每一词语都必须有确定的属性，人们对每一条款、每一词句的理解必须是一致的，文字表述不严密，则会出现盲区和误区，影响执行效果。

4. 语言表述言简意赅。劳动规章制度的文字既要做到语言简洁，又要做到文意完备。

5. 语句应前后照应，不自相矛盾。所谓前后照应，是指相关的词语要搭配得当，连续使用的限制词要口径一致。

(四) 应当载明所需的其他条款

1. 起草者。注明起草者是为了肯定起草者的工作，并且也明确责任主体。

2. 主办单位。表明执行或者承担全部劳动规章制度的责任归属。

3. 相关单位。表明劳动规章制度的适用对象，并提醒其遵守劳动规章制度。

4. 审议程序。表明该劳动规章制度的制定渊源。通常是表明制定（审议）者及其制定的时间（包括通过的文号）。一方面可以取得公信力，另一方面也方便日后查阅。

5. 公布程序。一般标明公布的人或部门，公布的时间以及公布的文号。

6. 相关规章。规章的数目较多，规章之间必须保持一致和连贯。因此，援用一项规章的时候必须考虑到相关的其他规章。交代相关的规章可增加适用规章的便利。

无论是制定新的劳动规章制度还是对旧的劳动规章制度进行修改，都需要交代以上各项，方便劳动规章制度的施行。

第二节 劳动规章制度的实施

第一单元 劳动规章制度实施概述

 **知识要求**

一、劳动规章制度实施的主体及原则

劳动规章制度的实施主体是企业行政主体,员工有遵守劳动规章制度的义务。也就是说,劳动规章制度是由企业行政主体发布的,并且负责在企业范围内贯彻落实。同时需要指出的是,劳动规章制度所规范的是员工在劳动过程中的行为,劳动规章制度的实施有赖于全体员工的遵守。因此,劳动规章制度的实施是在企业行政主体的监督下,员工对劳动规章制度的遵守和执行。为确保劳动规章制度实施的客观性、准确性和公正性,劳动规章制度实施时应遵守的原则包括:严格执行、依章治企原则,前后统一、全面实施原则,各司其职、协作实施原则,及时调整、合理实施原则。

二、劳动规章制度实施的重要机制

(一)建立劳动规章制度执行的监督与处罚机制

良好的制度需要强有力的执行者,也更需要与之相匹配的监督与处罚机制。没有相应的监督与处罚机制,企业劳动规章制度的实施就没有了保障,进而影响劳动规章制度的作用。因此,企业应当建立相关的制度实施监督机制,请监督者或机构进行相关的审查,监督各项制度实施是否到位,并将监督结果直接上报管理机构,从而实现企业劳动规章制度实施的科学化、规范化。

(二)建立劳动规章制度的信息反馈机制

任何企业的劳动规章制度都不是十全十美的,企业在运行中都有可能出现企业劳动规章制度没有规定的情况,导致各种各样的矛盾和冲突，此时管理层就要遵循"先做事，后承担责任"的原则，然后通过信息反馈机制及时将问题反馈至高层领导处。通过建立信息反馈机制将制度实施中存在的问题及时反馈，在反馈的基础上进行相应的调整，或者新设相关的劳动规章制度，以弥补原有制度的不足。

三、劳动规章制度实施的必要条件

企业劳动规章制度实施的基本特征是企业以行政权力强制全体员工遵守和执行。劳动规章制度一旦实施就会产生相应的结果，对于不遵守和不执行劳动规章制度的行为，将会予以相应的惩处。因此，劳动规章制度的实施应当具备一定的条件。

（一）劳动规章制度的有效性

企业劳动规章制度具有效力是其实施的基本条件，具体来说包含两层意思：一是劳动规章制度的内容必须符合法律、法规的规定，即劳动规章制度的内容合法。若劳动规章制度中有与法律、法规相抵触之处，则该劳动规章制度无效，不具有约束员工行为的效力。二是实施的劳动规章制度必须是程序合法的。劳动规章制度生效必须经过员工参与及正式程序公示，没有按正式程序公示的劳动规章制度不具有效力。同时，劳动规章制度对它公布生效前的劳动行为也不具有约束力。也就是说，尚未生效的劳动规章制度不符合实施的条件，不得付诸实施。

（二）劳动规章制度的可操作性

企业制定的劳动规章制度要有具体的操作性，有一定检验标准的条款。劳动规章制度的一个重要作用是表明劳动政策，规范员工的劳动行为，因此，必须具有实际规范的标准。如果没有实际规范的标准，只是一些空洞的要求或一般原则，员工则无法遵循，企业也难以衡量，劳动规章制度就难以落实。比如，劳动规章制度中有关劳动纪律的条款规定，员工连续旷工将对其采取处罚措施，但没具体规定连续旷工的次数，员工不知道连续旷工的界定，企业也无法判断旷工员工的行为是否违反了劳动纪律。因此，关于实际规章制度的内容，应具有可操作性。

（三）实施机构的明确性

企业若要把劳动规章制度的内容适用于生产劳动过程，使其在每一环节上都得以有效落实，那么就必须要有相应的组织机构或专门管理人员负责。

（四）范围的适用性

劳动规章制度对企业全体员工都适用，但并不是每一条规定在任何时候、任何岗位，对任何员工都适用，而是针对不同的工作岗位、不同的生产经营条件，规定不同的行为规范，确立不同的规范内容和标准，这些内容和标准只在规定的范围内具有约束力。

四、劳动规章制度实施的常见问题

企业管理离不开企业劳动规章制度，在企业管理过程中，劳动规章制度起到了重要的作用。随着市场化程度的不断深入，我国各类企业的劳动规章制度也越来越完善，实施效果总体是良好的。但是在实际的管理过程中，还存在着劳动规章制度实施的形式化、缺损化、扩大化、偏离化等问题。

企业劳动规章制度确立后并不意味着就自动实施生效，只有通过企业管理人员和员工的遵守和执行使其生效。但是，在落实企业劳动规章制度的过程中，常由于各种原因，人们并不一定积极地贯彻企业劳动规章制度的规定。因此，企业劳动规章制度能否顺利实施以及实施效果如何取决于参与者们是否受到鼓励，是否获得足够的和必需的实施资源。企业劳动规章制度在实施过程中存在的问题具体表现为以下几个方面。

（一）劳动规章制度实施的形式化

企业劳动规章制度实施形式化，具体表现为企业劳动规章制度实施的形式主义，即规章在执行过程中缺乏具体的可操作的措施，制度只是停留在文本阶段，而未被进一步转化为具有可操作性的具体办法。表面上是在遵守执行企业劳动规章制度，而实际上却是无法使其真正地发挥作用。

（二）劳动规章制度实施的缺损化

企业劳动规章制度实施缺损化即一项完整的规章制度在实施

时，只有部分被执行，其余则被抛弃，使企业劳动规章制度内容残缺不全。对企业来说，劳动规章制度中有关政策性的规定，特别是劳动合同、工资报酬、技能培训、安全卫生、社会保险福利等，都应得到兑现，落实到每一位员工身上，不能降低标准、逃避责任。

（三）劳动规章制度实施的扩大化

企业劳动规章制度实施扩大化即规章在执行过程中被附加了不恰当的内容，使规章的调控对象、范围、力度以及目标超越了原定要求。企业劳动规章制度制定公布后，它的内容对劳动关系双方都具有约束力，任何一方在实施中都不得任意改变劳动规章制度的规定，特别是企业行政部门，更不能以其是制定劳动规章制度的主体，享有行政权力而任意扩大劳动规章制度的实施范围。

（四）劳动规章制度实施的偏离化

企业劳动规章制度实施的偏离，即实际的做法与本来的规定背道而驰。劳动关系双方按照劳动规章制度的规定，承担义务的一方必须用自己的实际行动来履行义务，真正发挥劳动规章制度的作用。同时，制定企业劳动规章制度的目的是保障劳动者享有劳动权利、履行劳动义务，在实施过程中的偏离化是对劳动者依法享有的权利、应履行义务的干扰。在实践中，我们要杜绝劳动规章制度实施的偏离化。

五、劳动规章制度违法时的处理方式

1. 可以通过共同协商对劳动规章制度进行修改和完善。根据《劳动合同法》的规定，用人单位的劳动规章制度违反法律、法规的，工会和职工有权提出修改意见，通过平等协商修改完善。

2. 可以通过解除劳动合同并赔偿经济损失来处理。根据《劳动合同法》第三十八条第一款第四项的规定，用人单位的规章制度违反法律、法规的规定，损害劳动者权益的，劳动者可以随时通知用人单位解除劳动合同。此外用人单位还要向劳动者支付经济补偿。

3. 劳动行政部门责令改正，用人单位承担相应赔偿责任。

《劳动合同法》第八十条规定:"用人单位直接涉及劳动者切身利益的规章制度违反法律、法规规定的,由劳动行政部门责令改正,给予警告;给劳动者造成损害的,应当承担赔偿责任。"

六、存在关联的公司之间的规章制度如何适用

在实践中还常常见到的一种情况是,总公司与下属公司之间的规章制度内容存在差异甚至相冲突、相矛盾,这种差异甚至冲突、矛盾,如果不界定清楚的话,很容易引起争议。因此总公司应该对自身和下属各个公司的规章制度进行梳理,调整、修订存在差异、相互矛盾的内容。另外从避免纠纷的角度来说,总公司可以制定统一的相对笼统和原则性的规章制度,然后授权各个下属公司根据总公司的规章制度结合各自实际,在总公司规章制度基础上制定更为详细和具体的规章制度。

技能要求

劳动规章制度实施过程的监督检查

劳动规章制度制定的目的是维持企业生产经营秩序,保障劳动者在企业中的权益。在实践中,劳动规章制度颁布之后,就应定期或不定期地对其实施过程进行监督检查,遇到问题及时解决并完善现有劳动规章制度,保证其作用的正常发挥。

(一)监督检查的期限

监督检查的期限可分为定期与不定期两种。其中,定期监督检查也就是相关工作人员可以定期对劳动规章制度的实施状况进行检查,比如每一季度、每半年或者每一年度,具体可视企业各方面的变动情况而定,但是时间不宜超过一年;不定期监督检查就是指企业随时对劳动规章制度实施情况进行监督检查,以利于劳动规章制度的贯彻执行。

(二)监督检查的方法

1. 自我监督检查

企业行政主体依据自己的主观判断,并结合事实和数据,在劳动规章制度实施一段时间后，对劳动关系双方取得的效果和企业劳动规章制度本身的有效性进行一定的监督检查。检查的最终结果可以报告与报表的形式供企业有关主管部门查阅，以完善劳动规章制度。

自我监督检查的具体步骤如下。

第一，做出劳动规章制度监督检查的决定，确定监督检查的目的。

第二，制订劳动规章制度监督检查的计划，主要包括：①选择监督检查的人员；②选定监督检查的对象；③选择监督检查的形式；④选择监督检查的方法；⑤确定方案及测试工具。

第三，收集整理和分析数据。

第四，撰写劳动规章制度监督检查报告或编制报表。

第五，向企业高层领导者、行政管理人员、员工及时反馈监督检查结果。

2. 配合国家的检查

企业应积极配合各级劳动行政部门等国家有关部门依据《劳动法》《劳动保障监察条例》《劳动合同法》等有关法律法规规定对企业劳动规章制度进行监督检查。各级劳动行政部门对企业劳动规章制度审查的内容主要涵盖：劳动规章制度内容是否符合法律法规规定；制定劳动规章制度的程序是否符合有关规定。经审查，发现用人单位的劳动规章制度内容违反法律法规规定的，应责令其限期改正。

（三）监督检查的结果

规章制度实施监督检查的结果有两种情形：一种是确实遵照规章行事，事事与规定一致，没有出入；另一种为实际情形与规定有出入。之所以有出入可能有如下原因：一是规定没有不合法与不妥当，但是并未真正被贯彻实施；二是规定内容本身欠妥、不合理甚至不合法，但未经修正补救，导致现实中很难实行；三是规定本身尚无不当，只是因为规定太烦琐，执行上有困难，执行者由难生畏，不愿积极推行，以致与规定发生出入。企业应在认真总结检查结果的基础上，采取一定的措施加以修正，以保障劳动规章制度真正发挥作用。

第二单元　劳动规章制度的审查、修订

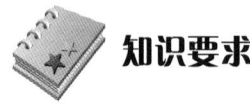知识要求

一、劳动规章制度的审查、修订概述

企业制定的劳动规章制度并不是一成不变的。企业应根据国家相关劳动法律法规的变化及企业的实际需要对劳动规章制度及时做出调整，进行适当的修改，以更好地发挥劳动规章制度的作用。

企业在对劳动规章制度进行审查时，应结合企业所处的外部环境和内部环境，特别是法律环境等对劳动规章制度的各项条款进行审查把关，重点审查的内容主要包括劳动规章制度的制定主体、内容、程序等是否符合国家法律法规政策的规定，劳动规章制度的表述是否符合规范以及条款是否完备，通过审查找出现有劳动规章制度存在的问题，然后有针对性地对其进行及时的修订和完善。

企业劳动规章制度种类繁多，较为常见的有组织管理制度、招聘制度、薪酬福利制度、绩效管理制度、培训制度、考勤与休假制度、劳动安全卫生与保护制度、奖惩制度等。其修订程序同制定程序基本相同，需要听取工会意见，并通过职工代表大会或其他形式听取职工建议和意见，然后由企业授权的负责人予以签字批准，并公示告知全体职工。

二、劳动规章制度审查、修订的必要性

由于国家相关劳动法律法规的变化、企业自身变化以及其他情况的变化，企业在劳动规章制度实施过程中还需要定期和不定期地进行审查与修订，防止出现违法和过时，以更好地发挥劳动规章制度的作用。

(一) 劳动法律法规政策的变化

随着社会经济发展水平的不断提高,整个劳动力市场和劳动关系都发生了巨大变化,这使得相关的劳动法律法规政策的修改和变化也比较频繁。企业在劳动规章制度的具体执行和实施过程中,要定期或不定期地进行法律审查,及时对新出台的法律法规政策进行学习和培训,防止因国家法律法规政策变化而导致劳动规章制度违法或不适合企业实际需要。

(二) 企业自身情况的变化

在企业劳动规章制度的实施和执行过程中,企业所处的环境在不断发生变化,企业的外部环境变化、内部环境变化都有可能导致企业劳动规章制度的改变。从这个角度来说,在劳动规章制度的执行过程中也需要进行相应的审查并及时修改、补充相关内容,防止因企业实际情况和环境变化而导致规章制度不适合企业实际需要,产生脱节的现象。

(三) 其他情况的变化

除了上述两大类情况变化会导致劳动规章制度修订外,其他情况变化也会导致劳动规章制度的修订。《劳动合同法》第四条第三款规定:"在规章制度和重大事项决定实施过程中,工会或者职工认为不适当的,有权向用人单位提出,通过协商予以修改完善。"此外,部分企业在与客户合作谈判过程中,客户需要审查企业的劳动规章制度,认为企业劳动规章制度不合理的则要求加以修订,使规章制度符合企业与客户的实际需要。

三、劳动规章制度审查、修订的原则

由于每个企业生产经营情况、企业文化、组织构架等各不相同,不同企业对员工的要求也是千差万别,因此,应对企业劳动规章制度进行严格审查。下列原则可作为劳动规章制度审查特别是其中的惩戒规定审查的参考标准。

(一) 平等待遇原则

《劳动法》上所提到的平等待遇原则要求,除非另有合理正当的事由,否则企业对于在法律上处于同等或类似条件的劳动者,应给予相同或类似的待遇。

在企业依据劳动规章制度对员工进行惩戒的过程中，平等待遇是指对于同样程度的违反劳动规章制度的行为，应给予同种类、同程度的惩戒处分。平等待遇原则禁止企业对劳动者采取歧视性的惩罚措施。现实生活当中，一些外资企业在劳动规章制度中将外籍员工与中国员工区别对待，同样的违纪行为规定了不同的处理结果，这样的劳动规章制度就违反了平等待遇原则，明显不合理，对其效力应给予否定性评价。

（二）必要性原则

必要性原则又称为最小侵害原则，指惩戒措施的轻重应参酌劳动者的本身情形、工作职责、违反劳动规章制度的情况和程度等因素。该原则从惩戒手段方面来规范惩戒权与具体惩戒措施之间的相应关系。惩戒事由与惩戒手段须保持均衡，不超过合理而必要的范围。简而言之，如果有多种惩戒手段可以达到目的，那么，企业应该根据员工所实施的不当行为的严重性、员工个人状况、过去的行为记录及承受能力等各种因素，选择对员工权利侵害最少、为达成目的已无可避免的侵害手段。如果某一惩戒手段在达成惩戒目的的同时，却给员工带来了更多的权利损失，那么企业就不应当采取这一手段，否则即应认定有悖于必要性原则，对其效力同样应给予否定性评价。

（三）最后手段性原则

企业单方解除劳动合同将直接剥夺劳动者在企业继续工作的权利，对员工造成的影响非常大。因此企业以严重违反企业劳动规章制度为由单方面解除劳动合同应当遵循最后手段性原则。所谓最后手段性原则，是指解雇应为企业终极、无法回避，不得已而为之的手段。

一方面，采用惩戒性解雇的前提是劳动者存在严重的不当行为。我国《劳动合同法》将此种行为分为"严重违反用人单位的规章制度"和"严重失职，营私舞弊，给用人单位造成重大损害"两类。

另一方面，如果企业可以采取较轻的惩戒手段对实施不当行为的劳动者加以惩罚，足以实现惩戒的目的，原则上不得解雇劳动者，否则将被认为违反解雇的最后手段性原则，将在效力上遭到否定性评价。

 **技能要求**

员工违规违纪行为的处理

（一）违规违纪行为的类型

对违规违纪行为类别的界定十分必要，尽管各企业对违规违纪行为的规定有所不同，但主要可以归纳为以下几种类型。

1. 非直接工作行为

这些行为与工作不相关，但也会对企业或员工管理造成不良影响。主要为与员工个人品质和不良表现相关的行为，例如，打架、偷盗、吸毒、诈骗等。此外，在工作场所的一些歧视行为，包括种族歧视、性骚扰等都属于被惩戒的非直接工作行为。

2. 一般工作行为

这些行为直接影响了企业正常的工作秩序和工作氛围，包括旷工、缺勤和怠工等。例如，员工的无故缺勤或旷工，特别是一些持续的、有规律的旷工加大了企业的运行成本；怠工主要表现为员工迟到、早退或"偷懒""磨洋工"等，以及不适宜的穿着、滥用企业的设施和资源等。这些都属于不遵守劳动契约行为，纵容这些行为的发生有可能严重影响工作和生产的正常进行。

3. 不胜任工作或工作绩效差行为

由于越来越重视绩效管理，企业通常会采取一些规章和措施来提升员工工作绩效，或者约束员工不能完成绩效标准的行为。但是由于员工未达到绩效标准的原因有很多，对未达标员工的处理需要慎重，如果不是员工违规违纪行为所致，不主张采取硬性的惩戒措施，而应采取其他更为柔性的管理手段，例如调岗、培训等。

4. 危及安全健康行为

我国法律对企业员工安全健康行为的规范高度重视,特别是在一些高危行业,不允许员工有任何违反安全健康法律和规则的行为发生。这些行为不仅危害企业的利益,也伤及员工本人、同事、顾客及其他人员的安全健康。一些重大的事故甚至会造成严重的社会影响。对员工危及安全健康的行为不仅需要法律规制,还需要企业制定严格的安全健康管理制度,强化安全健康方面的员工关系管理。在我国的《安全生产法》和《职业病防治法》及相关法律法规中,都对企业与员工之间的责任、义务和权利做了法律规定。

5. 对企业利益和形象造成伤害行为

这些行为主要包括泄露企业生产和经营机密、伪造记录、受贿和行贿以及捏造事实损害公司形象的言行等。

(二)违规违纪员工的惩戒处理原则

企业在对违规违纪员工进行惩戒处理时,需要遵循以下原则。

1. 调查后才惩戒原则

在事件调查清楚前不能启动惩戒程序,这一原则的贯彻是为了保证实事求是,防止处理草率和不客观、不公正。

2. 保障当事人知情权和越级申诉权原则

在整个事件的调查过程中和每一个必要阶段,都必须事先告知员工对事件处理的动机和理由,并给予员工申诉的机会,这一原则是为了保障员工的知情权和越级申诉权。

3. 公平对待原则

要确保事件处理的非歧视和公平对待,这一原则是为了保证惩戒处理中的公正和公平性。

4. 合法合规原则

在事件处理中要严格遵循相关的法律法规和企业正式规则及程序,这一原则是为了保证处理中的合法性和遵守契约。

5. 渐进惩罚原则

对违纪或行为不当员工进行处理遵循渐进惩罚的原则,这是在体现以教育为主的人性化理念。

(三) 违规违纪员工的惩戒处理程序

对违规违纪员工实行渐进惩戒的处理,是指在对违规违纪员工进行惩戒的过程中,要由轻至重,区分出不同的处理阶段。一般可分为四个阶段。

阶段一:口头警告。对于违规违纪行为较轻或者初犯者,通常会提出口头警告,并告知原因。在警告阶段,员工有申诉权,也需要管理者做出相关的档案记录。警告期一般为数月至半年。在警告期内,如果员工改正较好,可以取消记录。

阶段二:初次书面警告。如果违规违纪行为较严重,或再次发生,员工将被书面警告。书面警告的内容包括惩戒的原因、处理的细节、对其改进的要求以及时限等。如果员工在指定期间内没有令人满意的改进表现,企业还将对其采取后续阶段的处理。违规违纪员工接受初次书面警告时应被告知有上诉权,但警告文本的副本存入其个人档案。书面警告期比口头警告期要长,一般为 12 个月左右。书面警告期结束后,如果员工有较好的行为和绩效改进,将不会启动后续阶段的惩戒措施。

阶段三:再次或最后书面警告。如果在初次书面警告之后,员工行为仍没有改进,或违规违纪行为较为严重,员工通常会受到最后一次书面警告。文本的内容和处理方式、期限等如同初次书面警告。

阶段四:解雇或停职。如果经历上述惩罚阶段之后,员工的行为和绩效改进仍然不能令人满意,通常就会被解雇。解雇时员工得到书面通知,内容包括解雇原因、雇用结束的日期,并告知员工对此有申诉权。对于特别严重的行为不当,企业可即时解雇,而不需要事先通知本人或给予经济补偿。

在有些情况下,员工的违规违纪行为比较严重,有必要进行更深入的调查和处理。在等待调查处理期间,可以首先停止员工的职务,并相应停止发放全额工资;但停职期不应太长,待调查清楚之后,企业需要立即做出相应的处理决定。

在惩戒处理的每一个阶段，员工都可以针对处理决定进行申诉。申诉的程序一般是在规定的期限内，例如接到通知后3个工作日内，可以向部门经理和人力资源主管提出，并递交书面材料。部门经理听取申诉并且做出处理决定。如果可能的话，所有申诉都应该告知越级领导，或经过比参与原惩戒程序的管理人员级别更高的管理层听证。在申诉审理中，任何处理只能复查但不能增加处理措施，并保存对所有惩罚和申诉处理的完整原始记录。

（四）处理违规违纪员工的管理要点

1. 对低绩效员工实施能力处理程序

一些企业在惩戒员工的时候，除了以该员工行为不当为理由之外，还可能对低绩效行为进行惩戒。这种惩戒涉及的问题比较复杂，也较敏感。因为员工绩效低的原因很多，有可能是员工行为不当，例如偷懒、怠工，也有可能与管理者的管理行为有关，还可能是因为员工的能力问题或工作分配不当造成。因此，在对员工因绩效不佳实施惩戒性措施时，需要转变以处罚为主的处理方式，提倡"积极的惩戒"。

（1）能力处理程序的设计

对低绩效员工惩戒时加入能力处理程序被认为是一种值得提倡的方式。例如，在一些国家的法律中，要求在对低绩效员工实施正式惩戒程序之前，加入一个能力处理的程序，以确定员工低绩效是由于其自身缺乏能力，还是由于其态度和行为不当引起。能力处理程序是一个双向过程，管理者和员工都有义务支持和参与，并要求员工通过能力处理程序的实施提高绩效。按照该程序的设计和管理假设，员工低绩效的能力问题可能产生于：①员工没有达到绩效协议中特定的标准，是因为员工自身的能力有限，而不是社会和企业没有提供适当的培训、支持或资源；②员工没有通过工作所必需的能力测试；③员工没有提供工作所必需的任职资格或执照，但是如果这是员工的有意行为或行为不当的结果，则可能诉诸行为程序。

(2) 能力处理程序的启动

在启动能力处理程序时需要三个步骤。

步骤一：前期调查。该调查将考察：①绩效协议中的绩效标准；②绩效的实际水平；③提供的培训、支持和指导；④为达到标准而提供的资源；⑤没有达到标准的可能原因。

步骤二：获取调查结果。获取调查结果之后可能：①不需要采取进一步行动；②需要在能力程序下采取下一步程序；③需要在行为程序下采取下一步行动。一般的调查结果是第二种情况最可能发生，即需要采取措施提高员工的能力，或者使员工从事与能力相匹配的工作。

步骤三：协商。管理者和员工之间就绩效标准、培训和支持、改进的时限等达成一致，同时也告知员工，如果能力和绩效没有改进，企业将采取正式的惩戒措施。

此外，能力程序还要求在采取正式惩戒措施之前，管理者应该证明已经提供了培训和支持；在正式惩戒措施实施的各阶段，要给员工提供充分的机会说明自己在工作中遇到的困难，以及需要管理者给予的帮助等。

2. 员工行为纠正与积极惩戒

(1) 积极惩戒

积极惩戒是当下比较倡导的一种惩处措施。管理者依靠惩罚起到纠正效果的愿望在现实中并不理想。因为这种传统的管理方式是建立在以管理者为中心的管理模式之上的。许多管理实践证明，员工行为不当与管理者管理行为不当密切相关，管理者过多地依赖惩罚性措施来提高员工绩效，忽视其他能够纠正员工行为的有效手段。为此，一些企业在反思传统惩戒管理的同时开发了积极惩戒的手段。

(2) 非惩罚性处分

非惩罚性处分倡导的原则是责任、尊重和信任，通过在行为纠正过程中的激励使得员工明白企业对自己的期望，并调整自己的工作态度和行为。在非惩罚性管理流程中，取消警告、训斥、停职等一系列传统惩罚手段，采取新的纠正流程。例如，当员工在工作中出现违规违纪行为并造成不良后果时，应采取以下步骤。

步骤一：提醒。用提醒而不是警告或训斥等方式停止员工正在进行的违规违纪行为。提醒包括两件事：一是提醒员工注意现有绩效和期望绩效之间的差距；二是提醒员工有责任立即停止这种不利于企业和团队的行为。

步骤二：警告。即对员工的违规违纪行为进行警告并要求其纠正。告知员工做好本职工作，完成任务是其应尽的责任，也是作为企业和团队的一员应该有的表现。

步骤三：激励。鼓励员工正视自己的不足，并对其付出的努力和改进给予及时的鼓励。

尽管积极的惩罚在实施中有一定的难度，而且需要管理者更多的耐心和更细致的工作，也并非对所有的"问题员工"有效，但是它代表了企业在员工关系改善上的一种态度和努力，它对协调劳动关系，缓和管理者与员工之间的对立情绪，强化以人为本的企业价值观很有益处。

3. 管理者惩戒管理缺位行为及其纠正

（1）管理缺位行为产生的原因

在违规违纪员工的惩戒管理中，一个比较普遍的问题是一些管理者不愿意或不主动对员工采取处理措施，造成管理者在惩戒管理中的缺位行为。产生这种现象的原因与管理者的认识和态度有关。有的管理者认为，管理者的任务就是保证工作的完成，对属于员工个人行为的问题不愿过多干涉；有的管理者认为惩戒管理的成本太高，容易使自己陷入麻烦之中；还有的管理者畏惧员工的报复不敢管理。此外，很多管理者愿意当"老好人"，报喜不报忧，对一些员工的不良行为，特别是与工作绩效无关的违规违纪行为采取视而不见的态度。

（2）管理缺位行为的纠正

管理者对惩戒采取缺位行为不是完全没有理由，但它影响对员工的管理效能。对此，很多企业采取手段纠正这种行为，例如，对管理者实施惩罚技能的培训,提高管理者的人际沟通能力;通过设计有效的绩效考核体系,将管理者绩效与员工绩效考核相结合等。但是要纠正这种现象,根本出路在于两个方面:一是创造规范管理的组织制度环境;二是构建和谐的员工关系氛围。

4. 违规违纪员工的解聘管理

(1) 法律依据

根据《劳动法》第二十五条的规定,严重违反劳动纪律或者用人单位规章制度的,严重失职、营私舞弊,对用人单位利益造成重大损害的,用人单位可以解除劳动合同。

(2) 管理要点

企业对违规违纪员工行使劳动合同解除权需要注意以下几点:

一是制定符合法律的、符合实际的和易操作的员工奖惩办法。违规违纪员工的解雇不能违反法律规定,对解雇处罚的行为还要在《员工手册》上做出明文规定。

二是针对企业实际,对违规违纪的内涵和行为表现要进行严格的界定和程度规定,需要解雇的员工必须是违规违纪达到企业制度所规定的严重程度或者给企业造成了重大的损失;而且因违规违纪被解雇的员工必须是经过教育和行政处分无效的,已从一般违反制度处理发展到需要按严重违反制度处理程度的。

三是违规违纪员工的解雇处理要严格按照程序进行,例如,需要给被解雇员工申诉的机会,在违规违纪解雇处理中要有记录和证据收集,解除员工的劳动合同要事先通知工会等。

 **相关法律法规**

1. 《中华人民共和国宪法》
2. 《中华人民共和国民事诉讼法》
3. 《中华人民共和国公司法》
4. 《中华人民共和国劳动法》
5. 《中华人民共和国劳动合同法》

6. 《劳动保障监察条例》

复习思考题

1. 简述劳动规章制度的内涵与基本特征。
2. 简述劳动规章制度制定的依据。
3. 简述劳动规章制度制定的技术要求。
4. 简述劳动规章制度实施的主体及原则。
5. 劳动规章制度公示的方法有哪些?各种方法的利弊有哪些?
6. 劳动规章制度如何才能具有合法的效力?
7. 实践中应当如何对劳动规章制度的实施进行监督检查?
8. 实践中应当如何处理违规违纪员工?
9. 劳动规章制度在实施中有哪些常见问题?

案例分析题

某酒店员工关系主管小江终于完成了公司员工请假制度的修改稿,主要针对酒店员工的病假管理问题。这家四星级酒店女职工多,工作辛苦,所以小江和上司人力资源部郝经理似乎达成了一种默契,一直以来有意无意地放松了员工病假管理,可近段时间两人都发现有些员工提交的病假单有点不对劲:主要集中在一两家医院,常常有连续编码的病假单,与病假单配套的挂号单和门诊病史记录总会"遗失"。小江与郝经理一商量,问题出在制度不严、规定不清上,于是几天后小江起草了这个新措施:"员工持有不真实的医院疾病诊断书请病假的,一经公司查出,给予相应的惩罚措施:请病假3天以内的扣发当月半个月工资、当月各种津贴;请病假3天(含)以上5天以内的停发一个月工资和当月各种津贴,并且当月的各种保险费用全由个人负担;请病假5天以上或一个月以内累计10天及以上的除名。"第二天,这份严格的新制度提交了董事会讨论,翌日便发文公布生效了。

制度出台近两个月的某一天,客房部员工小米的病假单引起了小江的注意。连续两张病假单,6天病假,只有病假单和挂号单,没有门诊病史记录,小江想着一定要查清楚。去查证的员工反馈医院无法查证小米的第二次就诊记录;还有员工私下反映,第二次病假小米去拍了婚纱照。

　　证据确凿,小江打电话请来了小米。没有寒暄,小江将新制度、小米的病假单、人力资源部的调查结果,一起摆在小米面前。小江指着新制度对小米说:"小米,新制度才出台不到两个月,你就违纪,这是不可以原谅的。请你接受处罚,停发一个月工资,并请理解我们的工作。"

　　小米冷静想了一会儿,说道:"江主管,我确实有错误,可我也是懂些劳动法的,酒店这种惩罚措施没有跟我们协商过,这是不民主的,而且我也根本不知道。"

　　"不民主?"小江一听有些激动,"这是经过董事会认可的决议,走了民主程序,不是我们人力资源部某个人说了算的,怎么叫不民主呢?《员工手册》是协商过的,上面明确说了病假造假要惩罚,你知道吧?这次我们只是把惩罚的细则讲清楚了。而你说你不知道,这更不是公司的责任,公司的办公系统上清清楚楚地显示着,你怎么能说自己不知道呢?"

　　请思考:

　　1. 针对小米的质疑,小江的解释对吗?

　　2. 案例中惩罚细则生效的程序是什么?这一程序合法吗?为什么?

第五章　企业民主管理

1. 掌握劳企协商的相关概念及劳企沟通的方法和技巧。
2. 熟悉劳企协商决定事项落实情况的评估方法。
3. 掌握职工代表大会的相关概念。
4. 了解收集职工代表大会议题的途径和方法。
5. 掌握职工代表的权利和义务。
6. 了解召开职工代表大会的规范操作流程。
7. 掌握厂务公开制度的相关概念和主要内容。
8. 掌握厂务公开的实现形式。
9. 掌握职工董事、监事制度的相关概念。
10. 熟悉职工董事、职工监事的权利与义务。

第一节　劳企协商管理

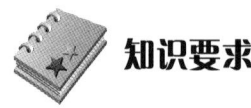

一、劳企协商概念

劳企协商是指在集体协商和集体合同制度以外，由用人单位的工会、职工代表或劳动者个人为一方，与用人单位的代表，就涉及劳动者集体或个人的合法的或法律未加以规定的权益事项和程序规范，以及工会组织自身的权利义务进行商谈的行为。协商的内容主要包括用人单位涉及职工切身利益的重要改革方案和规章制度的制定，用人单位各岗位的工作定额和劳动标准，劳动合同的签订、变更、解除和终止，以及工会组织、工会会员和工会工作人员权益保护的实体和程序规范。

二、劳企沟通的方法和技巧

沟通的能力对于人们的生活至关重要，对于劳企沟通而言更是如此，有效的沟通技巧有助于清楚地表达自己的思想、情感和信息，了解对方的想法和态度，从而尽快达成双方一致的协议。在劳企沟通协调的过程中，运用一些沟通技巧，往往能取得事半功倍的效果。

（一）积极倾听

古语云："智者善听"。实际上，倾听也是沟通中一种极为重要的技巧。倾听对方，同时也可以让对方倾听自己，加强沟通双方的相互信任，达到双向沟通的目的，最终解决问题。倾听不是被动地接受对方陈诉的观点，而是主动地进行思考，理解对方的真实意图。在倾听的过程中，要聆听对方的全部信息，不要轻易地下结论，即使不同意对方的某个观点，也不要立即打断对方。在聆听的过程中，可以做些笔录，同时运用一些肢体语言表示你对对方观点的兴趣。倾听的最终目的是了解对方的真实意图。当对方陈诉完观点后，你可以按照自己的理解复述对方的观点，在不解之处向对方提出疑问，以此消除双方的理解误差。在劳企沟通协调的过程中，学会有效倾听非常重要，很多时候双方都因急于表达自身的观点而误解了对方的意图，从而导致矛盾的激化。

（二）有效表达

沟通的核心在于向对方清楚、准确地传达自己的思想、观点和信息。为了提高沟通中表达的准确性，充分地掌握表达技巧十分必要。第一，要注意自己的语音、语调和语气。有时，相同的话用不同的语气表达，会有完全不同的效果。第二，对事不对人，不要轻易地对对方做主观性的负面评价。对人不对事，容易让对方产生抵触情绪，而"对事不对人"的表达方法由于陈诉了客观事实，在沟通中更容易让对方接受。第三，充分发挥语言的魅力。比如把"你"和"你们"，变成"我"和"我们"，这样可以贴近沟通双方的关系，缓解气氛。

（三）准确反馈

一次沟通并不能完全消除双方的信息不对称，反馈的意义在于使沟通变成一种循环反复的过程，双方都根据对方的反应，不断修正自己的观点，从而达成双方一致的协议。在劳企沟通的过程中，反馈通常包括正面反馈和负面反馈两种类型。正面的反馈是指当发现对方有良好表现的时候及时给予认可。具体的做法包括：说明员工在表现上的细节，这些细节反映了员工哪方面的品质，并告诉他这些表现带来的良好结果和影响。这样就能够让员工知道他的表现得到了认可，并在以后的工作中强化这种行为。负面的反馈是指对对方的某些行为或观点表示不赞同，提出批评和建议。与正面反馈相比，负面反馈可能令人难以接受。因此在进行负面反馈的时候要耐心，具体地描述对方的相关行为，客观、准确地指出这种行为带来的不良后果，并提出改进建议。

（四）化解异议

无论劳企双方采取何种沟通技巧，由于所处立场的不同，难免会产生意见分歧，如何看待意见分歧并最终达成共识，对劳企双方而言，都是一个不小的难题。为了化解劳企双方的异议，实现共赢，可以从以下几方面着手：第一，找出导致分歧的原因与化解异议的突破点；第二，互相提供建设性的意见；第三，说明这样做的原因，并努力使对方理解；第四，换位思考，考虑对方的利益，达到共赢；第五，求同存异，允许在不影响共同利益的前提下，存在不同的意见。

 **技能要求**

一、组织劳企协商会议各阶段需掌握的要点

无论是作为中立者还是劳企一方协商团队的领导者，劳动关系协调员的一项重要工作就是主持劳企协商会议,或者率领本方团队参加劳企协商会议。这就要求劳动关系协调员从确定协商目标、分析形势及确定协商争议点、制定协商方案、确定协商议程、把控协商阶段和撰写决议草案等诸多方面入手,保证协商的顺利进行。

(一)确定协商目标

协商目标是协商的方向和目的,任何协商都是以目标的实现为导向的。所以,协商前的准备工作有一项很重要的内容,就是确定协商目标。实际上,每一次协商都是追求双赢的过程。从协商双方的角度考虑,设定适合己方的追求双赢的协商目标,对劳企协商的成功至关重要。一般情况下,协商者要把自己所设定的目标划分为三个层次,也就是三个目标区间:

1. 理想目标。理想目标是目标区间的上限,是利益的最大化。理想目标是协商者希望通过协商达成的上限目标,也是己方想要获得的最高利益。一般来说,这个目标是较难实现的。因为协商中的利益给予是有限的,没有人会把自己的利益全部让给别人。

2. 可接受目标。该目标是目标上限与下限区间内可伸缩变动的弹性目标。它规定了一定的机动幅度,最高要达到多少,最低不能低于多少。在协商中,持有可接受目标的协商一方应采取两种态度:一是只能得到部分利益的现实态度;二是奋力争取多渠道实现目标的积极态度。

3. 最低目标。最低目标是协商方必须达到的下限目标,是指即使只达到了下限目标,也不至于受到损失。在协商中,如果对方提出的条件低于这个目标,就不能再做让步。

(二)分析形势及确定协商争议点

在掌握市场信息及对方的信息之后,需要对这些信息进行分析,进而评判协商双方所处的地位,分析己方与对方所拥有的资源优势与劣势。

1. 双方的优劣势分析。协商双方在协商中所处的地位是双方讨价还价的筹码。所以，系统地分析协商双方所处的环境、条件与双方在协商中能获得的机会及受到的威胁，是制定协商战略策略的先决条件。

2. 确定协商争议点。一般来讲，协商的争议点是当协商双方由于各自的协商目标不一致而发生冲突或即将发生冲突时产生的矛盾焦点。协商双方的主要争议点如下：达成一个较为公正（可能双方获利）的结果；双方协商开始时的立场和底线；可能的让步和权衡；避免损失。

（三）制定协商方案

协商方案的制定是整个协商工作的核心，它主要包括以下三个方面。

1. 协商初始立场的确定。协商初始立场，是指己方在协商初期所提出的条件与要求，是协商中的开盘条件，也是己方对于协商的理想结果。

2. 确定协商底线。协商底线，是协商者对协商结果的最低期望要求，是协商者接受协商结果与否的一个判定基准值。如果对方提出低于这一基准值的要求，即应拒绝。

3. 选择协商战略和协商策略。协商战略是指导协商活动的原则性思路或者说是宏观战略；协商策略则是实施协商战略的具体手段。协商战略和策略一般包括以下内容：①事先明确的问题，主要包括协商各方的利益和关系是长期还是短期的，各方是否以相同的视角看待协商问题，协商事项对各方的价值大小，各方在需求、经济资源、法律道义等方面实力对比如何，有无需要取舍的问题。②协商战略，包括让步在先，不让步，为打破僵局让步，以小的、一系列让步实现高的现实性期望，解决问题，取得协商预期以外的目标，终止协商等。③协商策略，包括利用各自的信息资源，依据法律法规，基于职工的愿望和要求，互惠互利等。

（四）确定协商议程

劳企协商议程是指协商的议事日程安排，包括通则和细则两个方面。协商通则一般包括协商的议题和议题讨论的时间。确定通则要注意下列问题：列出所有相关问题；将这些问题按照是否对己方有利分类；尽量将有利于己方的议题列入协商议题。议题讨论的时间方式有多种，可根据具体问题和协商习惯安排。细则包括协商议程和协商前的准备情况，仅供己方使用，具有保密性。细则主要包括以下一些内容：说话的顺序；何时提出何种问题；向何人提出何问题；谁提出问题，谁补充；何时打岔，谁打岔；如何暂停讨论；聘请权威专家来解决某些事项；可能会出现的意外情况及应对措施；更换协商人员，何时更换，由谁来补充。

（五）把控协商的各个阶段

一般来说，劳企协商需经历以下五个阶段：

1. 摸底阶段。劳企双方都力争取得各自的最大利益。包括：双方互相了解各自的期望；双方对将要达成的共识做到大致心中有数；双方都力图把自己的观点转化为对方承认的现实。

2. 要价阶段。协商的一方或双方提出和说明自己的主张。

3. 磋商阶段。双方都尽力争取自己一方的利益。

4. 取得共识阶段。随着协商的逐步深入，双方在某一时刻会感到成功在即，取得了一致的意见。

5. 认可阶段。最后还要对达成的协议给予最终认可。对此，要形成书面文件，有一些还要给予法律上的认可。

（六）撰写劳企协商决议草案

决议草案是对本次劳企协商的目的、目标、原则、协商议程、协商的争议点及各方所持立场、就议题达成的协议要点等有关事项进行系统说明的文件。撰写劳企协商决议草案，应满足以下几项要求：文字简明扼要，逻辑符合人们的思维习惯，内容详尽，对议题有明确的措施办法。

二、劳企协商决定事项落实情况的评估方法

劳企协商协议落实情况评估的方法和程序是否得当，对评估结论的科学性、公正性和权威性有较大的影响。

（一）常用评估方法

在评估中既有定量分析也有定性分析。定性分析主要通过深入解剖少数个案而获得对整个协议执行及其收效情况的深入了解。定性分析收集资料的方式主要有对个案的深入访谈、小组座谈、典型单位文献资料分析等。定性分析的最大好处在于能够深入了解协议执行的全过程，仔细分析执行过程所取得的成效和存在的问题及其原因。定性分析的不足之处在于，它往往难以实现分析对象的广泛性。

评估中的定量分析主要通过广泛收集资料，并对资料进行统计分析和比较，从而获得对协议执行及其收效情况的数量分析结论。现实中的评估大量采用定量分析方法，这类方法通常采用一组客观的指标来分析协议执行是否达到预期目标，并通过对协议实施前后的情况进行对比以及广泛的调查来分析协议实施的效果。

（二）评估的组织及实施方式

劳企协商协议落实情况的评估需要按照严格的程序进行。评估工作的主要环节包括评估计划的拟订、评估者和评估机构的选定、评估的实施、评估报告的撰写等。

评估计划的拟订是劳企协商协议落实情况评估工作的首要环节。评估计划的内容包括对评估工作的执行者、内容、标准、方法与步骤等环节的具体规定，以及对评估工作需要的经费及组织方式的安排。

选择合格和合适的评估机构及评估者是评估工作中的重要一环。评估机构分为评估的组织机构和评估的执行机构，前者主要负责制订评估工作的计划、组建或聘请评估的执行机构、验收评估工作的报告；而后者则负责评估工作的具体实施。评估组织机构可以由劳企双方代表人员共同组成，而评估执行机构则可以是临时组建的评估工作班子，也可以委托政府研究部门、大学和相关的科研机构，以及一些商业性的政策评估机构。

拟订好评估计划和组建评估队伍后，就可以按照评估计划开展评估工作。评估者通过收集、整理和分析资料，得出评估结论，撰写评估报告。评估报告是评估工作的最终产品，其内容一般包括对评估工作进程及方法的介绍和说明、评估结论以及相应的政策建议等。

 **案例**

东风公司"四项制度"加强劳企协商

职工与企业老板、劳方与企业方代表"面对面"平等对话民主协商在东风公司已经坚持了长达7年,成了东风公司的一种制度。7年来,公司总裁与工会主席会晤已达27次,就职工薪酬增长、福利待遇、工资协商等重大问题进行沟通,使一些显现或潜在的劳动关系矛盾从源头上得到及时妥善处理。

2003年东风公司与日产公司合资,实施国际化战略重组,公司产权结构、经营机制、管理方式、利益关系、员工身份等发生了深刻变化。重大的变革带来的不仅仅是挑战同时也是转变经营模式实现跨越式发展的机遇,东风公司迎难而上、大胆创新,依靠党委不动摇,逐步探索出了实现企业民主管理、工资集体协商的"四项制度",使企业靠职工发展、职工靠企业生存的双赢理念深入每一个东风人的心。

所谓"四项制度",一是总裁与工会主席定期会晤制度,搭建劳企高层交流沟通平台;二是总裁定期向员工代表通报情况制度,搭建员工参与公司重大决策平台;三是工会与劳动管理部门通报协商制度,搭建薪酬分配协商共决平台;四是工会与相关行政部门通报协商制度,搭建工会代表职工与行政方共同贯彻以人为本的治企理念,实现员工体面劳动的平台。

"四项制度"如何使东风公司实现了企业与职工共建、共决、共享、共赢呢?

"四项制度"的关键之处在于为职工方与企业方提供了平等对话的平台。从职工的角度来看,这样的沟通机制,把职工所想与企业的发展很好地融合在了一起。职工分享着企业的发展成果,当然更愿意为企业分担压力。从企业的角度来看,通过劳企沟通,职工更加体谅企业，工作起来也更有方向、更有目标，干起活来也更有劲，企业的劳动效率自然就提高了。

资料来源：中华全国总工会. 企业靠职工发展　职工靠企业生存——东风公司"四项制度"加强劳资协商共建和谐劳动关系［EB/OL］.［2011-05-30］. http：//www.acftu.org/template/10001/file.jsp？aid=84426&keyword=劳企协商.

第二节　职工代表大会管理

第一单元　职工代表大会制度

 知识要求

一、职工代表大会制度概述

职工代表大会是职工参与民主管理的基本形式，它和其他民主参与形式一起构成了我国基层组织中职工参与民主管理体系。与其他民主参与形式不同，职工代表大会制度在性质、任务、职权以及组织机构和工作制度等方面，具有独特的特点和优势。

职工代表大会是职工行使民主管理权力的机构。2012年2月颁布的《企业民主管理规定》第三条明确规定：职工代表大会（或职工大会）是职工行使民主管理权力的机构，是企业民主管理的基本形式。职工代表大会是企业实行民主管理的基本制度，是职工参与企业管理的基本形式。职工代表大会由全体职工选举的职工代表组成，它以职工广泛参与为特征；他们代表全体职工行使民主管理权力，表达全体职工意志，体现大多数职工利益，以少数服从多数为原则。职工代表大会行使的权力是民主管理的权力，按《全民所有制工业企业职工代表大会条例》的规定，它是指"审议企业重大决策、监督行政领导、维护职工合法权益等方面的权力"。职工代表大会也是职工参与沟通的制度平台，以协

调利益关系为核心内容,以集体协商为基础。因此,职工代表大会是一个可以在一定范围内行使权力的机构。

二、职工代表大会组织制度

职工代表大会的组织制度,是职工代表大会开展活动,履行民主管理职能,完成其任务的组织设置与工作制度的总称。它主要包括职工代表大会的组织机构、工作机构、组织原则、工作方式和活动制度。

(一)职工代表大会的组织机构

职工代表大会的组织机构包括大会主席团、代表团(组)和根据工作需要而设立的经常性或临时性的专门小组。职工代表大会主席团是职工代表大会会议期间的组织领导机构,并主持会议。根据《全民所有制工业企业职工代表大会条例》的规定,其成员应包括"工人、技术人员、管理人员和企业的领导干部"。主席团成员必须是本届职工代表大会的正式代表,其人数可根据职工代表人数决定。主席团不实行常任制。职工代表大会开展的活动是统一组织起来的职工代表的活动,在企业组织中,职工代表按照分厂、车间、科室组成代表团(组),推选团(组)长。被推选出来的职工代表按所在生产和工作单位组成的代表团(组)开展活动。职工代表大会的专门工作小组是根据职工代表大会工作需要而设置的执行专门任务的临时性或经常性机构。专门工作小组成员一般在职工代表中提名,根据职工代表人数及要解决问题的难易程度确立小组的人数,每个小组3~5人,也可以聘请少数有特殊专长的非职工代表参加,但须经过职工代表大会通过。专门小组对职工代表大会负责,承办职工代表大会交付的各项工作。

(二)职工代表大会的组织原则

民主集中制是职工代表大会的组织原则,也是职工代表大会的基本制度,它是职工代表大会协调行动、集中意志、充分发挥作用的重要保证。职工代表大会实行民主集中制反映了职工、职工代表、职工代表大会之间的个人服从组织、部分服从整体、少数服从多数的关系。民主集中制是把高度民主与高度集中结合起来的组织原则。它要求职工代表大会既要充分发挥每个职工的智慧，又要有统一的意志、统一的组织纪律性。

三、职工代表大会的工作制度

为保证职工代表大会各项具体工作有序和有效开展，企事业单位应制定相应的职工代表大会实施办法，确定职工代表大会会议期间及闭会期间开展工作的制度。根据《企业民主管理规定》的规定，职工代表大会每年至少召开一次。职工代表大会全体会议必须有2/3以上的职工代表出席。职工代表大会议题和议案应当由企业工会听取职工意见后与企业协商确定，并在会议召开7日前以书面形式送达职工代表。

职工代表大会选举和表决相关事项，必须按照少数服从多数的原则，经全体职工代表的过半数通过。对重要事项的表决，应当采用无记名投票的方式分项表决。在其职权范围内依法审议通过的决议和事项具有约束力，非经职工代表大会同意不得变更或撤销。企业应当提请职工代表大会审议、通过、决定的事项，未按照法定程序审议、通过或者决定的无效。

企业工会委员会是职工代表大会的工作机构，负责职工代表大会的日常工作，履行下列职责：①提出职工代表大会代表选举方案，组织职工选举职工代表和代表团（组）长；②征集职工代表提案，提出职工代表大会议题的建议；③负责职工代表大会会议的筹备和组织工作，提出职工代表大会的议程建议；④提出职工代表大会主席团组成方案和组成人员建议名单，提出专门委员会（小组）的设立方案和组成人员建议名单；⑤向职工代表大会报告职工代表大会决议的执行情况和职工代表大会提案的办理情况、厂务公开的实行情况等；⑥在职工代表大会闭会期间，负责组织专门委员会（小组）和职工代表就企业职工代表大会决议的执行情况和职工代表大会提案的办理情况、厂务公开的实行情况等，开展巡视、检查、质询等监督活动；⑦受理职工代表的申诉和建议，维护职工代表的合法权益；⑧向职工进行民主管理的宣传教育，组织职工代表开展学习和培训，提高职工代表素质；

⑨建立和管理职工代表大会工作档案。

 **技能要求**

一、确定职工代表大会议题的一般程序

职工代表大会的议题,是指针对企业的生产发展和经营管理活动,以及职工生活福利等方面,列入职工代表大会议程和提交职工代表大会讨论审议的问题,包括所要审议的问题的要点、提出议题的依据、实施议题的方法与步骤等。

职工代表大会召开之前,需要确定职工代表大会的议题。职工代表大会的议题是否妥当与合理,关系到职工代表大会的质量。正确确定职工代表大会议题的基本要求就是要针对企业生产发展、经营管理、劳动关系协调和职工生活福利等方面的重要问题,尤其是职工群众最为关心的一些重要问题。每次职工代表大会要重点解决好一两个重要问题,议题不要太多,以便集中讨论、集中精力去研究解决。

确定职工代表大会议题的一般程序如下。

1. 会议召开之前,工会委员会应通过组织系统广泛征求职工代表和职工群众的意见,了解当前本单位生产经营和管理中存在的主要问题和职工群众迫切要求解决的重大问题。

2. 工会委员会同行政领导进行协商,并提请党委讨论,形成对大会议题的初步意见。

3. 召开职工代表团(组)长和职工代表大会专门小组负责人联席会议进行讨论,征求意见。

4. 由工会委员会向职工代表大会预备会议提出大会议题的建议,并由预备会议讨论通过。

遇有重大事项,经行政领导人、党委、工会讨论或1/3以上职工代表提议,召开临时会议,即以该重大事项为议题。

二、收集职工代表大会议题的途径和方法

收集职工代表大会议题的途径与方法主要有两个,一是通过

网络向职工群众收集议题；二是通过召开会议的形式收集议题。企业要根据实际情况，如网络建设情况、职工工作性质以及厂区分布状况，选择那些效率高、简单易行的方法。

（一）通过网络收集

在内部网站上向职工发布收集职工代表大会议题的通知，号召全体职工提出职工代表大会的议题。这种方法涉及面广、操作简单、节约费用，尤其适合网络建设比较好的企业。在发出通知的同时，要附有收集议题的表格下载路径，由职工下载填写。

示例：

×××公司第六届第一次职工代表大会征集中心议题的通知

经党委研究，定于2019年9月5日召开公司职工代表大会，现向全体职工收集职工代表大会的中心议题。议题要求：围绕企业生产经营管理、企业改革、劳动报酬、规章制度、劳动安全卫生和生活福利及职工保险费缴纳等方面提出，议题应具有重要性、普遍性、可操作性、可建章立制等特点。凡我公司职工均可提出议题，请在公司内网上下载职工代表大会中心议题意见表，按格式要求认真填写，于8月25日之前，将填写好的意见表的纸质版交公司工会办公室。

×××公司工会委员会

（印章）

2019年8月1日

（二）通过会议收集

通过召开部分职工和职工代表参加的座谈会，由会议主持人向与会者征集。这样的会议可以有选择地确定与会人员，容易举行，办事效率高，也比较容易集中意见，形成共识。会议组织者在确定与会人员之前，对大会中心议题应该有一个基本的认识。尽量在会议上就相关议题达成共识，并做好会议记录，将会议记录存档。

示例：

会议通知

×× 同志：

我公司第六届第一次职工代表大会召开在即，经党委研究，定于 2019 年 8 月 20 日召开"职工代表大会中心议题征求意见座谈会"，全体工会小组长参加，不得缺席。请您安排好岗位工作，届时出席。

×××公司工会委员会

（印章）

2019 年 8 月 5 日

第二单元　职工代表大会的组织

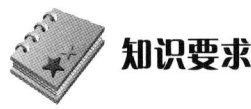
知识要求

一、职工代表大会代表的产生

职工代表大会代表（以下简称职工代表）是单位职工按照一定民主程序直接选举产生，代表职工群众参加职工代表大会，行使民主管理权力的职工。职工代表是职工代表大会的主体，职工代表大会能否正确行使职权、发挥作用，在很大程度上取决于职工代表的工作状况。

（一）职工代表的条件

1986 年颁布的《全民所有制工业企业职工代表大会条例》第十条规定："按照法律规定享有政治权利的企业职工，均可当选为职工代表。"2012 年颁布的《企业民主管理规定》第二十三条规定："与企业签订劳动合同建立劳动关系以及与企业存在事实劳动关系的职工，有选举和被选举为职工代表大会代表的权利。"这是职工代表的基本条件，也是审定职工代表资格的依据。《企业民主管理规定》第九条还规定，有女职工和劳务派遣职工的企业，职工代表中应当有适当比例的女职工和劳务派遣职工代表。为了保证职工代表大会的质量和职工代表在任期内的相对稳定性，企业在选举职工代表时，可以规定一些具体的条件。由于各企业之间的用工制度实际上还存在着一定的差异，有的企业有不少职工是季节工，有的企业还有许多临时工和劳务派遣工，企业可根据自己的实际情况酌情决定。借用人员不属于企业正式职工，不能当选为职工代表，如果工作需要，可作为列席代表参加。一般而言，只要职工与企业建立了劳动关系，就拥有了当选为职工代表的资格。劳务派遣工比较特殊，他们的劳动关系是与劳务派遣单位建立的，但实际劳动却是在用工单位进行，他们的许多切身利益与用工单位紧密相关，所以，用工单位职工代表大会中也应当有他们的代表，表达他们的诉求。以上情况应在本企业职工代表大会实施办法或职工代表选举办法中做出明确规定。

职工代表大会是代表职工群众行使民主管理权力的，选举职工代表应当是在本企业享有政治权利的职工中挑选那些最能正确行使职工代表的权利，履行职工代表义务，热爱企业，办事公道，联系群众，热心为职工群众办事的人。因此，在规定职工代表条件时，也应对职工代表的工作能力、工作责任心、工作表现等做出具体规定。

（二）职工代表的任期

《企业民主管理规定》第二十六条规定："职工代表实行常任制，职工代表任期与职工代表大会届期一致，可以连选连任。"职工代表常任制，是指职工代表在任期内始终享有职工代表的权利并履行职工代表的义务，同时接受原选举部门的监督。为了保障职工代表大会工作的常态化、制度化，就必须使职工代表相对稳定。这样做，一方面可以增强职工代表的自豪感和责任感，促进职工代表珍惜自己的代表身份，更自觉地做好民主管理工作；另一方面也便于对职工代表的组织管理，建立一套比较完善的组织机构和工作制度。

（三）职工代表的比例和构成

职工代表队伍比例构成是否恰当合理，关系到职工代表队伍的代表性，以及职工代表能否更好地发挥代表的作用，行使职工代表大会的各项职权。《企业民主管理规定》第八条规定："企业可以根据职工人数确定召开职工代表大会或者职工大会。企业召开职工代表大会的，职工代表人数按照不少于全体职工人数的百分之五确定，最少不少于三十人。职工代表人数超过一百人的，超出的代表人数可以由企业与工会协商确定。"

职工代表的比例构成，是指代表中各类人员所占的比例。《全民所有制工业企业职工代表大会条例》第十二条规定："职工代表中应当有工人、技术人员、管理人员、领导干部和其他方面的职工。其中企业和车间、科室行政领导干部一般为职工代表总数的五分之一。青年职工和女职工应当占适当比例。为了吸收有经验的技术人员、经营管理人员参加职工代表大会，可以在企业或者车间范围内，经过民主协商，推选一部分代表。"这是条例做出的原则性规定。《企业民主管理规定》第九条规定："职工代表大会的代表由工人、技术人员、管理人员、企业领导人员和其他方面的职工组成。其中，企业中层以上管理人员和领导人员一般不得超过职工代表总人数的百分之二十。有女职工和劳务派遣职工的企业，职工代表中应当有适当比例的女职工和劳务派遣职工代表。"具体到每个企业如何确定代表构成，如何向企业各部门分配代表名额，都应本着科学、务实、高效原则进行安排。

（四）职工代表的选举

《全民所有制工业企业职工代表大会条例》第十一条规定："职工代表的产生，应当以班组或者工段为单位，由职工直接选举。大型企业的职工代表，也可以由分厂或者车间的职工代表相互推选产生。"《企业民主管理规定》第二十四条规定："职工代表应当以班组、工段、车间、科室等为基本选举单位由职工直接选举产生。规模较大、管理层次较多的企业的职工代表，可以由下一级职工代表大会代表选举产生。"

职工代表的选举,首先由工会委员会根据《全民所有制工业企业职工代表大会条例》和《企业民主管理规定》拟定职工选举职工代表的议案,包括名额的分配、选举的办法和步骤、各类人员的比例,然后由工会委员会召开的职工代表团(组)长和专门小组会议或工会委员会扩大会议,或者由职工代表大会筹备委员会讨论通过,并由各级工会组织按选举办法主持选举。

(五)职工代表的补选和撤换

1. 职工代表的补选

职工代表在任期内与企业依法终止或解除劳动关系,代表资格自行终止,缺额由原选举单位按照规定补选,补选条件和程序与选举职工代表的条件和程序相同。任期内的职工代表在企业内部调动工作的,代表资格予以保留,原选举单位的代表缺额,通过民主程序另行增补。因长期病假等原因,不能履行职工代表的职责时,代表资格自行终止,缺额由原选举单位按照职工代表选举程序补选。

2. 职工代表的撤换

职工代表对选举单位的职工负责,选举单位的职工有权监督或者撤换本单位的职工代表。职工代表在任期内出现下列情况时,原选举单位职工有权撤换:一是被依法剥夺政治权利或被企业开除的,应立即取消其代表资格;二是无故不参加职工代表大会活动,严重失职的;三是因停薪留职、长期病事假、脱产学习等情况,不能参加职工代表大会各项活动的;四是因为其他原因不能履行代表义务,失去原选举单位职工信任的。

撤换职工代表的一般程序是:选举单位职工提出撤换职工代表的要求;工会及时调查核实;原选举单位召开会议讨论,被撤换职工代表可参加会议并可以申辩;经选举单位讨论,半数以上职工同意,方可做出撤换职工代表的决定;原选举单位将撤换职工代表的决定报告企业工会,由企业工会宣布并备案;选举单位职工按照民主程序,选举新的职工代表,经职工代表资格审查委员会(小组)审查后,替补被撤换职工代表的缺额。

（六）列席代表和特邀代表

在实践中，职工代表大会可根据需要邀请一些未当选职工代表的企业领导人和有关负责人作为列席代表参加会议。还可特邀一些离退休老职工和职工家属等参加，使大会具有更广泛的代表性。列席代表和特邀代表在职工代表大会上可以发表意见和提出建议，但没有表决权和选举权，不能当选为职工代表大会主席团成员。

二、职工代表的权利和义务

《全民所有制工业企业职工代表大会条例》和《企业民主管理规定》对职工代表的权利和义务做了具体规定。职工代表只有明确权利和义务，才能更好地履行自己的工作职责，充分发挥参与管理的作用，并更好地维护自己的权益。

（一）职工代表的权利

《企业民主管理规定》规定了职工代表有以下权利：

1. 选举权、被选举权和表决权。

2. 参加职工代表大会及其工作机构组织的民主管理活动。

3. 对企业领导人员进行评议和质询。

4. 在职工代表大会闭会期间对企业执行职工代表大会决议情况进行监督、检查。

《企业民主管理规定》还明确：职工代表履行职责受法律保护，任何组织和个人不得阻挠和打击报复。职工代表在法定工作时间内依法参加职工代表大会及其组织的各项活动，企业应当正常支付劳动报酬，不得降低其工资和其他福利待遇。

（二）职工代表的义务

《企业民主管理规定》规定了职工代表的义务：

1. 遵守法律法规、企业规章制度，提高自身素质，积极参与企业民主管理。

2. 依法履行职工代表职责，听取职工对企业生产经营管理等方面的意见和建议，以及涉及职工切身利益问题的意见和要求，并客观真实地向企业反映。

3. 参加企业职工代表大会组织的各项活动，执行职工代表大会通过的决议，完成职工代表大会交办的工作。

4. 向选举单位的职工报告参加职工代表大会活动和履行职责情况，接受职工的评议和监督。

5. 保守企业的商业秘密和与知识产权相关的保密事项。

 **技能要求**

一、召开职工代表大会的规范操作流程

为建立健全职工代表大会制度，保障职工行使民主管理权利，促进劳动关系和谐发展，企业要结合实际，按照职工代表大会规范流程开好职工代表大会。总结各地、各企业的实践经验，一般来说，规范的操作流程应包括以下几个方面的要求。

（一）职工代表大会会前的主要工作要求

1. 建立制度

企业应当根据法律法规的规定，结合本企业的实际，制定本企业职工代表大会制度，主要内容包括：职工代表大会职权、职工代表权利和义务、工作制度和民主管理其他形式。职工代表大会每年至少召开一次，要将召开职工代表大会列入企业年度工作安排，按期实施。

2. 确定议题

职工代表大会召开之前，企业应根据职工代表大会职权结合本企业经营发展的重点工作和职工关注的劳动权益热点问题确定本年度职工代表大会议题。职工代表大会议题可以由工会征求职工意见后提出，也可以由经营者提出，工会与企业协商确定。议题确定后，由工会牵头，有关方面参与，共同做好会议筹备工作。职工代表大会闭会期间，1/3以上职工代表联名要求召开职工代表大会，工会应当及时摸清事由。职工代表所提意见、要求基本合理，工会应积极与企业行政沟通，召开职工代表大会；职工代表所提问题属于有关工作未做细，在认真进行整改的同时，工会应会同企业行政共同做好解释和疏导工作。

3. 征集提案

工会应发动职工围绕职工代表大会议题开展提案征集活动，提案由职工代表在征集所在选举单位职工意见后提出。提案可以由职工代表个人提出，也可以由多名代表联名提出，提案应以书面形式提出。工会应指导帮助职工代表提高提案质量，并及时将提案整理分类，确定整改落实部门和办结、答复时间，送经营者阅处后交有关部门办理。工会应对上届职工代表大会提案和落实情况进行汇总，做好向职工代表大会报告的准备。已被采纳并在实施中产生效益（效能）的提案，可以建议企业给予相应的奖励。

4. 材料准备

企业行政准备以下材料：①行政负责人的工作报告；②依法应当提交职工代表大会审议的有关制度、方案的草案；③上届职工代表大会决议落实和集体合同履行情况的报告。

工会准备职工代表大会闭会期间实施和组织日常民主管理、民主监督情况的报告。

提交职工代表大会审议的报告、制度和方案，在起草制定过程中应当充分听取工会和职工的意见，同时必须是书面材料。

5. 选举职工代表及审查代表资格

职工代表大会召开前，工会应当组织好职工代表的选举，保证代表具有代表性和合法性。

6. 通知开会

职工代表大会开会通知应当采用书面等形式，告知每一位职工代表会议时间、地点及主要内容。同时应当安排好职工代表的工作，保证会议的出席率。提交职工代表大会审议的报告、制度、方案草案等，一般应当提前5个工作日发至职工代表，以便职工代表团（组）组织职工代表讨论和征求选举单位职工意见；对已经多次讨论修改的方案草案，经工会同意，可以直接提交职工代表大会审议。

7. 其他准备

在召开职工代表大会之前，企业工会应主动向上级工会报告或填写职工代表大会会前情况报告表，上级工会认为有问题的，应及时了解情况给予指导。

工会要组织职工代表学习有关法律法规，对提交职工代表大会审议的有关文件进行预审。职工代表大会如安排民主评议中高级管理人员的议程，应当通知被评议对象准备述职报告，同时准备民主评议表。职工代表大会如审议企业业务招待费使用情况，财务部门应当按规定准备相关材料，提交职工代表大会专门委员会（小组）预审后，再向职工代表大会报告。

（二）职工代表大会召开期间的主要工作要求

1. 职工代表大会预备会议

根据工作需要，企业在正式召开职工代表大会之前，可以召开预备会议。预备会议由工会负责人主持，职工代表大会正式代表参加。预备会议的主要任务是：

（1）听取职工代表大会筹备情况的报告，通过大会议程。

（2）报告职工代表（含列席代表、特邀代表）出席情况，通过代表资格确认和调整情况的报告。

（3）确定职工代表大会主持人。职工代表大会主持人由工会提名，可以是工会主席，也可以是行政负责人。规模较大的企业可以成立大会主席团，由主席团成员主持大会。中高级管理人员不应超过主席团组成人员总数的1/3。

（4）职工代表大会如安排有选举和审议通过事宜，预备会议应讨论通过选举、表决办法，确定计票、监票人员。

2. 职工代表大会正式会议

正式会议由预备会议或工会与行政协商确定的主持人主持。工作人员清点出席本次会议职工代表人数，并向大会主持人报告。出席会议的正式代表超过代表总数的2/3即可以举行会议。职工代表大会一般议程如下：

（1）大会主持人宣布大会开始。

（2）听取行政负责人关于企业经营管理的工作报告，以及有关人员对提交职工代表大会审议的有关规章制度、重大事项的说明。

（3）听取工会关于开展日常民主管理工作情况的报告。

（4）讨论行政、工会工作报告和有关制度、方案，提出修改意见和建议。职工代表大会可以根据需要，安排职工代表质询、职工代表发言等议程；可以组织职工旁听。旁听代表的数量和产生方法由企业工会根据企业实际情况确定。旁听代表有意见和建议应通过本选举单位的职工代表有序表达。

（5）就职工代表大会审议的重要问题做出决议。职工代表大会决议应当采取无记名投票的方式表决，获得全体职工代表半数以上同意方为有效。职工代表审议涉及职工切身利益的规章制度的意见和建议应当形成会议纪要，在会后向职工公示。职工代表大会决议和纪要必须形成书面文件。

（6）选举职工代表大会专门委员会（小组）成员。企业可以根据实际需要，设立民主管理、集体协商和规章制度制定、提案和合理化建议审查等专门工作委员会（小组）。专门工作委员会（小组）是职工代表大会的办事机构，负责完成职工代表大会交办的工作。

（7）民主评议和监督企业中高级管理人员，提出意见和建议。

（8）通过集体合同或专项集体合同。

（9）宣布大会结束。

（三）职工代表大会结束后的主要工作要求

1. 传达贯彻会议精神

（1）职工代表向所在选举单位职工传达本次职工代表大会的主要精神，报告本人履职情况。

（2）工会组织各职工代表大会专门工作委员会（小组）制订工作计划，落实职工代表大会交办的任务。

（3）工会负责填报职工代表大会会后情况报告表，于职工代表大会闭会一周内向上一级工会报告。

（4）公示职工代表大会审议、与工会协商一致的企业规章制度和经劳动行政部门审核通过的集体合同、专项集体合同。

2. 组织职工代表活动

企业行政会同工会组织职工代表检查职工代表大会决议、提案和集体合同的落实情况。

3. 处理职工代表大会闭会期间的重要事项

在职工代表大会闭会期间如遇到属于职工代表大会职权范围内的事项，其处理方式是：一般事项可以通过召开工会委员会会议或工会委员会扩大会议研究决定；凡需要职工代表评议、评估、测评和听取意见的事项，可以各代表团（组）为单位进行，工会汇总结果，在企业内公示；与职工利益密切相关的重大问题，工会应当提议召开临时职工代表大会。

二、职工代表大会决议落实的监督方法

为切实保证职工代表大会决议的贯彻实施，工会要组织职工代表大会专门委员会（小组）和职工代表，对决议的落实情况进行监督检查。加强监督检查是落实职工代表大会决议的重要环节，因为不管是职工代表大会决议的提出还是表决，都离不开职工代表的监督。

（一）通过专门工作小组进行监督

在职工代表大会闭会期间，职工代表大会的各专门工作小组对职工代表大会通过的属于本小组职责范围内的决议负有督促实施和监督检查的职责。工作小组可以事先制订监督检查计划，届时组织小组成员就决议的实施情况进行监督检查。检查过程中如发现职能部门对职工代表大会决议落实不力的情况，要及时向工会委员会进行情况通报，必要时可以向工会提出召开代表团（组）长联席会议就某项问题进行讨论和决策的建议。

示例：

×××公司职工代表大会工资工作小组监督检查计划

2019年3月11日召开的公司第三届第二次职工代表大会通过

了"关于2019年度岗位工资改革的方案"。为使职工代表大会决议得到认真贯彻执行，职工代表大会工资工作小组将就方案的落实情况进行监督检查，现做计划如下。

1. 3月15日至4月15日之间，工作小组将分别在第二和第三车间召开两次座谈会，向职工群众征询对工资改革方案实施的看法及建议，参加座谈会的职工随机抽调，提前5天通知车间主任，车间须安排好抽调职工的工作，保证职工参加座谈会。

2. 4月10日至15日之间，工作小组将听取人力资源部门关于工资改革方案实施细则的报告，并就进展情况发布通告。

3. 7月，工作小组将就工资改革方案及实施细则的落实情况进行为期20天的调查，调查结束后进行总结与通报。

4. 在调查和检查过程中，各部门要积极配合工作小组的工作，如发现阻挠工作小组工作者，将根据情况向公司党委提出追究直接责任人的建议。

×××公司职工代表大会工资工作小组

2019年3月15日

（二）职工代表巡视制度

职工代表巡视制度是近年来企业在监督和检查职工代表大会决议落实情况方面所做的创新，它是指由企业党委或工会出面组织一定数量的职工代表，对职工代表大会决议的落实情况进行定期或不定期调查与检查，以督促企业各职能部门认真落实职工代表大会决议的民主管理形式。

由于职工代表来自基层，来自公司不同部门，他们熟悉生产经营的各个环节，他们的监督检查更具有专业性，意见和建议更具有针对性，避免了上级机关对下级部门检查时不熟悉情况、"蜻蜓点水"和碍于情面等弊端。职工代表反馈的情况全面具体，有利于企业行政进行科学决策。做好这项工作需要注意以下几个问题：

1. 选好职工代表。开展职工代表巡视，人是前提。要选择那些群众威信高、业务技术精、敢于为群众说话的职工代表参与其中，注意吸收来自一线的职工代表。为保证巡视质量，有必要对这些代表举办专题培训班。

2. 规范巡视过程。通过制定《职工代表巡视制度》使其制度化，可以规定：巡视人员对发现的问题，有权向被巡视部门领导质询，并提出限期改正的意见；被巡视的部门要认真对待巡视工作，积极配合，为巡视工作提供方便和可靠资料信息，认真解释巡视人员质询和提出的问题，不得搪塞推诿；巡视结束后，巡视组要将巡视情况形成书面报告，向公司党委或总经理办公会及工会委员会汇报；对职工代表大会决议、提案落实情况的巡视情况，向下次职工代表大会报告等。

3. 做好整改和反馈工作。应把职工代表大会决议中的那些影响企业发展的重点、难点问题以及职工关心的焦点和热点问题作为巡视内容。对巡视中发现的问题要及时通报，要求相关部门提出改进措施。

示例：

×××公司职工代表巡视制度

第一条 根据《劳动法》《全民所有制工业企业法》《工会法》和《全民所有制工业企业职工代表大会条例》，以及《×××公司职工代表大会条例实施细则》的有关规定，特制定本制度。

第二条 职工代表巡视检查分定期、不定期和专题巡视。

第三条 职工代表巡视检查活动在公司和分厂两级进行。公司工会负责组织公司职工代表的巡视；分厂工会负责组织本级职工代表的巡视。

第四条 职工代表巡视检查的主要内容：

1. 生产经营管理的情况是否符合本公司制定的各项生产与管理标准，包括年度经营方案落实情况、各项规章制度的执行情况和劳动竞赛开展情况等；

2. 职工生活福利部分，包括劳动报酬、工作时间、休息休假、职工生活福利费使用和"送温暖"资金使用情况等；

3. 职工代表大会通过事项的落实、职工代表提案落实、厂务公开工作制度执行情况、集体合同和劳动合同执行情况等。

第五条 职工代表巡视检查人员的组成坚持三方原则，即由职工代表、工会和行政业务主管部门人员组成，其中以职工代表为主。

第六条 职工代表巡视检查活动由各级工会牵头组织，各有关业务部门协办，各受检查单位、部门、项目部应积极配合。

第七条 职工代表巡视检查的方法是：听、看、查、议、评。要广泛听取广大职工群众的意见和受检查单位主要负责人的汇报，查看有关资料，对所听、所看、所查的情况进行认真评议，总结经验，提出问题和整改意见。

第八条 职工代表巡视检查的步骤是：

1. 调查摸底。首先对本公司各项管理及各部门的工作情况进行必要的调查摸底，做到心中有数、找准目标、明确重点。在此基础上确定巡视检查的时间、内容及重点。

2. 制定方案。结合受检对象的实际，认真制定实施方案，在方案中要确定时间、地点、内容，并做到人员落实。

3. 选派代表。根据受检内容，认真挑选职工代表，把思想品德好、业务能力强、工作作风硬的代表推选出来，组成若干小组进行巡视检查。

4. 召开预备会。代表选出后，要召集代表和有关业务部门人员开好预备会。会上要讲清意义、巡视检查的内容及有关要求，同时通知受检单位做好安排。

5. 巡视检查。按计划安排，组织职工代表对受检单位进行巡视检查。根据实际情况每年进行2~3次。

6. 评议阶段。职工代表对巡视检查的结果要当场进行评议，总结经验，指出问题，提出整改意见。

7. 意见反馈。对职工代表所提出的意见，应在规定的时间内及时整改，并将整改的措施及整改进展情况及时反馈给职工代表，一般反馈时间不超过 15 日。

8. 总结通报。每一次巡视检查活动结束后，都要做出书面总结，表扬先进、批评落后。

第九条 本制度适用于全公司各单位，解释权归公司工会。

第十条 本制度自 2020 年 1 月 1 日起施行。

×××公司工会委员会（章）

2019 年 12 月 15 日

除了上面讲到的几种监督方法外，企业还可以根据自己的具体情况采取更多的监督与检查方式。比如在食堂、礼堂等地方设立意见箱，通过职工群众自由地反映职工代表大会决议落实情况和存在的问题，由工会或党委收集职工意见进行汇集与整理，对那些职工反映强烈的问题，党委和工会可以根据情况通过建议召开代表团（组）长联席会议的方式予以解决。另外，还可以开展"职工代表接待日"活动，了解职工群众对职工代表大会决议执行情况的意见，并将意见进行归纳和整理，转交相关部门处理。

第三节　厂务公开管理

第一单元　厂务公开概述

知识要求

一、厂务公开制度

厂务公开制度是企业行政一方按照一定的程序向本企业职工公开企业生产经营管理的重大事项、涉及职工切身利益的规章制度和经营管理人员廉洁从业相关情况，听取职工意见，接受职工监督的民主管理制度。

按照 2002 年《中共中央办公厅　国务院办公厅关于在国有企业、集体企业及其控股企业深入实行厂务公开制度的通知》（以下简称"两办"通知)的精神，实行厂务公开是进一步落实党的全心全意依靠工人阶级指导方针的有效途径。实行厂务公开，必须遵循国家法律、法规和党的方针政策，实事求是、注重实效、有利于改革发展稳定和保护商业秘密；必须坚持党委统一领导，党政共同负责，有关方面齐抓共管，动员职工广泛参与；必须与企业党的建设、领导班子建设、职工队伍建设结合起来，与建立现代企业制度结合起来。2012年颁布的《企业民主管理规定》也对厂务公开制度做出了明确规定。

根据"两办"通知和《企业民主管理规定》的要求，企业应通过职工代表大会和其他形式，将企业生产经营管理的重大事项，涉及职工切身利益的规章制度和经营管理人员廉洁从业的相关情况，按照一定程序向职工公开，听取职工意见，接受职工监督。还没有实行的单位尽快实行；已经实行的，要进一步深化，逐步使其内容、程序、形式规范化、制度化。特别是生产经营困难的企业更应当实行厂务公开，动员和依靠职工群众与经营者共同把企业搞好。

在厂务公开工作中，要切实做好企业领导人员和职工的思想工作。企业领导人员要提高认识，自觉地把厂务公开摆到重要工作位置，纳入现代企业管理的体制、机制和制度之中。要鼓励职工积极参与厂务公开活动，支持和监督企业经营者依法行使职权，认真行使当家作主的民主权利。要加强对职工代表的培训，不断提高他们参与民主决策、民主管理和民主监督的意识和能力。

在厂务公开工作中，必须坚决防止和克服形式主义，保证公开的真实性，务求工作实效。要切实做到企业重大决策必须通过厂务公开听取职工意见，并提交职工代表大会审议，未经职工代表大会审议的不应实施；涉及职工切身利益的重大事项，更应向职工公开，职工代表大会按照法律法规规定具有决定权和否决权，既未公开又未经职工代表大会通过的有关决定视为无效；在国有和国有控股企业，经职工代表大会民主评议和民主测评，大多数职工不拥护的企业领导人员，其上级管理部门应采取相应的组织措施；企业领导人员违反职工代表大会决议和厂务公开的有关规定，导致矛盾激化，影响企业和社会稳定的，要实行责任追究。

二、厂务公开的主要内容

"两办"通知要求的厂务公开内容包括企业重大决策问题、企业生产经营管理方面的重要问题、涉及职工切身利益方面的问题、与企业领导班子建设和党风廉政建设密切相关的问题四个方面。《企业民主管理规定》第三十四条、第三十五条也对厂务公开的事项做出了明确规定。具体内容如下：经营管理的基本情况；招用职工及签订劳动合同的情况；集体合同文本和劳动规章制度的内容；奖励处罚职工、单方解除劳动合同的情况以及裁员的方案和结果，评选劳动模范和优秀职工的条件、名额和结果；劳动安全卫生标准、安全事故发生情况及处理结果；社会保险以及企业年金的缴费情况；职工教育经费提取、使用和职工培训计划及执行的情况；劳动争议及处理结果情况；法律法规规定的其他事项。

三、厂务公开的实现形式

根据"两办"通知的要求，厂务公开的主要载体是职工代表大会。要按照有关规定，认真落实职工代表大会的各项职权。要通过实行厂务公开，进一步完善职工代表大会民主评议企业领导人员制度，坚持集体合同草案提交职工代表大会讨论通过，企业业务招待费使用情况、企业领导人员廉洁自律情况、集体合同履行情况等企业重要事项向职工代表大会报告制度，国有及国有控股的公司制企业由职工代表大会选举职工董事、职工监事制度等，不断充实和丰富职工代表大会的内容，提高职工代表大会的质量和实效，落实好职工群众的知情权、审议权、通过权、决定权和评议监督权，建立符合现代企业制度要求的民主管理制度。在职工代表大会闭会期间，要发挥职工代表团（组）长联席会议的作用。车间、班组的内部事务也要实行公开。应依照厂务公开的规定，制定车间、班组内部事务公开的实施办法。

厂务公开的日常形式还应包括厂务公开栏、厂情发布会、党政工联席会和企业内部信息网络、广播、电视、厂报、墙报等，并可根据实际情况不断创新。同时,在公开后应注意通过意见箱、接待日、职工座谈会、举报电话等形式,了解职工反映的情况,不断改进工作。

四、厂务公开的组织领导

"两办"通知要求,厂务公开要在企业党委领导下进行,企业行政是实行厂务公开的主体。企业要建立由党委、行政、纪委、工会负责人组成的厂务公开领导小组,负责制定厂务公开的实施意见,审定重大公开事项,指导协调有关部门研究解决实施中的问题,做好督导考核工作,建立责任制和责任追究制度。企业工会是厂务公开领导小组的工作机构,负责日常工作。

企业应成立由纪检、工会有关人员和职工代表组成的监督小组,负责监督检查厂务公开内容是否真实、全面,公开是否及时,程序是否符合规定,职工反映的意见是否得到落实,并组织职工对厂务公开工作进行评议和监督。制定厂务公开的监督检查办法,形成制约和激励机制。

对于国有企业、集体企业及其控股企业以外的其他企业,依照《企业民主管理规定》,应当建立和实行厂务公开制度,通过职工代表大会和其他形式,将企业生产经营管理的重大事项、涉及职工切身利益的规章制度和经营管理人员廉洁从业相关情况,按照一定程序向职工公开,听取职工意见,接受职工监督。企业主要负责人是实行厂务公开的责任人。企业应当建立相应机构或者确定专人负责厂务公开工作。企业实行厂务公开应当遵循合法、及时、真实、有利于职工权益维护和企业发展的原则。实行厂务公开应当保守企业商业秘密以及与知识产权相关的保密事项。

 **技能要求**

一、组织重大事项沟通会议的要点

重大事项沟通会是信息公开的一种方式,这种会议规模不是很大,往往在特定范围内进行,与会人员一般是在某一方面极具代表性的，或是部门领导，或是专业人才，或是某职能部门的业务人员，或是经过遴选的职工代表。这种会议的作用往往带有议事性质，为领导决策的施行做先期的准备，或者为领导做出最后决策提供直接的意见和素材。

（一）文件的准备

重大事项沟通会前需要准备会议的相关文件和材料。会议文件和材料主要分为两大类。

1. 供会上学习参考的文件资料

如上级的有关政策、方针、法规、计划，以及专业、技术性资料等。需要保密的文件在会议结束后不能让与会人员带走，应做好回收工作。

2. 会议本身所产生的文件

如开幕词、工作报告、领导讲话稿、发言稿、会议记录、会议简报、会议决定、会议纪要、闭幕词、会议总结等。其中，开幕词、工作报告、领导讲话稿是必须在会前准备妥当的，其他文件则在会议过程中或会议结束时形成。这类文件可以让与会人员带走，以供进一步学习之用。

（1）开幕词。开幕词是会议开始时会议主席的发言稿，一般带有预告及礼仪性质，比较简短。内容大体包括三方面：对来宾和与会人员表示欢迎；对会议的内容、任务、目的做简要介绍；预祝会议成功。

（2）工作报告。工作报告是会议的主要文件，其中的主要内容往往是会议讨论的中心议题。工作报告必须有实质性的内容，既有对前阶段工作成果、经验、不足的回顾与总结，也有对下一步工作提出的计划、预算、部署或展望，或者是对发生的重大事件的描述。工作报告既要全面，又要重点突出，篇幅一般较长，视内容而定。

工作报告或领导讲话稿的形成，一般先由领导根据会议内容、目标的要求确定要点，交给有关人员完成，也可自己完成。有关人员按照领导确定的要点，收集资料，写成初稿，呈给领导审阅。

领导审阅后提出意见，交回修改，或是自己修改。最后由领导审定后签发。将签发的文稿打印、装订成会议正式文件。

（3）发言稿。这里指的是除工作报告、领导讲话稿之外的其他与会人员的发言稿。对于是否提供书面稿，在会议通知中应有所要求。

除上述文件材料之外，还必须准备好会议所用的技术性、程序性文书材料，如会议通知、会议议程表、日程及作息时间表、与会人员名单及通信录、分组名单、住房安排表、工作人员名单、车辆调度表等。

（二）与会人员选择

要根据会议内容、性质与需要选定参加会议的人员。参加会议人数的多少，应根据会议内容和会议预期效果、场地条件而定。决定与会人员资格时应主要考虑以下几点：

1. 跟通报内容有直接关联的人，比如业务关联部门的负责人、当事人等；

2. 可提供无法从他处取得的信息，使讨论能更有效地进行；

3. 发言具有代表性，能对其团体负责；

4. 同时还要确认是否需要邀请特殊人员（如有关方面专家、少数民族代表、贵宾客户、残障人士代表及家属等）参加及他们的名额。

让与会人员知道为何被邀请出席是一件很重要的事。出席者只有清楚自己在会议中所"扮演"的角色，才能全力投入到讨论中去，也会产生强烈的责任感。

（三）会场控制

对会场进行控制是必不可少的，有的与会人员可能会提出一些令他人难堪的问题。而作为会议组织者，要避免出现这种情况。类似的问题可以在会下解决，主要的解决方法有以下几点：

1. 开会之前要深入考虑召开会议的目的，大体了解与会人员的情况。

2. 为使会议开得有成效，根据会议内容，会前应考虑一些人重点发言,并在发言上做一些重点分工。对发言人的发言稿事先审阅、把关。

3. 在通报一些生产事故、质量与收入分配问题时,比较容易出现偏激的对立意见。对此,可以引导能够全面、客观地分析问题的人员发言,确保会议不偏题,按正常的秩序进行。

二、厂务公开报告的撰写

厂务公开报告是对企业建立厂务公开制度和开展活动状况进行综合分析而形成的书面报告。报告使企业职工和有关部门能够及时了解和把握厂务公开的状况、效果、存在的问题及需要改进的地方,以利于加强和完善制度建设,促进厂务公开的进一步深化。

报告大体可以划分为两类:一是综合报告,二是单项报告。综合报告是对本企业厂务公开工作的整体分析;单项报告是对厂务公开的某项活动进行分析,比如业务招待费公开分析报告等。两者虽然内容有所不同,但在写作要求上基本一致,只是在涉及的内容上有所区别。报告一般由以下四部分构成:标题、前言、正文、结尾。

1. 标题。报告的标题大体上有两类构成形式:一类是公文式标题;另一类是非公文式标题。公文式标题由单位名称、时间、事由、文种组成,如《××集团公司2018年厂务公开活动分析报告》,有的只写《分析报告》等。非公文式标题则比较灵活,有的为正副标题,如《协调劳动关系的有效形式——××公司厂务公开活动》,有的标题对主要内容进行概括,如《我厂开展厂务公开活动的成绩、特点及问题分析》等。

2. 前言。即正文的开头,严格地讲,前言也是正文的一部分。前言一般简明扼要地概述基本情况、交代背景、点明主旨或说明成绩,为主体内容的展开做必要的铺垫。

3. 正文。这是报告的核心部分,其内容应当包括:

(1) 厂务公开的基本状况、主要做法,必要的数据统计,描述主要的成绩。

(2) 成绩、特点与问题(经验和教训等)。这一部分要求在全面回顾工作情况的基础上,深刻、透彻地分析取得成绩的原因、条件、特点,以及存在的问题,探索工作中带有规律性的东西。回顾要全面,分析要透彻。

(3) 建议与对策。针对工作中存在的问题,认真分析造成这种状况的原因,为厂务公开活动的改善而提出建议。

报告正文的结构,主要采用逻辑结构形式。一种是全面性总结,根据过去一段时间工作中的成绩和问题,或者经验和教训的内在联系去组织材料。另一种是专题性总结,以经验为轴心去组织材料。不同类型的分析报告,内容也有所侧重。全面性总结的主体包括两个层次,一是成绩和经验,二是存在的问题和教训。对于一般的工作总结,重点放在成绩和经验上。

4. 结尾。既可以概述全文,也可以说明好经验带来的效果,还可以说明问题的严重性,起到点明主题、提醒读者把握重点的作用。报告的最后要有署名和时间日期,如果标题之下已有署名,可不再写。

第二单元　厂务公开中的商业秘密管理

知识要求

一、商业秘密概述

2002年6月,中共中央办公厅、国务院办公厅公布了《关于在国有企业、集体企业及其控股企业深入实行厂务公开制度的通知》,指出企业厂务公开"必须遵循国家法律、法规和党的方针政策,实事求是、注重实效、有利于改革发展稳定和保护商业秘密"。即要求厂务公开应在不泄露商业秘密的情况下进行。1993年9月由全国人民代表大会常务委员会通过,2019年4月进行修正的《反不正当竞争法》中,对商业秘密做了以下界定:"指不为公众所知悉、具有商业价值并经权利人采取相应保密措施的技术信息、经营信息等商业信息。"由此可见,商业秘密的本质是未公开的技术信息或者经营信息。

《反不正当竞争法》中的商业信息包括技术信息和经营信息，但没有对技术信息和经营信息进行定义。国家工商行政管理局1998年修正的《关于禁止侵犯商业秘密行为的若干规定》，采用了《反不正当竞争法》中关于商业秘密的定义，并指出，"技术信息和经营信息包括设计、程序、产品配方、制作工艺、制作方法、管理诀窍、客户名单、货源情报、产销策略、招投标中的标底及标书内容等信息"。

1. 技术秘密。不为公众所知悉、具有商业价值并经权利人采取保密措施的技术信息。有人将技术秘密称为非专利技术或者专有技术，或者技术诀窍。实际上，后面几种说法仅仅是从技术的自然状态而论，而不是从法律状态而言。只有这些技术符合秘密性、保密性等法定条件，才可能在法律上作为技术秘密获得保护。

2. 经营秘密。主要指未公开的不涉及技术方案的生产经营信息，包括市场占有率、产品的分布区域、销售计划、客户名单、进货渠道、销售网络、产品定价、供求状况、标底、标书等资料。只要这些信息尚未被公众知悉，能给信息持有人带来经济利益，并且信息持有人采取了保密措施，就可以作为商业秘密受到保护。

二、侵犯商业秘密的行为

侵犯商业秘密行为是指以不正当手段获取、披露、使用他人商业秘密的行为。《反不正当竞争法》第九条以及《关于禁止侵犯商业秘密行为的若干规定》指出，经营者不得采用下列手段侵犯商业秘密：以盗窃、贿赂、欺诈、胁迫、电子侵入或者其他不正当手段获取权利人的商业秘密；披露、使用或者允许他人使用以前项手段获取的权利人的商业秘密；根据法律和合同，有义务保守商业秘密的人（包括与权利人有业务关系的单位、个人，在权利人单位就职的职工）披露、使用或者允许他人使用其所掌握的商业秘密。第三人明知或应知前款所列违法行为，获取、使用或者披露他人的商业秘密，视为侵犯商业秘密。在实践中，第三人的行为可能与侵权人的行为构成共同侵权。

判断是否构成侵犯商业秘密行为的要点为：

1. 认定是否构成侵权，必须首先依法确认商业秘密确实存在。

2. 行为主体可以是经营者，也可以是其他人。

3. 客观上，行为主体实施了侵犯他人商业秘密的行为。

4. 以非法手段获取、披露和使用他人商业秘密的行为已经或可能给权利人带来损害后果。

 **技能要求**

对侵犯商业秘密行为的处罚

公司制企业在其企业章程中，一般都会对管理人员、职工提出保守商业秘密的要求。如果企业发现自己的商业秘密被泄露，可以向工商行政管理机关申请查处侵权行为，并需要提供商业秘密及侵权行为存在的有关证据。工商行政管理机关可以根据有关证据，认定被申请人是否有侵权行为。工商行政管理机关一经确认被申请人有侵犯申请人商业秘密的行为，可责令被申请人停止销售使用权利人商业秘密生产的产品，并根据《反不正当竞争法》相关规定，责令停止违法行为，根据情节处以数额不等的罚款。而对被申请人的侵权物品则可做以下处理：一是责令并监督侵权人将载有商业秘密的图纸、软件及其他有关资料返还权利人；二是监督侵权人销毁使用权利人商业秘密生产的、流入市场将会造成商业秘密公开的产品，但权利人同意收购、销售等其他处理方式的除外。

第四节 职工董事监事管理

 **知识要求**

一、职工董事、职工监事制度的基本概念

职工董事、职工监事制度，是依照法律规定，通过职工代表大会选举产生的职工代表作为董事会、监事会成员参与公司决策、管理和监督，代表和维护职工合法权益，促进企业健康发展的制度。凡依法设立董事会、监事会的公司都应建立职工董事、职工监事制度。

职工董事、职工监事是相对于产权所有者的代表而言的，他们是由职工选举产生而不是由出资人委派产生。因此，他们的身份虽然可以称为"职工董事""职工监事"，并享有资方董事和监事相同的权利，但他们的代表性却非常明确，即在董事会和监事会上代表职工的利益。当然这种代表并不意味着与资方代表必然会形成利益的对立，而是通过参与高层次的决策，协调劳企双方的利益，促成企业利益共同体的实现。

推行职工董事、职工监事制度，在我国现行法律及党和政府的政策文件中都有明确规定，是建立现代企业制度、完善公司法人治理结构的重要内容；是维护职工合法权益，调动和发挥职工的积极性和创造性，建立和谐稳定的劳动关系，促进企业改革、发展、稳定的内在需要。

二、职工董事、职工监事的权利与义务

（一）职工董事、职工监事的权利

根据2012年颁布的《企业民主管理规定》，职工董事依法行使下列权利：参加董事会会议，行使董事的发言权和表决权；就涉及职工切身利益的规章制度或者重大事项，提请召开董事会会议，反映职工的合理要求，维护职工合法权益；列席与其职责相关的公司行政办公会议和有关生产经营工作的重要会议；要求公司工会、公司有关部门和机构通报有关情况并提供相关资料；法律法规和公司章程规定的其他权利。

职工监事依法行使下列权利：参加监事会会议，行使监事的发言权和表决权；就涉及职工切身利益的规章制度或者重大事项，提议召开监事会会议；监督公司的财务情况和公司董事、高级管理人员执行公司职务的行为；监督检查公司对涉及职工切身利益的法律法规、公司规章制度贯彻执行情况，劳动合同和集体合同的履行情况；列席董事会会议，并对董事会决议事项提出质询或者建议；列席与其职责相关的公司行政办公会议和有关生产经营工作的重要会议；要求公司工会、公司有关部门和机构通报有关情况并提供相关资料；法律法规和公司章程规定的其他权利。

（二）职工董事、职工监事的义务

根据2012年颁布的《企业民主管理规定》，职工董事、职工监事应当履行下列义务：遵守法律法规，遵守公司章程及各项规章制度，保守公司秘密，认真履行职责；定期听取职工的意见和建议，在董事会、监事会上真实、准确、全面地反映职工的意见和建议；定期向职工代表大会述职和报告工作，执行职工代表大会的有关决议，在董事会、监事会会议上，对职工代表大会做出决议的事项，应当按照职工代表大会的相关决议发表意见，行使表决权；法律法规和公司章程规定的其他义务。

三、职工董事、职工监事的工作程序

职工董事、职工监事应当围绕公司董事会、监事会会议议题，在参与决策前，深入职工群众，充分听取广大职工和工会的意见和建议，广泛收集职工代表反映的情况，如实反映工会、职工代表大会或代表团（组）长和专门委员会（小组）联席会等方面形成的意见。每次董事会、监事会后，由职工董事、职工监事向工会委员会通报情况。每年职工董事、职工监事向职工代表大会进行述职报告一次，接受职工代表大会的询问。职工代表大会每年对职工董事、职工监事就履行工作职责等情况进行一次评议，并根据评议结果，对认真履行职工董事、职工监事职责的人员提出奖励意见。职工董事、职工监事的更换要按照民主程序进行，对于不履行职责或者有严重过错的职工董事、职工监事，经职工代表大会全体代表的过半数通过可以罢免。

四、职工董事、职工监事制度的工作机制

在实际工作中，职工董事、职工监事要发挥应有的作用，需要企业及工会给予积极的支持，建立相应的工作机制来保证职工董事、职工监事切实履行职责。

(一) 信息沟通机制

在实际工作中，由于信息不对称，职工董事、职工监事掌握的信息是有限的，缺乏必要的信息渠道，对企业的重大问题不了解。而且有些文件是按照行政级别来确定传阅范围的，仅凭会前或会上的有限时间去调查了解，很难掌握全面情况。对企业生产经营发展的知情权没有保证，就难以实现真正的参政议政。因此，必须建立畅通的信息沟通机制，让职工董事、职工监事了解全面详细的情况。

(二) 咨询参谋机制

企业涉及的问题是多方面的，职工董事、职工监事要对所有方面的问题都了解、都熟悉是不可能的。从实践经验来看，可以为职工董事、职工监事成立"智囊团"之类的组织，还可以聘请咨询服务机构或有关专家、学者为职工董事、职工监事提供好的建议。

(三) 监督机制

职工代表大会对职工董事、职工监事的工作要监督检查。职工董事、职工监事应定期向职工代表大会做述职报告，一年至少一次。由职工代表对他们进行评议，然后职工代表大会做出决议。如果过半数职工代表对职工董事或职工监事的工作不满意，就应该罢免，并做相应的替补。

(四) 保护机制

职工董事、职工监事的权利受到法律保护，职工董事、职工监事依法行使职权，任何组织和个人不得压制、阻挠和打击报复。职工董事、职工监事在任职期间，除法定情形外，公司不得与其解除劳动合同。

(五) 工作指导机制

上级工会应加强对职工代表大会和职工董事、职工监事工作的指导，加强对职工代表的培训，不断提高其政策水平、业务水平和参与管理的能力，依法维护职工董事、职工监事的合法权利。

 **技能要求**

职工董事、职工监事的推选

《企业民主管理规定》明确规定:公司制企业应当依法建立职工董事和职工监事制度,依法在公司章程中明确规定职工董事、职工监事的具体比例和人数,这是企业开展职工董事、职工监事推选工作的直接依据。

(一)职工董事和职工监事的任职条件

职工董事、职工监事人选的基本条件是:

1. 必须是本公司的职工。能坚持党的基本理论、路线、方针和政策,熟悉并能够贯彻执行国家有关法律、行政法规和规章制度,具有一定政策水平和决策能力。

2. 遵纪守法,办事公道,坚持原则,廉洁自律,忠于职守。密切联系群众,能够代表和维护职工的合法权益,善于表达职工意愿,受到职工群众的信赖和拥护。

3. 具有现代企业专业知识,熟悉企业经营管理或具有相关的工作经验,了解企业生产经营管理、业务技术和相关的法律法规,有较强的参政议政和参与决策、实施监督的能力以及一定的协调沟通能力。

4. 未担(兼)任工会主席的公司高级管理人员;《公司法》中规定的不能担任或兼任董事、监事的人员,不得担任职工董事、职工监事。

(二)职工董事、职工监事的人数比例

关于董事会和监事会中的职工代表比例,《公司法》中没有明确规定,但要求在公司章程中做出明确规定。《企业民主管理规定》第三十七条规定:"公司应当依法在公司章程中明确规定职工董事、职工监事的具体比例和人数。"职工董事的人数一般应占公司董事会成员总数的1/4。2006年国资委下发的《国有独资公司董事会试点企业职工董事管理办法(试行)》中规定:在国有独资公司董事会中,至少要有一名职工董事。因此,现代公司制企业中的董事会和监事会中的职工代表比例,应以"至少一名"作为底线来实行。职工监事的人数不得少于监事会成员总数的1/3。

(三) 职工董事、职工监事的产生程序

由公司工会提出职工董事、职工监事的候选人,公司党组织审核,并报告上级工会。工会主席一般应作为职工董事的候选人,工会副主席一般应作为职工监事的候选人。职工董事、职工监事由本公司职工代表大会以无记名投票方式选举产生。职工董事、职工监事候选人必须获得全体会议代表过半数选票方可当选。职工董事、职工监事选举产生后,应报上级工会、有关部门和机构备案,并与其他内部董事、监事一同履行有关手续。

(四) 职工董事、职工监事的任期、补选及罢免

1. 职工董事、职工监事的任期、补选

(1) 职工董事、职工监事的任期与公司其他董事、监事的任期相同,可以连选连任。

(2) 职工董事、职工监事自任职之日起,劳动合同自动延长至任期结束。任职期间,公司不得因履行职务原因与其解除劳动合同。

(3) 任期届满不再担任职工董事、职工监事的职工代表,公司单方面解除劳动合同时,应当事先将理由通知工会。

(4) 职工董事、职工监事离职的,其任职资格自行终止。空缺应当及时补选,空缺一般不得超过3个月。

2. 职工董事、职工监事的罢免

职工代表大会有权罢免职工董事、职工监事,须由1/3以上职工代表联名提出罢免案,罢免案应当写明罢免理由。罢免职工董事,须经职工代表大会过半数的职工代表通过。公司未建立职工代表大会的,则须由全体职工过半数同意方为有效。职工董事、职工监事有下列行为之一的,可以对其提出罢免案:

(1) 职工代表大会或职工大会年度考核评价结果较差的。

(2) 对公司的重大违法违纪问题隐匿不报或者参与公司编造虚假报告的;泄露公司商业秘密,给公司造成重大损失的。

(3) 以权谋私，收受贿赂，或者为自己及他人从事与公司利益有冲突的行为损害公司利益的。

(4) 不向职工代表大会或职工大会报告工作或者连续两次未能出席也不委托他人出席董事会或监事会会议的；

(5) 其他违反法律、行政法规应予罢免的行为。

相关法律法规

1. 《中华人民共和国全民所有制工业企业法》
2. 《中华人民共和国工会法》
3. 《中华人民共和国劳动法》
4. 《中华人民共和国劳动合同法》
5. 《中华人民共和国劳动争议调解仲裁法》
6. 《全民所有制工业企业职工代表大会条例》
7. 《中共中央办公厅　国务院办公厅关于在国有企业、集体企业及其控股企业深入实行厂务公开制度的通知》
8. 《企业工会工作条例》
9. 《企业民主管理规定》

复习思考题

1. 简述劳企协商的概念。
2. 劳企沟通的方法和技巧有哪些？
3. 简述职工代表大会代表是怎样产生的。
4. 职工代表的权利和义务有哪些？
5. 简述收集职工代表大会议题的途径和方法。
6. 简述确定职工代表大会议题的一般程序。
7. 简述厂务公开的主要内容和实现形式。
8. 简述劳企协商决定事项落实情况的评估方法。
9. 简述职工董事、职工监事的权利和义务。

10. 简述职工董事、职工监事的产生程序。

 **案例分析题**

是工人，更是主人

在大多数企业都面临"用工荒"的情况下，某集团计划招收60多名装卸工，不料却吸引了600多名求职者前来报名，其中半数是具有大学本科学历的大学毕业生。该集团广阔的发展空间和人尽其能的用人制度，是吸引大学生甘做装卸工的原因所在。

在该集团，想问题、办事情、做决策都以"职工拥护不拥护、赞成不赞成、高兴不高兴、答应不答应"作为出发点和落脚点。凡是关系到职工切身利益的改革、发展等方面的重大决策，企业都事先征求工会和职工的意见。

多年来，该集团逐步形成了职工代表大会、民主评议领导干部、四级厂务公开、民主恳谈问答会、职工满意度调查等20项民主管理制度。每个基层队还专门设置"民主公开栏"，按月张榜公示"目标任务、收入分配、安全生产、人事管理、政策制度、福利待遇、劳动保护、考勤、奖罚、物品使用"十项内容，确保公开透明，接受职工监督。

长期以来，该集团的广大职工参政议政的热情高涨，每年都会向企业贡献"金点子"一万余条。对于这一万多条意见和建议，集团不仅专题研究，责成有关部门和单位抓紧落实，而且每季度组织一次职工"金点子"评比，意见和建议被采纳的职工会获得奖励，以此鼓励职工建言献策。

资料来源：李晓寒. 是工人，更是主人［N］. 青岛日报，2011-03-11(1).

请思考：该集团的做法带给我们哪些启示？

第六章 劳动争议处理

 **学习目标**

1. 熟悉劳动争议产生的原因,了解劳动争议预防的意义和措施。

2. 了解员工申诉制度的实质和设计原则,熟悉员工支持计划实施的基本要素和程序。

3. 了解劳动争议协商的原则,了解集体争议类型。

4. 掌握劳动争议调解协议的性质,熟悉劳动争议协商与调解的区别。

5. 熟悉劳动争议调解的策略,了解调解处理重大疑难劳动争议案件应注意的问题。

6. 熟悉劳动争议仲裁管辖制度,了解仲裁庭和仲裁员的相关规定。

7. 掌握劳动争议仲裁的基本流程,了解当事人在仲裁活动中的权利义务以及仲裁中的举证制度。

8. 了解劳动争议诉讼与其他民事诉讼的区别,了解劳动争议的刑事追诉。

9. 掌握劳动争议诉讼的基本流程,了解劳动争议诉讼案件的调解和判决,了解劳动争议诉讼中的裁定。

第一节 劳动争议的预防

 知识要求

一、劳动争议产生的原因

劳动争议是多种原因共同作用造成的,包括社会经济运行环境和经济体制改革、劳动关系双方不同的利益追求、劳动合同和集体合同的履行状况、劳动关系运行监管状况等。梳理劳动争议产生的原因,有利于用人单位和劳动者双方共同努力消除隐患,从源头上遏制劳动争议的发生,也有利于国家、社会以及其他相关部门制定更为有效的处理机制。

(一)社会经济总体运行环境是产生劳动争议的客观原因

随着我国市场经济体制不断完善和现代企业制度的不断推进,传统的单一型劳动关系被打破,用人制度变得灵活多样,使得劳动关系也趋于多样化,难免出现不能正确处理双方权利义务关系的情况,从而产生争议。同时,我国劳动力市场上劳动者和用人单位力量对比不平衡,在很多领域劳动者都处于弱势地位,权利容易被侵犯,导致劳动争议不断出现。

在市场经济建设进程中,企事业单位改制也在一定程度上导致了劳动争议的发生。例如,国有企业改制,在富余劳动力分流安置过程中,部分群体利益受损,引发劳动争议;事业单位改制,在对人员分类管理过程中,相关法律法规不明确,导致劳动争议发生。

(二)劳动关系双方不同的利益追求是产生劳动争议的根本原因

在市场经济条件下,用人单位之间的竞争日益激烈,作为独立的经济体,其追求利润最大化的目标非常清晰,有降低人工成本的动力。同时,劳动关系虽然仍具有人身属性,但早已没有计

划经济时代的"铁饭碗"特征,劳动者追求个人利益最大化的诉求更加强烈。劳动关系双方的利益差别所导致的相互不满发展到一定程度,就会以劳动争议的形式表现出来。

(三)劳动合同和集体合同履行不规范是产生劳动争议的直接原因

劳动合同和集体合同将国家相关劳动政策法规具体化,指明了劳动关系运行过程中双方当事人的行为规范。劳动关系双方没有实际地、全面地履行劳动合同和集体合同及相关法律法规规定的义务,是产生劳动争议的直接原因。例如,劳动合同未能及时签订,劳动者和用人单位的权利义务约定不明确;用人单位没有按照劳动合同约定按时足额支付劳动报酬;劳动关系当事人解除或终止劳动合同时,并未严格按照法律规定的条件和程序进行;集体合同订立程序不合法,内容与相关法律规定不一致等。上述情形在劳动关系运行过程中经常出现,导致劳动争议发生。

(四)对劳动关系运行监管不足是产生劳动争议的间接原因

政府和社会对劳动合同、集体合同的履行情况进行监督的制度不健全,不能很好地监督劳动关系双方权益受保护的程度。对劳动关系运行监管不足,导致劳动关系当事人对自身行为产生的不利后果存在侥幸心理,对于萌芽状态的冲突也不能很好地化解,最后演变为劳动争议。

二、劳动争议预防的意义

劳动争议的预防,通常是指劳动行政部门、用人单位以及劳动者依照相关法律法规,事先采取各种有效措施,积极防范和制止劳动争议发生的活动。同劳动争议处理相比,劳动争议的预防是解决劳动纠纷的前置活动,是为了防止劳动争议的发生及矛盾激化而预先采取的防范性措施,是一项解决劳动争议的积极措施。

劳动争议主要涉及员工的切身利益和用人单位的经济利益,因此,劳动争议的发生会对当事人双方产生消极的影响,不仅降低员工的工作积极性,还会影响用人单位生产效率的提高以及用人单位的发展。同时，争议的解决也需要经过劳动争议仲裁、诉讼程序，耗费社会公共服务资源。此外，即使劳动争议最终得到妥善解决，但争议所带来的各项损失都已经发生，这是无法挽回的。因此，预先采取有效的措施避免和减少劳动争议的发生，在劳动争议处理中具有十分重要的意义。

（一）有利于保护员工的合法权益，增加员工福利

从我国的劳动纠纷案件来看，大部分争议是由于员工的合法权益受到侵害，有的表现为经济损失，有的直接为身体损伤。劳动争议发生后，员工一般都会诉诸仲裁或司法程序，不仅会耗费大量的时间和精力，同时也进一步加重其经济负担，使得本来就处于弱势地位的员工处境更加艰难。因此，通过采取劳动争议的预防措施，避免和控制劳动争议的发生，或者尽量减少劳动争议的发生，员工就能把更多的精力投入到更有益的事情上，从而增加员工的福利。

（二）有利于用人单位经济效益的提高和用人单位的发展

劳动争议一旦发生，双方当事人在坚持自身利益以及劳动争议处理的过程中，必然会对员工的工作积极性和用人单位正常的生产经营与发展造成不同程度的影响，甚至导致用人单位的生产经营陷入停滞状态。因此，通过适当的预防措施，避免和减少劳动争议发生，可以提高用人单位员工的生产积极性和劳动生产率，保证用人单位经营管理活动顺利进行，从而促进用人单位的成长和发展。

（三）有利于降低争议解决的成本

我国处理劳动争议的机构主要有用人单位劳动争议调解委员会、劳动争议仲裁委员会和法院。劳动争议发生后，需要劳动争议处理机构按照法律程序进行解决，一般需要经历调解、仲裁或诉讼等一系列程序，耗费大量的人力和时间。在发达市场经济国家，出现劳资纠纷后，大都在用人单位层面通过内部协商的方式加以解决，而政府的精力主要是放在执法监督上，很少对其直接干预，这样不仅有利于节约社会公共服务资源，同时也有利于劳

资双方的沟通与合作。因此，采取适当的预防措施，就会使多数可能会发生的劳动纠纷在用人单位层面得到解决，从而节约争议解决的成本。

（四）有利于保持劳动关系的和谐、稳定

劳动争议的产生是源于劳动关系双方主体的矛盾和摩擦，因此，劳动争议的产生同劳动关系的和谐、稳定息息相关。一方面，劳动争议本身就是劳动关系不和谐的表现；另一方面，劳动争议的产生也会影响劳动关系的稳定性。而有效的劳动争议预防措施，有助于缓和争议双方主体的矛盾和摩擦，消除对立，预防劳动争议的发生，促使用人单位内部形成相互尊重、平等协商、共谋发展的态势和格局。

三、员工申诉制度的实质

员工申诉制度是由劳动关系双方共同确立的一种制度，用来处理和解决员工所遭受的委屈；它提供了一种途径，使员工能够由低到高依次向不同管理层反映自己对工作条件或人际关系等方面的不满并寻求管理层的公正裁决。申诉的起因是当事人觉得自己受到了不公正的对待，申诉的内容多涉及人际关系摩擦、绩效考核结果、薪酬福利安排、工作场所歧视等，申诉的表现是当事人向组织中有关人员表述内心不满并寻求解决的行为。简言之，员工申诉程序就是员工向管理层表达不满并寻求解决的一种正式沟通渠道。通过申诉程序，一方面让员工有途径表达自己的心声；另一方面也能让管理层及时了解员工的意见并处理其遇到的问题，以避免事态恶化到迫使员工不得不诉诸法律诉讼手段。从这个意义上讲，员工申诉程序既是一个宣泄口（对员工而言），也是一种预警器（对管理层而言），这无疑对劳动关系双方都是有利的。

四、员工支持计划实施的基本要素

由于企业的行业特性、员工特质存在较大差异，以及员工面临的个人问题和企业对员工支持计划的预期目标不同，导致不同企业在具体实施员工支持计划时各自有所侧重。归纳汇总国外员工支持计划的研究和实践，我们可以发现，对于一个成功、有效的员工支持计划来说，以下这些相同的要素是必须具备的。

（一）来自管理层的支持

管理者最大限度的认可与积极支持，对员工支持计划的顺利实施来说非常必要。特别是在员工支持计划项目的初期导入阶段，中层管理者的参与可以为项目的执行提供基本的支持和协助，但如果不能得到最高层管理者的认同，员工支持计划项目也很难达到预期的成效并且持续进行下去。

（二）来自工会等组织或职能部门的支持

如果实施员工支持计划的企业存在有组织的工会，而且对员工支持计划报以积极的态度，希望员工能够更多地参与其中，那么与工会取得合作将非常有必要。在我国企业的员工支持计划项目中，由于企业所介入的角度不一，这方面的支持也不仅限于工会层面。

（三）明确的政策与程序说明

每一个向员工提供员工支持计划的企业，都必须声明员工支持计划的公开政策与程序，要让员工了解并相信公司推动员工支持计划的诚意与决心，最有效的办法是正式宣布一套明确的政策与程序，其中应该包括以下几个方面：员工存在问题是可以被接纳的；让员工认识到每个人都有可能碰到问题或困扰，回避问题不是最佳选择，要有勇气面对并解决问题；充分支持员工为解决问题所做的努力；个人问题或困扰对企业和员工个人都存在负面影响，只要员工本人愿意在这方面做出努力，同事和企业都会给予协助和支持，并愿意通过聘请专业机构向面临困扰的员工提供保密的、专业的帮助；确保接受服务员工的安全感，让员工知道接受员工支持计划所提供的服务是安全的，不会因为曾向员工支持计划寻求帮助而影响到考核绩效甚至升迁，同时其个人资料受保密条款约束，不记入档案；员工支持计划的设立是为了帮助员工及其家人，不会成为管理者的工具；遵循自愿原则。总之，要强调员工是企业最宝贵的财富，同时，所有接受员工支持计划的员工的资料都将受到保护。

（四）良好的保密措施

保密是员工支持计划得以有效实施的基础，所有员工都有权利为自己的问题寻求帮助并获得保密的承诺。在员工被企业的管理者推介给员工支持计划专业服务机构后，他（她）有权获知，在任何情况下，他（她）的相关信息都不会记入档案，而且，转介者也不会知道他（她）的实质问题。在各个环节上做到严格的保密，是员工支持计划取得成功的关键。

（五）完善的教育促进与培训

员工支持计划的推动与实施只有在广大员工参与的基础上取得成功，并非职能部门几个专员就能达成目标。因此，为了顺利执行员工支持计划项目，必须让企业上下全面系统地了解员工支持计划，并明白个人与企业在这方面的共同利益，特别是与员工直接接触的基层主管，要特别为他们举办培训，提升发现与面对员工问题的能力；其他管理者经过教育促进与培训，充分了解员工支持计划的基本理论、功能和做法，帮助他们更有效地提高部门管理效能，让员工支持计划成为他们一个新的动力系统。另外也要让员工及其家属了解员工支持计划的政策、程序和方案内容（如向新员工及其家属提供一份员工支持计划的说明书，为员工举办员工支持计划说明会，利用各种机会、场合、渠道进行宣传与推进），要始终秉持"全员参与"的理念进行经常性、多形式的宣传和介绍。

（六）财务支持和劳工保险

在美国的大多数员工支持计划项目中，公司往往会为雇员支付前三次的咨询费用，五年之内的费用保持不变，希望能够有更多的员工参与此项计划。和普通人一样，有问题的员工也害怕做心理咨询，并担心负担不起费用，但当他们知道不需要支付任何费用时，就会更倾向于接受服务以及让家属参与。

同时，公司会考虑把员工支持计划项目与劳工保险相结合，这样可以通过保险金的方式支付部分与员工支持计划相关联的费用，比如转介过程中的治疗费等，相对可以降低员工支持计划项目的实施成本。通常情况下，保险金只付给心理治疗师和心理学家提供的服务项目。然而很多问题由专业人员治疗其实效果更好，这些专业人员包括家庭治疗师、戒酒咨询师、药物滥用专家、社会工作者、康复治疗专家或营养专家等。员工支持计划协调人员应该备一份这些不同专家的名单，进行有效的转介，企业则应敦促保险公司接受这些专家。

（七）专业的员工支持计划从业人员

在员工支持计划被广泛运用的美国，一般要求员工支持计划协调人员应该具备的专业知识包括：对酗酒问题的认识和治疗；一般情感障碍；其他典型问题（如经济问题、法律问题等）。除此之外，员工支持计划协调人员还必须掌握咨询技巧和个案管理知识。

（八）广泛的服务项目

员工支持计划的存在是为了解决员工出现的一系列问题（如酗酒、药物滥用、隐私、家庭、经济、悲伤、心理健康、医疗以及法律问题等），员工可以因为各种影响工作或自身利益的问题而向员工支持计划寻求帮助。

有一个现象值得关注，当前的员工支持计划在国外吸引了不少普通医生，但他们对员工支持计划不了解，而且也没有给别人做酗酒或药物滥用的康复训练的经验。有证据显示，这些医生在接诊时，不能很好地诊断诸如酗酒或药物滥用的问题，对于改善来访者的酗酒问题更不会有什么帮助。

（九）真实的记录、追踪和评估

对于每项和员工支持计划有关的服务，都要及时保留准确、完整的记录，以作为后期诊断、评估、追踪、督导及研究的依据；要有适当的追踪服务，包括向服务对象了解成效、关注转介员工的后续情况等。同时，对整体员工支持计划项目的执行情况及相关人员的表现也要进行定期评估，并将结果呈报管理层。

员工支持计划项目的整体评估，对于一个有效的员工支持计划来说非常关键，企业和员工支持计划机构都需要知道计划进行得怎么样，是否取得了预期的成效。

 **技能要求**

一、企业预防劳动争议的措施

企业是劳动争议产生的源头，争议在源头得到解决，成本最小，效果最好。企业发生劳动争议，可以通过仲裁、诉讼等法律途径，同时还可以通过企业、社会组织的自我管理、自我规制来消化矛盾。企业可以采取以下措施来预防劳动争议。

（一）倡导人性化管理

劳动争议从其表面上看是法律问题，实质是人的问题。人的主观能动性发挥得如何，直接关系到组织生产经营效率和经济效益的高低。因此，应该突出企业员工的主体性，建立开放的平台和包容的文化环境，鼓励员工发挥其主动性和积极性。同时企业管理者应该树立平等的理念，在平等理念的指引下形成相应的管理，并且努力营造包容、参与的企业文化。企业应当更加关注劳动者的心理健康，引导劳动者理性维权，从而预防劳动争议的发生。

（二）完善劳动规章制度

我国法律对用工管理的合法性、合规性提出严格要求，而很多企业的管理制度不够完善，导致劳动争议的发生。企业应该树立综合的、整体的劳动关系管理理念，通过制定劳动规章制度，对员工行为进行规范，告知员工该做什么、不该做什么、怎样做，并明确薪酬福利待遇等。同时，建立和完善规章制度，有利于克服企业管理随意性问题，约束企业行为，促进企业自律，有利于维护企业生产经营的正常秩序，保障企业合法有序地运作，提高劳动效率；建立统一的企业劳动条件，有利于明确劳动条件与行为规范，有利于企业有效地进行用工管理工作，预防和减少劳动争议。

（三）加强企业民主管理

企业通过完善并执行职工代表大会、厂务公开等民主管理制度，依法保障职工知情权、参与权、表达权和监督权。

（四）建立企业内部劳动争议协商解决机制

充分发挥企业劳动争议调解委员会及调解员促进劳企双方沟通协商的作用，采取召开劳企恳谈会、劳企协商会以及设立意见箱、开展问卷调查等方式，就劳动条件、劳动报酬、员工福利等涉及劳动者切身利益的问题听取员工意见，及时了解掌握并认真研究解决员工的合理诉求。

二、员工申诉制度的设计

员工申诉制度的建立，是为了化解员工的不满情绪，解决企业内部不合理的制度安排。除了非正式的申诉处理制度（如当事人之间的私下沟通），企业应建立一个明确的申诉制度，给员工提供正式、合法的申诉渠道。一般而言，内部申诉制度的建立，应当遵循以下原则。

（一）申诉规则的制度化

申诉制度和程序必须要明确加以说明，这对于保护员工及企业的合法权益具有重要作用。值得注意的是，企业在制定申诉制度过程中，应仔细倾听员工意见，不能单方自行制定，否则将难以为员工所接受和遵循。

（二）申诉机构的正式化

企业内部申诉机构应力求正式化，建立正式的申诉机构，不仅能确保申诉渠道的畅通，而且也使管理者能够通过正式渠道了解员工的工作状况和心理反应。非正式化的申诉运作，除了会使企业处理申诉问题不方便之外，还容易产生直接主管可能隐瞒事实的弊端。正式的申诉机构应由劳企双方代表共同组成，以确保申诉处理的客观、公正。

（三）申诉范围的明确化

明确界定申诉问题的范围，可以准确判断申诉事件是否成立，以及是否值得进一步调查。界定员工可以提起申诉的事项范围，可以使企业和员工了解申诉的问题所在，从而使得申诉制度的运作方向更为明确。同时，对申诉问题加以分类，可以使企业尽早发现问题。这样不仅可以及时平息员工的不满，而且由此可以发现企业管理制度存在的不合理之处。

（四）申诉程序的合理化

虽然申诉制度的设计和运作受企业规模大小的影响，但一个合理的申诉程序应具备以下特征：员工有机会表达其意见；企业有接受意见并处理的机构或执行者；申诉处理依正式的渠道和程序进行；问题处理必须能反馈给申诉者，明示申诉处理过程及结果；企业定期整理并公布申诉处理的事件及问题特征，让员工了解申诉问题的重点及处理情形。

（五）申诉处理的技巧化

处理员工申诉，应把握如下原则：确实做好保密工作，减少申诉者的疑虑；摒除本位主义，以公正、客观的立场处理员工申诉；掌握处理时效，避免久拖不决；答复员工问题时，力求精确明示，切忌语意不明、模棱两可。遵循这些原则，可以确保申诉制度的正常运行，并使员工对申诉制度具有信心，从而使申诉制度真正发挥效用。

三、员工支持计划实施程序

（一）明确员工支持计划职能部门

作为一个系统、长期的项目，员工支持计划项目本身涉及诸多环节，且环环相连，彼此互为支持和呼应。同时，在项目实施过程中，也要考虑与企业现有资源的匹配和融合，为此需要企业根据自身情况和项目本身的定位，明确项目的责任部门，以便统筹调度和组织实施。

（二）成立员工支持计划专项小组

由负责员工支持计划项目的职能部门牵头，成立员工支持计划专项小组推动组织实施。在规模较小的企业中可在职能部门内部设立；规模较大的企业往往有其他职能部门人员介入，这些人员来自不同的部门，可以站在不同的角度提供意见，可以发挥他们本身的专长，如有的人善于沟通，有的人擅长宣传和推广等。

当然，成立专项小组并不意味着企业内部所有职能部门均派代表参与，总体负责的职能部门要根据企业内部的需要进行选择，最核心的目的是争取各部门的认同并集思广益，共同推进员工支持计划项目的实施和执行。

（三）员工支持计划项目需求分析

员工支持计划专项小组应根据企业的特性和员工的需求，对员工支持计划项目进行初步需求分析，为员工支持计划模式的选定、专业机构选择做好相应准备。

通常情况下，如果企业倾向于采用外部模式，该项工作往往由外部专业机构协同进行。

（四）确立员工支持计划项目目标及编制预算

员工支持计划专项小组的一个至关重要的任务就是确立项目的预期目标。当然这个目标的确立需要得到公司高层管理者的最终认同，否则将极大影响项目的最后评估。目标可以从短期、中期、长期不同的角度来阐述，具体要根据企业实际和员工需求来设定。

另外，成本问题也是专项小组需要考虑的一个重要问题。编制项目预算要结合公司的财务状况和年度预算，并尽可能在细化的基础上进行量化。采用外部模式的员工支持计划项目，外部机构在该环节往往有不同程度的介入。

（五）设置专职人员或选定专业机构

对于采用内部模式的员工支持计划项目，需要设置专员具体负责项目的执行，并对该岗位的工作职责予以明确，确立相应的工作流程和制度。

采用其他模式的则需要甄选具备专业能力和实施能力的外部专业机构，并就整体合作事宜通过协约形式进行明确。

（六）建立员工支持系统

任何一种模式的员工支持计划项目，均需要形成项目详细规划书，并由项目专项小组对其进行充分的论证，在提交公司高层管理者批准后实施和执行。前期规划方案与相关准备工作对员工支持计划项目的顺利导入有较大影响,一方面容易说服高管层并获得最大限度的支持,另一方面容易得到员工的认同和信任。实施前期的推动和宣传同样具有非常重要的意义,包括项目导入目的、工作流程、服务内容、服务形式等,由此员工可以清楚地知道如何有效使用企业所提供的资源并寻求相关帮助。

（七）员工支持计划项目效果评估

根据设定的项目周期,员工支持计划专项小组将进行效果评估分析,对前期执行过程中存在的缺陷和不足进行修正,同时将评估分析结果和相关建议向管理层汇报,作为企业审定后期项目实施和执行问题的相关依据。

第二节　劳动争议的协商和调解

第一单元　劳动争议协商

知识要求

一、劳动争议协商的原则

（一）平等原则

在平等的前提下进行协商是劳动争议协商和解的重要原则和条件。根据《劳动法》的规定,用人单位和劳动者作为劳动关系的主体,其法律地位是平等的。当发生劳动争议并进行协商时,双方都应以平等的态度对待对方,决不允许给对方施加压力,或以某种手段相要挟。

（二）自愿原则

自愿原则是指劳动争议的协商,必须以双方当事人自愿为基础。主要表现在双方是否愿意以协商方式解决争议,是否愿意达成和解协议并自愿履行,当事人有不愿意协商而申请调解、仲裁乃至诉讼的权利。

（三）合法原则

合法原则是劳动争议处理的基本原则，也是协商的基本原则之一。该原则是指劳动争议协商的当事人必须是符合劳动法律的规定，与该争议有直接利害关系的劳动关系双方，即用人单位和劳动者。当然，劳动者可以要求所在基层工会参与或者协助其与用人单位协商，工会也可以主动参与劳动争议协商处理，维护劳动者的合法权益。集体合同争议作为劳动争议的一种特殊形式，其主体一方是用人单位，另一方必须是代表劳动者利益的工会或职工代表。

二、和解协议的法律效力

劳动争议协商中签订的和解协议，通常是指发生劳动争议的双方当事人在平等自愿的基础上，通过自行协商，或请工会或第三方与用人单位进行的为解决劳动争议达成的协议。

和解协议对劳动争议双方当事人具有约束力，当事人应当履行。但是，和解协议并非是在特别正式的情形下达成的，没有权威机构的参与，法律上更没有强制执行的效力。当事人如果反悔，不履行和解协议，该劳动争议即没有解决，还得需要其他方式继续解决。当事人可以申请调解，还可以直接申请仲裁。

在劳动争议仲裁阶段，《企业劳动争议协商调解规定》第十一条第二款规定，经仲裁庭审查，和解协议程序和内容合法有效的，仲裁庭可以将其作为证据使用。但是，当事人为达成和解的目的做出妥协所涉及的对争议事实的认可，不得在其后的仲裁中作为对其不利的证据。

三、集体争议的类型

（一）集体劳动争议

集体劳动争议是因共同的争议内容和理由发生的个体争议的联合。个别劳动争议是单个劳动者与用人单位因劳动权利义务关系发生的争议。① 我国《劳动争议调解仲裁法》第七条规定："发生劳动争议的劳动者一方在十人以上，并有共同请求的，可以推举代表参加调解、仲裁或者诉讼活动。"劳动者一方的人数在十人以上，且基于同样的理由和同一用人单位发生劳动争议，即可视为集体劳动争议。

（二）集体合同争议

集体合同争议分为签订集体合同发生的争议和履行集体合同发生的争议。这是两种不同性质的争议。

签订集体合同发生的争议是一种确权性质的争议，即利益争议。因签订集体合同发生的争议，是围绕劳动者未来利益的争议，通过协商和协调处理，而不是通过司法或准司法途径裁决。《劳动法》第八十四条第一款规定："因签订集体合同发生争议，当事人协商解决不成的，当地人民政府劳动行政部门可以组织有关各方协调处理。"

因履行集体合同发生的争议，是对既定权利发生的争议，可以通过协商、仲裁、诉讼程序解决。《劳动法》第八十四条第二款规定："因履行集体合同发生争议，当事人协商解决不成的，可以向劳动争议仲裁委员会申请仲裁；对仲裁裁决不服的，可以自收到仲裁裁决书之日起十五日内向人民法院提起诉讼。"《集体合同规定》第五十五条规定："因履行集体合同发生的争议，当事人协商解决不成的，可以依法向劳动争议仲裁委员会申请仲裁。"

 **技能要求**

一、劳动争议和解协议的拟定

劳动争议当事人协商达成一致，应当签订书面和解协议。和解协议对双方当事人具有约束力，当事人应当履行。和解协议本质上是一份合同，需要具备合同生效的形式要件和实质要件，包

---

① 杨志明. 劳动人事争议调解仲裁 [M]. 北京：中国劳动社会保障出版社，2012.

括签订和解协议的当事人具有完全的民事行为能力、意思表示真实、协议内容不违反法律的规定等。

案例

制作劳动争议和解协议书

【背景】

某公司与职工刘某因解除劳动合同发生争议,刘某到劳动争议仲裁委员会申请仲裁。后双方达成协议,劳动合同解除,并由公司支付给刘某一定的补偿,刘某从劳动争议仲裁委员会撤回仲裁申请。

【任务】

制作劳动争议和解协议书。

【方案】

劳动合同协商解除协议书

用人单位:××××有限公司

个人:刘某(身份证:)

双方就××××有限公司解除劳动合同后的处理,以及刘某在××××劳动争议仲裁机构提出的劳动仲裁请求等事宜,本着平等、自愿、协商一致的原则,达成以下协议:

第一条 双方友好协商对一切用工期间及结束后产生的争议问题予以谅解并一次性解决。

第二条 公司给予刘某一次性补偿费用××××元。

第三条 刘某在收到补偿费用后对提出的仲裁申请进行撤回,确认双方劳动关系履行时的权利义务从协议签订之日起即行终止,并无任何未了事宜与异议。双方确认对协商解决的补偿费用、协商解除劳动合同程序及结果均无任何异议,保证不再提出任何仲裁和诉讼请求。

用人单位（代表人签名）

（加盖公章）

个人：（签名）

年　　月　　日

协议签字地点：××××

本人已收到本协议第二条约定的补偿费用。

个人补偿费用数额确认签字：

资料来源：刘兰, 唐鑛. 劳动争议处理（第二版）[M]. 大连：东北财经大学出版社, 2020.

二、当事人不履行和解协议的法律救济

根据《劳动争议调解仲裁法》第五条的规定，发生劳动争议，当事人不愿协商、协商不成或者达成和解协议不履行的，可以向调解组织申请调解，不愿调解、调解不成或者达成调解协议不履行的，可以向劳动争议仲裁委员会申请仲裁，对仲裁裁决不服的，除本法另有规定外，可以向人民法院提起诉讼。

由于协商是解决劳动争议的首推程序，因此，在发生劳动争议时，当事人首先应当协商，不愿协商、协商不成或者达成和解协议不履行的，可以向劳动争议仲裁委员会申请仲裁。而对于当事人达成和解协议后另一当事人不履行而向劳动争议仲裁委员会申请仲裁的，仲裁委员会首先审查和解协议是否有效，对于有效的和解协议，仲裁委员会将裁决不履行一方当事人继续履行和解协议所约定的义务，或者依法承担违约责任。

第二单元　劳动争议调解

 *知识要求*

一、劳动争议调解协议的性质

劳动争议调解协议书是劳动关系双方当事人在劳动争议调解机构的主持下，经过自愿协商达成的，有关解决劳动权益争议的

协议。其性质因协议达成过程以及参与主体的特殊性，而不同于一般的合同或协议。因而在定位其性质时需将普遍性与特殊性相结合来进行分析、理解。

一方面，从劳动争议调解机构的性质来看，企业劳动争议调解委员会是用人单位设立的调解劳动关系双方当事人之间在劳动关系上的相关权益纠纷的自治性组织；基层人民调解组织同样是群众自治的争议解决机构。调解机构的性质决定了调解工作不同于仲裁机构的仲裁、人民法院的审判。因此，主体的自治性在一定程度上决定了调解工作及其达成的调解协议所具有的特殊性。

另一方面，从合同的概念和基本特征来看，劳动争议调解协议属于我国合同法规定的民事合同范围，其签订属于双方当事人的民事法律行为。这主要表现为：劳动争议双方当事人进行了订立调解协议的民事法律行为；劳动争议双方当事人虽然在劳动关系上存在一定的权益纠纷，但经过调解之后，自愿达成了调解协议，在符合法律法规和程序规范的情况下，调解协议书的内容为双方真实的意思表示；劳动争议双方当事人签订的协议具有民事权利和民事义务的内容。因此，劳动争议调解协议符合我国法律法规关于民事合同的定义，具备民事合同的普遍性法律特征。

二、劳动争议协商与调解的区别

劳动争议协商是指发生劳动争议的双方当事人在平等自愿的基础上，通过自行协商，或者请工会或第三方与用人单位进行协商，达成和解协议的一种争议解决方式。劳动争议调解是指在第三方主持下，依据法律规范和道德规范，劝说争议双方当事人，通过民主协商，推动双方互谅互让、达成协议，从而消除争议的一种方式。劳动争议调解不仅包括劳动争议的基层调解，还包括仲裁中的调解和诉讼中的调解。

虽然劳动争议协商与调解都是在双方当事人自愿情况下解决劳动争议的方式，但是二者也有很多不同之处，主要表现在四个方面：

（一）协商没有第三方正式参与

通常情况下，劳动争议协商是在没有第三人参与的情况下，双方平等自愿自行协商、互谅互让，对原纠纷做出妥协性处理。虽然我国法律也允许第三方（如工会组织）参与到劳动争议协商活动中，但并不要求第三方担任主持。因此，即使第三方参与到协商活动中，也是非正式的，仅仅起到咨询、建议等辅助作用。

在劳动争议调解活动中，一定有第三方的参与，而且第三方的地位是中立的，并履行主持调解活动的职责。调解协议在第三方的主持和帮助下达成。这个第三方可能是基层调解组织，也可能是仲裁庭或者法庭。

（二）二者启动的方式不同

劳动争议协商的启动，只要当事人双方有意愿即可，无须得到第三方的允许。劳动争议发生伊始，当事人可以进行协商，即使劳动争议已经进入到仲裁或者诉讼阶段，当事人依然可以进行协商。

劳动争议调解程序的启动，需要当事人提出申请并征得对方同意，或者是在仲裁庭或者法庭的询问下双方同意之后方可进行。

（三）二者解决争议的效果不同

劳动争议协商，无疑是一种成本较低的争议解决方式，通常可以"案结事了"，但仍无法避免当事人反悔情形的出现。

通过劳动争议基层调解，双方达成的调解协议书，不具备强制执行效力。但是在仲裁庭或者法庭主持下达成的调解协议书，就和裁决书或者判决书具有同等的法律效力，当事人可以申请强制执行。

 **技能要求**

一、劳动争议调解的策略

（一）取得当事人的信任

取得当事人的信任是调解成功的前提和基础，是调解员主持调解所应具备的重要能力。一般而言，劳动争议的双方当事人在和调解员开始接触时就在用审慎和怀疑的目光观察调解员的一言一行，并以此来判断调解员的职业水平与公正性。所以调解员在做劳动争议调解工作时需要用诚心、热心、耐心和爱心来对待双方当事人，使其消除戒心和怀疑，让双方特别是劳动者感受到调解员是在真心诚意地帮助他们解决利益纷争。调解员在调解过程中要善于运用各种方法化解当事人之间的不信任感，使当事人对调解产生充分的信任，从而为其自觉接受调解，并最终达成调解协议目标打下一个良好的基础。

（二）认真进行调解前的调查

劳动争议调解组织受理劳动争议案件，除了一些事实清楚、是非明确的争议可以在听取双方当事人陈述并加以询问后直接进入调解阶段，更多的争议需要在实施调解前进行调查工作，以查明争议事实、查清真相，这是分清责任、解决争议的前提。具体采用以下一些调查方法：

1. 询问当事人。调解员应当认真听取双方当事人的陈述，询问争议原因，了解有关情况，引导当事人讲出真实情况。

2. 询问知情人、证人。劳动争议一般发生在劳动过程中，除了双方当事人之外，还会有其他职工群众有可能了解争议的有关情况。调解员可以要求双方当事人提供知情人，也可以根据争议情况向劳动者周围的职工群众开展调查。在调查中，要注意做好被调查人的思想工作，使他们打消顾虑，实事求是地反映所了解的争议情况。

3. 现场调查。对于劳动争议事项涉及的违反规章制度、损坏设备、工伤事故等问题，调解员可以及时进行现场勘查或调查，取得第一手资料。

4. 调取、收集相关证据。对于争议事实相关的证据，应当依法要求当事人双方举证。对于由用人单位控制、劳动者难以取得的证据，应当要求用人单位提供。

5. 必要的情况下组织专业鉴定。在劳动争议调解过程中，涉及工伤的认定、当事人医疗期满能否从事原工作等争议，应组织专业鉴定。如果不组织专业鉴定，调解工作就失去了必要的基础。

（三）准确分析劳动争议的焦点

根据认定的劳动争议事实，结合当事人双方的意见，准确分析争议的焦点，这是解决劳动争议的关键所在。劳动争议的焦点，是当事人双方矛盾的交汇点，也是拟定劳动争议调解方案的起点。调解员要能够通过以下步骤，准确地分析矛盾焦点所在：

1. 确定劳动争议的类型。劳动争议调解组织受理案件后，应先判断属于哪一类型的劳动争议，是确认劳动关系的争议，还是劳动保护、工资福利、社会保险的争议。一般而言，相同类型的劳动争议，焦点都非常类似。

2. 分析劳动争议原因和症结。大多数劳动争议比较复杂，有多种矛盾和原因。调解员要善于从众多的矛盾中找出主要矛盾，如解决违反劳动规章制度的争议，就应集中抓住是否存在违反劳动规章制度的事实和用人单位劳动规章制度的具体规定等。

3. 分清是非责任。分清是非是确定责任的基础，确定责任是让过错方承认错误，接受劳动争议调解意见的基础。因此，要根据法律法规和劳动合同，分清是非，明确当事人的责任，寻找化解劳动争议的突破口，为提出合法合理的调解意见打好基础。

二、劳动争议调解协议书的制作

制作调解协议书和调解意见书要做到陈述翔实，说理清楚，适用法律正确，调解结果明确具体。

调解协议书通常由五部分构成：①首部，是对案件情况的基本说明。这部分内容要依次写明案件编号、调解参加人的基本情况，还可以写明调解委员会的组成人员。②事实，是对调解过程中所查明的案件事实进行陈述。这部分内容应当明确揭示案件的本来面貌，确切表明案件争议的焦点。实践中，这部分内容根据需要可繁可简。③理由，是对事实部分的综合评述，也是调解结果的重要依据。这部分要根据查明的事实和争议的焦点阐述理由，针对性要强，要注意论点和论据之间的内在联系并对此进行合理分析，适用法律要正确，防止错引或漏引。实践中，应达成一致意见的双方当事人的要求，这部分内容也可以从略。④调解结果。要在查明事实和说明理由的前提下，对申请人的申请请求逐项进行调解，结果一定要明确、具体、完整，不能有遗漏或似是而非、模棱两可。⑤尾部，写明双方当事人的权利和义务，有调解委员会的落款和签章，并注明调解日期。

示例：

劳动争议调解协议书

（　　）字第　　号

申请人：×××　性别：×　地址：××××　职务（岗位）：×××

法定代表人：××　职务（岗位）：×××

委托代理人：×××

被申请人：×××　性别：×　地址：××××　职务（岗位）：×××

法定代表人：×××　职务（岗位）：×××

委托代理人：×××

上列双方因＿＿＿＿＿＿引起争议，申请人于××××年×月×日向本调解委员会提出请求，经本委员会主持调解，双方协商，自愿达成如下协议：

1.

2.

3.

申请人：（签名）

被申请人：（签名）

劳动争议调解委员会
调解员（签名）
（加盖调解委员会印章）
××××年×月×日

三、调解处理重大疑难劳动争议案件应注意的问题

劳动争议重大疑难案件并没有法定的界定标准，通常是指反

应较强烈、影响面广、案情复杂或者涉案人数较多的案件。调解这一类劳动争议案件需要注意以下问题：

（一）充分重视调解工作的意义

《劳动争议调解仲裁法》针对劳动争议处理中的一些突出问题，从构建和谐社会的需要出发，将调解作为劳动争议处理的基本原则和重要程序，强化了调解在争议处理过程中的地位和作用。针对重大疑难劳动争议案件，更应该重视调解作为"第一道防线"的基础性地位。

（二）努力消除引发劳动纠纷的隐患

在调解劳动争议的同时，应当积极帮助用人单位规范规章制度，加强对用人单位劳动合同签订、履行、变更、解除或终止的指导及监督，努力消除引发劳动纠纷的隐患。

（三）构建信息沟通制度促成调解

劳动争议调解组织和调解员，应当对重大疑难劳动争议案件进行认真充分的分析，给当事人恰当的意见和建议。同时，可以请仲裁员和法官共同参与到案件的调解过程中，让其充分了解案件内容，对案件可能出现的裁判结果及时沟通，提高调解协议达成的效率。

（四）通过仲裁和司法审查确认固定调解成果

重大疑难劳动争议案件的调解达成协议难度较大，通过基层组织调解达成的调解协议，由于不具备法律强制执行的效力，面临着当事人反悔的风险。因此，在当事人双方同意的情况下，可以申请调解协议的仲裁审查确认或者司法审查确认，将调解协议置换为具有法律强制执行力的仲裁调解书或司法调解书，从而将调解成果固定。

（五）案件追踪评估调解质量

虽然对调解案件跟踪评估并非法定程序，但这种跟踪评估的反馈结果对于调解工作的改进是相当有益的。调解组织和调解员可以及时总结经验，并积极运用到今后的劳动争议调解工作中。

第三节 劳动争议的仲裁和诉讼

第一单元 劳动争议仲裁

知识要求

一、劳动争议仲裁的管辖制度

劳动争议仲裁管辖是指劳动争议仲裁委员会(以下简称仲裁委员会)受理劳动争议案件的权限和范围,即规定当事人应向哪一个仲裁机构申请仲裁,由哪一个机构负责受理的法律制度。明确管辖制度,有利于仲裁机关行使仲裁权和当事人行使申诉权。我国的劳动争议仲裁管辖是参照《民事诉讼法》的有关规定,分为地域管辖、级别管辖、移送管辖和指定管辖。劳动争议仲裁管辖的原则是方便原则,为当事人的申诉、应诉提供方便,为仲裁委员会审理案件提供方便,避免当事人因仲裁造成过重的负担,影响正常的生活。

(一)地域管辖

地域管辖是指同级劳动争议仲裁机构按空间范围确定受理劳动争议案件的分工。地域管辖分为一般地域管辖、特殊地域管辖和专属管辖。

一般地域管辖是指按照当事人的所在地划分案件管辖。《劳动争议调解仲裁法》第二十一条第一款规定:"劳动争议仲裁委员会负责管辖本区域内发生的劳动争议。"

特殊地域管辖是指某种劳动争议案件依据特定标准,如劳动法律关系产生、变更和消灭的所在地,由某地仲裁委员会管辖。《劳动争议调解仲裁法》第二十一条第二款规定:"劳动争议由劳动合同履行地或者用人单位所在地的劳动争议仲裁委员会管辖。双方当事人分别向劳动合同履行地和用人单位所在地的劳动争议仲裁委员会申请仲裁的，由劳动合同履行地的劳动争议仲裁委员会管辖。"同时，《劳动人事争议仲裁办案规则》第八条规定："劳动合同履行地为劳动者实际工作场所地，用人单位所在地为用人单位注册、登记地或者主要办事机构所在地。用人单位未经注册、登记的，其出资人、开办单位或者主管部门所在地为用人单位所在地。双方当事人分别向劳动合同履行地和用人单位所在地的仲裁委员会申请仲裁的，由劳动合同履行地的仲裁委员会管辖。有多个劳动合同履行地的，由最先受理的仲裁委员会管辖。劳动合同履行地不明确的，由用人单位所在地的仲裁委员会管辖。案件受理后，劳动合同履行地或者用人单位所在地发生变化的，不改变争议仲裁的管辖。"

专属管辖是指某国家机关经立法授权，依法确定某种劳动争议案件专属某地仲裁委员会管辖。原劳动部规定，我国公民与国（境）外企业签订的劳动（工作）合同履行地在我国领域内，因履行该合同发生争议的，由合同履行地仲裁委员会受理。

（二）级别管辖

级别管辖是指上、下级仲裁委员会之间对于受理劳动争议案件的分工和权限，它主要根据案件的性质、影响范围和繁简程度确定。根据我国法律、法规的规定，县、市、市辖区仲裁委员会负责本行政区域内发生的劳动争议。设区的市的仲裁委员会和市辖区的仲裁委员会受理劳动争议案件的范围，由省、自治区人民政府规定。国务院劳动行政部门依照《劳动争议调解仲裁法》有关规定制定仲裁规则。省、自治区、直辖市人民政府劳动行政部门对本行政区域的劳动争议仲裁工作进行指导。

（三）移送管辖

移送管辖是指仲裁委员会将已受理的但不属于本仲裁委员会管辖的劳动争议案件移送给有管辖权的仲裁委员会。就其实质而言，移送管辖是对案件的移送，而不是对案件管辖权的移送。它是在管辖发生错误时而采取的一种补救措施，通常发生在同级的仲裁委员会之间，但有时也适用于上、下级的仲裁委员会。《劳动人事争议仲裁办案规则》第九条第一款规定:"仲裁委员会发现已受理案件不属于其管辖范围的,应当移送至有管辖权的仲裁委员会,并书面通知当事人。"在实践中,受移送的仲裁委员会对接受的移送案件不得再自行移送,如果认为自己对接受的移送案件确无管辖权,可以报告劳动行政部门决定是否由其管辖。

(四)指定管辖

指定管辖是指上级仲裁委员会以裁定方式,指定下级仲裁委员会对某一案件行使管辖权。其目的在于,确保在特殊情况下由指定的仲裁委员会审理劳动争议案件,保证案件的及时、正确处理。《劳动人事争议仲裁办案规则》第九条第二款规定:"对上述移送案件,受移送的仲裁委员会应当依法受理。受移送的仲裁委员会认为移送的案件按照规定不属于其管辖,或者仲裁委员会之间因管辖争议协商不成的,应当报请共同的上一级仲裁委员会主管部门指定管辖。"

二、仲裁庭和仲裁员

(一)仲裁庭的组成

仲裁庭是仲裁委员会处理劳动争议案件的基本组织形式,代表仲裁委员会对具体劳动争议案件行使仲裁权,是由经一定程序选出的仲裁员组成的非常设性的处理劳动争议的专门机构。仲裁委员会处理劳动争议案件实行仲裁庭制度,即按照"一案一庭"的原则组成仲裁庭。

仲裁庭的组织形式可分为独任制和合议制两种。独任制是由仲裁委员会指定一名仲裁员独任审理仲裁,适用于事实清楚、案情简单、法律适用明确的劳动争议案件。合议制是指由一名首席仲裁员和两名仲裁员组成仲裁庭,共同审理劳动争议案件。仲裁庭的首席仲裁员是指由仲裁委员会在业已组成的仲裁庭成员中指定的、负责仲裁庭工作的一名仲裁员。仲裁庭组成不符合规定的,由仲裁委员会予以撤销,重新组成仲裁庭。

(二)仲裁庭的职责

仲裁庭在处理劳动争议案件时,应依照法定程序实施仲裁活动并正确地行使职权。仲裁庭的职责体现在处理劳动争议案件的整个过程。仲裁庭并非常设机构，仲裁委员会在受理仲裁申请后自然成立仲裁庭，结案后仲裁庭将自然撤销，仲裁庭的职责主要是案件本身的裁决工作。根据《劳动争议调解仲裁法》及其他相关规定，仲裁庭的职责主要包含以下几个方面：

1. 依法进行开庭前的各项准备工作

这些准备工作包括通知当事人仲裁庭组成情况、送达各种仲裁文书（包括案件受理通知书、仲裁申请书副本和答辩书副本、开庭通知书等）、组织证据交换等。

2. 先行调解

依照劳动争议处理着重调解的基本原则，仲裁庭应将调解贯穿于案件处理的全过程之中，在开庭前应组织当事人调解。

3. 依法审理劳动争议案件

仲裁庭在处理劳动争议时，应依法定程序公开开庭审理劳动争议案件，通过对当事人提交的证据进行质证、认证，查明案件事实和争议焦点，在开庭过程中组织当事人调解，并如实将开庭情况记入笔录。

4. 及时对劳动争议进行裁决

对于开庭后仍调解不成的案件，仲裁庭应依法及时裁决，制作裁决书，裁决应当按照多数仲裁员的意见做出，少数仲裁员的不同意见应当记入笔录。仲裁庭不能形成多数意见时，裁决应当按照首席仲裁员的意见做出。

5. 应在法定审理期限内审结案件

根据《劳动争议调解仲裁法》第四十三条的规定，仲裁庭裁决劳动争议案件，应当自仲裁委员会受理仲裁申请之日起45日内结束。案情复杂需要延期的，经仲裁委员会主任批准，可以延期并书面通知当事人，但是延长期限不得超过15日。逾期未做出仲裁裁决的，当事人可以就该劳动争议事项向人民法院提起诉讼。

6. 依法部分先行裁决

部分先行裁决是指仲裁庭在审议劳动争议案件时，对其中已经查明的一部分事实，就该部分先行裁决。此职责对保护弱势劳动者当事人的权益尤为重要。在仲裁实践中，有的用人单位无故拖欠、克扣甚至停发劳动者的工资，致使劳动者的基本生活难以保障，还有的用人单位拖欠支付甚至拒不支付劳动者的医疗费用，造成劳动者生活严重困难，这些争议属于用人单位明显违反国家法律、法规规定，事实非常清楚，有充分证据证明，则仲裁庭应就该部分先行裁决，以保障劳动者的基本合法权益。

7. 对符合条件的案件裁决先予执行

仲裁庭对于追索劳动报酬、工伤医疗费、经济补偿或赔偿金的案件，根据当事人的申请，可以裁决先予执行，移送人民法院执行。裁决先予执行的条件有两个：一是当事人之间权利义务关系明确；二是不先予执行将严重影响申请人的生活。对于符合裁决先予执行的案件，经当事人申请，仲裁庭应裁决先予执行，从而对弱势劳动者的合法权益给予及时、有效的保护。

（三）仲裁员的任职条件

仲裁员是指由仲裁委员会依法聘任的，依法调解和仲裁争议案件的专业工作人员。根据《劳动争议调解仲裁法》的规定，劳动争议仲裁员应符合道德条件和专业条件两方面的要求。

1. 道德条件

劳动争议仲裁员应当公道正派，并将其作为履行职责时应遵守的信念和原则。对于劳动争议仲裁员，只有做到品德高尚、秉公执法、勤政廉洁、作风正派、善于体察民意，同时积极拥护党的路线、方针、政策，才能保证仲裁裁决的质量和公信力。

2. 专业条件

劳动争议仲裁员必须具有一定的法律、劳动关系等专业知识及分析问题、解决问题的能力，因此，在符合道德条件的基础上还应符合以下四个条件：

（1）曾任审判员的。对于曾担任过人民法院审判员的人员，在以往的工作中长期接触各种权益纠纷案件，具有较高的法律专业素质和丰富的纠纷处理经验，因此对其任职年限没有提出要求，只要其曾经担任过人民法院的审判员即可。这一条件鼓励了全国各级人民法院中曾担任过审判员的退休人员广泛地参与到劳动争议仲裁工作中,从而提升了仲裁员队伍的业务素质,尤其是基层仲裁员的素质。

(2) 从事法律研究、教学工作并具有中级以上职称的。从事法律研究、教学工作并具有中级以上职称的专家、学者,在其研究领域中积累了丰富的专业知识,具有扎实的理论功底和专业背景,将其聘任为仲裁员可以充分发挥其理论和专业优势,灵活、有效地解决现实中大量复杂的劳动争议案件。

(3) 具有法律知识、从事人力资源管理或者工会等专业工作满5年的。具有一定法律知识,在人力资源管理部门、工会或企业联合会等机构工作满5年的人员,可以聘任为劳动争议仲裁员。长期从事人力资源管理、工会维权等工作的人员,在日常工作中会经常涉及劳动争议、纠纷的处理,具有相应的专业能力,同时具有丰富的处理劳动纠纷的实践经验,能够有效地解决实际中的劳动争议、纠纷。

(4) 律师执业满3年的。从事律师工作并执业满3年的人员,不仅具有丰富、扎实的法律专业知识,较强的思辨能力和灵活、公正解决具体案件的实践能力,同时其职业特点又能保证担任劳动争议仲裁员的时间和精力。因此,聘任律师执业满3年的人员作为劳动争议仲裁员,不仅能够有效地解决实际的劳动争议案件,还有助于提高仲裁员队伍的整体素质和业务水平。

(四) 仲裁员的聘任

仲裁员分为专职仲裁员和兼职仲裁员。专职仲裁员和兼职仲裁员在调解仲裁活动中享有同等权利,履行同等义务。

仲裁委员会应当依法聘任一定数量的专职仲裁员,也可以根据办案工作需要,依法从干部主管部门、人力资源社会保障行政部门、军队文职人员工作管理部门、工会、企业组织等相关机构的人员以及专家学者、律师中聘任兼职仲裁员。

仲裁委员会聘任仲裁员时,应当从符合《劳动争议调解仲裁法》规定的仲裁员条件的人员中选聘。仲裁委员会应当根据工作需要，合理配备专职仲裁员和办案辅助人员。专职仲裁员数量不得少于3名，办案辅助人员不得少于1名。仲裁委员会应当设仲裁员名册，并予以公告。

另外，由于劳动争议仲裁是一项准司法性工作，因此不仅要求仲裁员具备一定的法律知识，还要求其熟练掌握人力资源管理等方面的法律、法规和政策。为了使新聘任的仲裁员能更好地胜任工作，2017年修订的《劳动人事争议仲裁组织规则》中规定，人力资源社会保障行政部门负责对拟聘任的仲裁员进行聘前培训。具体来说，拟聘为地（市）、县（区）仲裁委员会仲裁员的，参加省、自治区、直辖市人力资源社会保障行政部门组织的仲裁员聘前培训；拟聘为省、自治区、直辖市仲裁委员会仲裁员及副省级市仲裁委员会仲裁员的，参加人力资源社会保障部组织的聘前培训。

 **技能要求**

一、劳动争议仲裁基本流程

劳动争议仲裁分为申请、审查与受理、送达申请书副本与答辩、提交证据、开庭审理、裁决生效与异议、裁决执行等七个阶段。

（一）申请

劳动争议仲裁适用"不告不理"原则，只有当事人主动申请，仲裁程序才启动，否则仲裁委员会无权主动处理案件。申请仲裁通常需要书面形式，如果当事人确因困难无法书面申请的，可以口头申请。

（二）审查与受理

仲裁委员会自收到仲裁申请之日起五日内，认为符合受理条件的，应当受理，并通知申请人；认为不符合受理条件的，应当书面通知申请人不予受理，并说明理由。对仲裁委员会不予受理或者逾期未作出决定的，申请人可以就该劳动争议事项向人民法院提起诉讼。

（三）送达申请书副本与答辩

仲裁委员会受理仲裁申请后，应当在5日内将仲裁申请书副本送达被申请人。被申请人收到仲裁申请书副本后，应当在10日内向仲裁委员会提交答辩书。仲裁委员会收到答辩书后，应当在5日内将答辩书副本送达申请人。被申请人逾期未提交答辩书的，不影响仲裁程序的进行。

（四）提交证据

申请人与被申请人双方均应在举证期限内向仲裁委员会提交证据。举证期限由仲裁委员会根据案件情况指定，自当事人收到案件受理通知书或立案通知书之日起计算。当事人应当在举证期限内向仲裁委员会提交证据材料。

（五）开庭审理

劳动争议案件的开庭审理，包括了仲裁准备阶段、仲裁庭审阶段、辩论调解阶段、裁决阶段几个环节。其中，仲裁准备阶段包括仲裁委员会组成仲裁庭、通知开庭以及当事人按时到庭参加庭审、申请仲裁员回避等内容；仲裁庭审阶段包括当事人陈述申请与答辩、举证与质证等内容；辩论调解阶段包括当事人辩论、最后意见陈述以及仲裁庭实施调解等内容；在裁决阶段，仲裁庭可以当庭做出裁决，也可以休庭后择期裁决。

（六）裁决的生效与异议

当事人如对仲裁委员会的裁决不服，可以自收到裁决书之日起15日内到人民法院起诉。双方当事人任意一方提起诉讼的，仲裁裁决不生效；如果双方均未在规定的期限内提起诉讼，仲裁裁决书自起诉期限届满之日起生效。需要注意的是，对于一裁终局的案件，用人单位不得再提起诉讼。

（七）仲裁结果的执行

当事人对于发生法律效力的调解书、裁决书，应当在规定的期限内履行。一方当事人逾期不履行的，另一方当事人可以申请法院强制执行。

二、当事人在仲裁活动中的权利和义务

（一）撤回申请

申请人在仲裁过程中有权撤销或者放弃申请请求。

撤回申请应当在仲裁委员会立案后至调解书或者裁决书送达之前提出书面申请，并经仲裁委员会批准。

（二）提交答辩书及相关材料

仲裁委员会受理仲裁申请后，应当在 5 日内将仲裁申请书副本送达被申请人。被申请人收到仲裁申请书副本后，应当在 10 日内向仲裁委员会提交答辩书，该"10 日"为答辩期。

（三）提出管辖异议

被申请人对仲裁委员会受理案件的管辖有异议的，应当在答辩期内以书面形式提出并提供相关的证据材料。仲裁委员会应当审查被申请人提出的管辖异议，异议成立的，将案件移送至有管辖权的仲裁委员会并书面通知被申请人；异议不成立的，应当书面决定驳回。被申请人逾期提出管辖异议的，不影响仲裁程序的进行。

（四）填写送达地址确认书

当事人在申请或者答辩时应当向仲裁委员会提供送达地址，并填写送达地址确认书，写明接受仲裁法律文书的详细地址、邮政编码和联系电话等内容。受送达人是有固定职业的自然人的，其从业场所可以视为送达地址。仲裁委员会送达仲裁法律文书时将依据实际情况，采取直接送达、邮寄送达、委托送达、公告送达等形式。

（五）提出反申请

被申请人可以提出反申请。反申请应当在答辩期内向仲裁委员会书面提出，经仲裁委员会决定受理并批准合并审理的，一并开庭审理。逾期提出反申请，经审查符合受理条件的，另案处理。

（六）委托代理人参加仲裁活动

当事人可以委托 1~2 名委托代理人参加仲裁活动。委托代理

人为律师的，应当有律师事务所出具的出庭函和律师执照，没有上述公函和律师执照的，不能以律师的身份参加仲裁活动。

当事人委托代理人的，应当填写授权委托书，授权委托书应当写明委托事项和权限。委托代理人的代理权限为：代为接收仲裁文书；代为承认、放弃、变更仲裁请求，进行和解，提起反申请；确认送达地址等。

当事人更换委托代理人、变更或解除委托代理人的代理权限的，应当向仲裁委员会书面报告变更情况。

（七）追加第三人

当事人申请追加第三人的，应当向仲裁委员会书面提交追加第三人的事实理由，拟追加第三人的单位名称（或姓名）、法定代表人、通信地址、联系电话等详细准确的情况，经仲裁委员会批准后追加第三人参加仲裁活动。

（八）按时出庭、遵守仲裁庭纪律

仲裁庭在被申请人答辩期限届满后公开开庭审理，并提前5日向当事人送达开庭通知书，当事人收到开庭通知书后，应当按照规定的时间、地点准时出庭，并遵守仲裁庭纪律。

（九）申请回避

仲裁员有下列情形之一的，当事人可以提出回避申请：

1. 是本案当事人或者当事人、代理人的近亲属的；
2. 与本案有利害关系的；
3. 与本案当事人、代理人有其他关系，可能影响公正裁决的；
4. 私自会见当事人、代理人，或者接受当事人、代理人的请客送礼的。

当事人申请回避，应当口头或书面向仲裁委员会提出，并说明理由。经仲裁委员会决定批准的，调整仲裁庭组成人员并重新确定开庭日期；决定不予批准的，向当事人说明理由后，继续审理。

（十）阅读庭审笔录并签字

当事人和其他仲裁活动参与人应在庭审结束后阅读庭审笔录，

并应签名或盖章；认为对自己陈述或记录有遗漏或者差错的，可以申请补正，补正后应签名或盖章。

(十一) 查阅案卷

案件当事人和与当事人有利害关系的单位及个人不得借阅仲裁案卷；当事人就劳动争议提起诉讼的，可持相关证明申请查阅案卷；担任劳动争议诉讼代理人的律师，凭代理函和表明律师身份的有效证件，可在指定地点查阅案卷。

如需摘抄或者复印案卷材料的，需经仲裁委员会办公室负责人批准。查阅案卷时，不得在案卷资料上涂改、圈点、勾画、抽出卷页等，一经发现有上述损毁案卷行为者，将取消其查阅资格，造成严重后果或丢失案卷的，要追究法律责任。

(十二) 参加仲裁庭调解

劳动争议案件立案后，当事人仍然有和解的权利，也可以在仲裁庭主持下进行调解。双方自行和解或者经仲裁庭调解自愿达成调解协议的，可由仲裁庭制作调解书，调解书自送达之日起即发生法律效力。当事人对发生法律效力的调解书，应当依照规定的期限履行。一方当事人逾期不履行，另一方当事人可以依照《民事诉讼法》的有关规定向人民法院申请强制执行。双方当事人无法达成调解协议的，仲裁庭依法做出裁决。

(十三) 向法院起诉及申请强制执行

根据《劳动争议调解仲裁法》第四十七条的规定，涉及追索劳动报酬、工伤医疗费、经济补偿或者赔偿金，不超过当地月最低工资标准12个月金额的争议，以及因执行国家的劳动标准在工作时间、休息休假、社会保险等方面发生的争议，除劳动者对仲裁裁决不服，可以自收到仲裁裁决书之日起15日内向人民法院提起诉讼的情况外，仲裁裁决为终局裁决，裁决书自做出之日起发生法律效力。用人单位有证据证明前述仲裁裁决有《劳动争议调解仲裁法》第四十九条第一款规定的情形之一的，可以自收到仲裁裁决书之日起30日内向仲裁委员会所在地的中级人民法院申请撤销裁决：①适用法律、法规确有错误的；②仲裁委员会无管辖权的；③违反法定程序的；④裁决所根据的证据是伪造的；⑤对方当事人隐瞒了足以影响公正裁决的证据的；⑥仲裁员在仲裁该案时有索贿受贿、徇私舞弊、枉法裁决行为的。人民法院经组成合议庭审查核实裁决有上述规定情形之一的，应当裁定撤销。仲裁裁决被人民法院裁定撤销的，当事人可以自收到裁定书之日起15日内就该劳动争议事项向人民法院提起诉讼。

当事人对《劳动争议调解仲裁法》第四十七条规定以外的其他劳动争议案件的仲裁裁决不服的，可以自收到裁决书之日起15日内向人民法院提起诉讼；期满不起诉的，裁决书发生法律效力。

当事人对发生法律效力的调解书、裁决书，应当依照规定的期限履行。一方当事人逾期不履行的，另一方当事人可以依照《民事诉讼法》的有关规定向人民法院申请强制执行。

三、劳动争议仲裁中的举证

（一）举证责任

举证责任，是指当事人对其提出的主张中须确认的事实依法负有的提出证据的义务。在劳动争议仲裁活动中，当事人的举证责任通常按如下原则进行分配：

1. 对当事人或者代理人身份有异议的，由持有异议的一方承担举证责任。

2. 当事人对自己提出的仲裁请求所依据的事实，或者辩驳对方仲裁请求所依据的事实，有责任提供证据加以证明。没有证据或者证据不足以证明当事人的主张的，由负有举证责任的当事人承担不利后果。

3. 劳动者无法提供由用人单位掌握管理的与仲裁请求有关的证据，仲裁庭可以要求用人单位在指定的期限内提供。用人单位在指定期限内不提供的，应当承担不利后果。

4. 在劳动合同（劳动关系）争议案件中，主张劳动合同（劳动关系）成立并生效的一方当事人，对劳动合同（劳动关系）成立和生效的事实承担举证责任。主张劳动合同（劳动关系）变更、解除、终止、撤销的一方当事人，对引起劳动合同（劳动关系）变动的事实承担举证责任。

5. 因用人单位做出解除劳动合同（劳动关系）、减少劳动报酬、计算劳动者工作年限等决定而发生争议的，由用人单位对决定所依据的事实和处理依据承担举证责任。

（二）证据要求

1. 当事人向仲裁委员会提供证据，应当提供证据原件以及与原件核对无异的复印件。当事人提供视听资料证据的，应当提交两份拷贝件和两份完整的书面对话记录。

2. 当事人应当对提供的证据逐一分类编号，并填写证据材料清单。证据原件和复印件经仲裁委员会核对后，原件退当事人，复印件由仲裁委员会留存。

3. 以外文书证或者外文说明资料作为证据的，应当附有中文译本，中文译本应是由有关机构认可的有翻译资质的单位翻译的。

4. 当事人向仲裁委员会提供的证据系在中华人民共和国领域外形成的，该证据应当经所在国公证机关予以证明，并经中华人民共和国驻该国使领馆予以认证，或者履行中华人民共和国与该所在国订立的有关条约中规定的证明手续；有关证据是在我国港澳台地区形成的，按照相关规定执行。

5. 一方当事人对另一方当事人提交的证据的真实性持有异议的，可以申请鉴定。当事人申请鉴定，应当在仲裁委员会指定的期限内提出。鉴定机构由双方当事人约定，无法达成约定的，由仲裁庭指定。对需要鉴定的事项负有举证责任的当事人，在仲裁委员会指定的期限内无正当理由不提出鉴定申请或未提供相关材料，致使对案件争议的事实无法通过鉴定结论予以认定的，应当对该事实承担举证不能的法律后果。

6. 当事人申请证人出庭作证的，应当在举证期限届满5日前提出，并经仲裁委员会许可。当事人提供证人证言的，除法律、司法解释规定的特殊情况外，证人应当亲自到庭作证接受询问。仲裁员和当事人可以对证人进行询问。证人不得旁听仲裁庭审理。询问证人时，其他证人不得在场。仲裁庭认为有必要时，可以让证人对质。

（三）举证期限

举证期限由仲裁委员会根据案件情况指定，自当事人收到案件受理通知书或立案通知书之日起计算。当事人应在举证期限内向仲裁委员会提交证据材料，当事人在举证期限内不提交证据材料的，视为放弃举证权利。对于当事人逾期提交的证据材料，仲裁委员会审理时不组织质证，但对方当事人同意质证的除外。

（四）交换证据

仲裁委员会可以组织当事人在开庭审理前交换证据。交换证据的时间可以由当事人协商一致并经仲裁委员会认可，也可以由仲裁委员会指定。

（五）补充证据

仲裁庭视案情允许当事人补充证据的，应当在仲裁庭规定的时间内补充证据，如果在规定的时间内不能补证的，应当承担不利的法律后果。

四、集体劳动争议仲裁的特别规定

处理劳动者一方在10人以上并有共同请求的争议案件，或者因履行集体合同发生的劳动争议案件，在仲裁程序方面有一些特别的规则。

发生劳动者一方在10人以上并有共同请求的争议的，劳动者可以推举3~5名代表参加仲裁活动。代表人参加仲裁的行为对其所代表的当事人发生效力，但代表人变更、放弃仲裁请求或者承认对方当事人的仲裁请求，进行和解，必须经被代表的当事人同意。因履行集体合同发生的劳动争议，经协商解决不成的，工会可以依法申请仲裁；尚未建立工会的，由上级工会指导劳动者推举产生的代表依法申请仲裁。

仲裁委员会应当自收到当事人集体劳动争议仲裁申请之日起5日内做出受理或者不予受理的决定。决定受理的，应当自受理之日起5日内将仲裁庭组成人员、答辩期限、举证期限、开庭日期和地点等事项一次性通知当事人。

仲裁委员会处理集体劳动争议案件,应当由3名仲裁员组成仲裁庭,设首席仲裁员。仲裁委员会处理因履行集体合同发生的劳动争议,应当按照三方原则组成仲裁庭处理。

仲裁庭处理集体劳动争议,开庭前应当引导当事人自行协商,或者先行调解。仲裁庭处理集体劳动争议案件,可以邀请法律工作者、律师、专家学者等第三方共同参与调解。

仲裁庭开庭审理集体劳动争议案件的场所可以设在发生争议的用人单位或者其他便于及时处理争议的地点。

第二单元 劳动争议诉讼

知识要求

一、劳动争议诉讼与其他民事诉讼的区别

劳动关系和民事关系在主体、内容上均存在较大差别。民事关系中,主体之间彼此平等,而劳动关系的用人单位一方和劳动者一方具有明显的从属性,表现为管理与被管理的关系,地位存在差别。从内容上来看,民事关系主要涉及财产关系和人身关系,劳动关系兼有人身依附关系和财产关系。这些区别使得劳动争议诉讼程序与民事诉讼程序也存在着众多的差异。人民法院审理民事纠纷案件时依据各类民商事法律、法规,审理劳动争议案件时则依据劳动法律、法规。由于劳动法律、法规的立法宗旨体现了侧重于保护劳动者合法权益的精神,那么人民法院在审理劳动争议案件时的执法理念就区别于其他民事诉讼案件,使得劳动争议审判中的诉讼程序规则、证据规则也区别于普通民事审判程序。

(一)诉讼起因和前提不同

民事诉讼是公民或法人在进行民事交往的过程中因人身或财产权益受到了侵害,受侵害一方向人民法院请求保护而产生。劳动争议诉讼的起因是劳动争议当事人对通过仲裁解决争议的结果不服,不服裁决的一方向人民法院提起诉讼。

劳动争议诉讼的起因指明了争议诉讼存在的一个非常重要的前提，就是仲裁，也就是通常所指的"仲裁前置"，劳动争议未经仲裁委员会的仲裁不能进入诉讼程序。前置条件未出现在民事诉讼中，即公民、法人只要认为自己的合法权益受到侵害就可以直接诉讼，当事人约定了其他解决争议方式的情形除外。

(二) 诉讼当事人不同

劳动关系当事人和民事关系当事人的差别导致劳动争议诉讼当事人与民事诉讼当事人的不同。劳动争议诉讼的当事人是具有劳动关系的双方，相对而言具有一定的特指性。民事诉讼的当事人不限定主体身份范围，只要是平等主体的公民、法人、国家、个体工商户、农村承包经营户和其他组织都可以作为民事诉讼的当事人。

(三) 举证责任不同

举证责任是诉讼当事人对诉讼中提出的主张提供证据加以证明的责任。民事诉讼中，举证责任遵循"谁主张、谁举证"。在劳动关系中，用人单位是其内部规章制度的直接制定者和执行者，因此具有明显的优势地位，劳动者处于弱势地位。为了保护双方合法权益，劳动争议诉讼加强了用人单位举证的责任。

(四) 劳动争议诉讼中没有反诉制度

在一般的民事诉讼中，被告在收到法院送达的原告的起诉书后，有权利对原告的起诉提出反诉。反诉是一个独立的诉讼，应具备反诉的事实、理由和请求。原告在收到被告的反诉时，同时享有被告的权利，同样有 15 天的答辩期。

但是在劳动争议诉讼中，是没有反诉程序的。因为劳动争议案件有仲裁前置的要求，即当事人所有的诉讼请求都应当先经过仲裁的审理。而所谓的反诉是被告收到原告的起诉书后，针对原告的起诉提出的反诉。显然，被告提起反诉的诉讼请求是没有经过仲裁前置程序处理的，因此不能直接进入劳动争议诉讼程序进行处理。

在劳动争议诉讼程序方面，存在区别于反诉的另外一种诉讼形态。《最高人民法院关于审理劳动争议案件适用法律若干问题的解释》第九条规定，当事人双方不服仲裁委员会做出的同一仲裁裁决，均向同一人民法院起诉的，先起诉的一方当事人为原告，但对双方的诉讼请求，人民法院应当一并做出裁决。由此可见，在劳动争议诉讼中，被告一方也是可以提出诉讼请求的，但该诉讼请求的提出，并不是基于原告的起诉，而是和原告一样，基于同样一份仲裁裁决书。在此类诉讼中，区分原告和被告的标准，是起诉立案的时间：立案在前的一方当事人，诉讼地位列为原告；立案在后的一方当事人，诉讼地位列为被告。在司法实践中，为了区别于反诉，有时候也将此种诉讼形态称为"互诉"。

除了上述差异外，劳动争议诉讼和其他民事诉讼中审理案件的具体审判机构也不同。不过在我国，这种差异未表现出来。但是在国外，审判机构差异的表现较为明显，主要体现在劳动争议由专门的劳动法院受理。例如，在德国，由专门的劳动法院受理劳动争议，企业一方代表和劳动者一方代表作为陪审员与专业的审判人员组成合议庭。

二、劳动争议的刑事追诉

刑事处罚是对违法行为最严厉的处罚，并非每起劳动争议都会引发刑事追诉，因此严格说来，刑事追诉程序并不属于处理劳动争议的方式之一。

2011年2月25日，第十一届全国人民代表大会常务委员会第十九次会议通过了《中华人民共和国刑法修正案（八）》，其中规定："以转移财产、逃匿等方法逃避支付劳动者的劳动报酬或者有能力支付而不支付劳动者的劳动报酬，数额较大，经政府有关部门责令支付仍不支付的，处三年以下有期徒刑或者拘役，并处或者单处罚金；造成严重后果的，处三年以上七年以下有期徒刑，并处罚金。单位犯前款罪的，对单位判处罚金，并对其直接负责的主管人员和其他直接责任人员，依照前款的规定处罚。有前两款行为，尚未造成严重后果，在提起公诉前支付劳动者的劳动报酬，并依法承担相应赔偿责任的，可以减轻或免除处罚"。上述法律规定被称为我国《刑法》新增罪名"拒不支付劳动报酬罪",意在用最严厉的处罚手段提醒用人单位及时足额支付劳动者的劳动报酬,对于提高对劳动者的保护力度大有裨益。当然,劳动争议适用刑事追诉也需要一定的条件,需要注意以下几点。

(一) 劳动报酬的界定

劳动者依照《劳动法》《劳动合同法》等法律的规定应得的劳动报酬,包括工资、奖金、津贴、补贴、延长工作时间的工资报酬及特殊情况下支付的工资等,这些都属于劳动者的劳动报酬。

(二) 以逃避支付劳动者的劳动报酬为目的

具有下列情形之一的,应当认定为"以转移财产、逃匿等方法逃避支付劳动者的劳动报酬":隐匿财产、恶意清偿、虚构债务、虚假破产、虚假倒闭或者以其他方法转移处分财产的;逃跑、藏匿的;隐匿、销毁或者篡改账目、职工名册、工资支付记录、考勤记录等与劳动报酬相关的材料的;以其他方法逃避支付劳动报酬的。

(三) 数额较大情节的认定

2013年1月,最高人民法院出台并施行《最高人民法院关于审理拒不支付劳动报酬刑事案件适用法律若干问题的解释》,规定了拒不支付劳动报酬犯罪数额较大的幅度:"拒不支付一名劳动者三个月以上的劳动报酬且数额在五千元至二万元以上的;拒不支付十名以上劳动者的劳动报酬且数额累计在三万元至十万元以上的。"

(四) 经政府有关部门责令支付仍不支付的认定

经人力资源社会保障部门或者政府其他有关部门依法以限期整改指令书、行政处理决定书等文书责令支付劳动者的劳动报酬后,在指定的期限内仍不支付的,应当认定为"经政府有关部门责令支付仍不支付的",但有证据证明行为人有正当的理由未知悉责令支付或者未及时支付劳动报酬的除外。行为人逃匿,无法将责令支付文书送交其本人、同住成年家属或者所在单位负责收件的人的，如果有关部门已通过在行为人的住所地、生产经营场所等地张贴责令支付文书等方式责令支付，并采用拍照、录像等方式记录的，应当视为"经政府有关部门责令支付"。

（五）造成严重后果情形的认定

造成严重后果的情形包括：造成劳动者或者其被赡养人、被扶养人、被抚养人的基本生活受到严重影响、重大疾病无法及时医治或者失学的；对要求支付劳动报酬的劳动者使用暴力或者进行暴力威胁的；造成其他严重后果的。

技能要求

一、劳动争议诉讼的基本流程

（一）劳动争议起诉的期限

当事人不服劳动争议裁决的起诉期限为15日，自当事人收到劳动争议仲裁裁决书之日起计算。劳动争议双方当事人签收裁决书时间不一致的，起诉期限各自单独计算。

（二）原告与被告的确定

劳动者和用人单位任意一方就劳动争议仲裁裁决书向法院起诉的，提起诉讼的一方为原告，另一方为被告。如果双方当事人均不服仲裁裁决书向法院起诉的，通常的做法是，先起诉的一方为原告，法院对双方的诉讼请求一并进行审理。

（三）劳动争议诉讼的一审程序

劳动争议当事人不服仲裁结果提起诉讼，即进入了劳动争议的一审程序。法院可以适用简易程序或普通程序审理劳动争议案件。一审程序包括立案受理、庭审前准备、开庭审理、调解与判决等阶段。

我国民事诉讼立案制度已经由立案审查制度变为立案登记制度，只要劳动者或者用人单位提供符合形式要件的起诉状和相应材料，法院则应当接受并且在规定的时间内处理。劳动争议诉讼的立案材料与仲裁阶段所需要提供的材料类似，庭前准备工作与开庭审理过程也与仲裁阶段相似。

(四) 劳动争议诉讼的二审程序

劳动争议当事人不服一审判决提起上诉，即进入了劳动争议的二审程序。二审程序包括受理上诉、审理前准备、审理、判决等阶段。二审判决或裁定一经送达当事人即发生法律效力。

另外，当事人对已经发生法律效力的判决或裁定不服，还可以申请再审。人民法院、人民检察院对已经发生法律效力的判决或裁定，发现在认定事实或适用法律上确有错误的，可以依法进行审判监督程序。

二、劳动争议诉讼案件的调解和判决

法院审理劳动争议案件，通常也会组织当事人进行调解，如果调解成功，法院会出具调解书。诉讼调解书具有强制执行的效力，当事人一旦接受则不能反悔，并不得提起上诉。

如果当事人不愿意调解或者调解无法达成一致，法院会进行判决。因此，劳动争议诉讼中的判决是指法院对劳动争议诉讼案件进行审理后，根据认定的事实和适用的法律规定，对诉讼当事人之间的纠纷做出的权威性判断。

对一审判决书而言，判决做出后，如果双方当事人均未在法定时间内提起上诉，则一审判决生效。判决生效后，判决书主文的内容具有强制执行的效力，判决书中经审理查明的事实和本院认定的事实属于法定无须举证证明的事实，也就是说，当事人可以将生效判决作为这类事实的证据。但判决对诉称、辩称中未经认定的事实以及未经处理的争议问题均不具备证明效力。

三、劳动争议诉讼中的裁定

法院对当事人提起的劳动争议诉讼，经过审查，根据不同的情况会做出相应的裁判处理。劳动争议诉讼一审程序中，常见的裁判结果是判决和裁定两种。判决是法院对案件的实体问题做出的判断，裁定是法院对案件的程序问题做出的判定。

在劳动争议诉讼中，裁定书主要适用的范围包括以下几种情形。

（一）不予受理裁定

原告向法院起诉，必须符合法定条件，不符合法定条件的案件法院将不予受理。法院做出不予受理的书面裁定并送达当事人后，当事人对此裁定不服的，在收到裁定书10日内，可以上诉。劳动争议中常见的出具不予受理裁定的情形主要包括：①仲裁委员会以申请事项不属于劳动争议仲裁受案范围或申请仲裁的主体不适格等理由，做出不予受理的书面裁决、决定或通知，当事人不服向法院起诉，经审查，也不属于法院受案范围的，法院裁定不予受理；②仲裁委员会做出裁决，当事人不服向法院起诉，但经审查仲裁的事项不属于法院的受案范围的，法院裁定不予受理。

（二）对当事人提出的管辖异议的裁定

劳动争议案件被法院受理后，当事人认为受诉法院行使管辖权有错误的，有权提出异议。法院对于当事人的异议应当以法律规定为依据进行审查。经审查认为异议成立的，应当做出裁定将案件移送到有管辖权的法院；经审查认为异议不成立的，用裁定驳回当事人的异议。对此裁定，当事人不服的，可以上诉。

（三）驳回原告起诉的裁定

法院在受理原告起诉后，发现原告的起诉不符合法律规定的条件的，对案件的实体争议不进行审理，做出裁定驳回起诉。对于此类裁定，当事人不服的，可以上诉。劳动争议诉讼案件中，做出驳回原告起诉的裁定和做出不予受理的裁定的情形类似。不同之处在于，做出不予受理的裁定的时间在立案审查阶段，做出裁定后，该案件将不再进入法院的审理程序；而做出驳回原告起诉的裁定的时间，则在案件已经受理并进入审判程序之后。

（四）其他适用裁定的情形

根据《民事诉讼法》第一百五十四条的规定，其他适用裁定的情形还包括保全和先予执行、准许或者不准许撤诉、中止或者终结诉讼、补正判决书中的笔误、中止或者终结执行、撤销或者不予执行仲裁裁决、不予执行公证机关赋予强制执行效力的债权文书以及其他需要裁定解决的事项。除了上述的不予受理裁定、管辖异议裁定和驳回起诉裁定外,对于其余的裁定,当事人并不享有上诉的权利。

相关法律法规

1. 《中华人民共和国劳动争议调解仲裁法》
2. 《企业劳动争议协商调解规定》
3. 《劳动人事争议仲裁办案规则》
4. 《劳动人事争议仲裁组织规则》
5. 《最高人民法院关于审理劳动争议案件适用法律若干问题的解释》
6. 《最高人民法院关于审理劳动争议案件适用法律若干问题的解释(二)》
7. 《最高人民法院关于审理劳动争议案件适用法律若干问题的解释(三)》
8. 《最高人民法院关于审理劳动争议案件适用法律若干问题的解释(四)》

复习思考题

1. 简述劳动争议产生的原因和预防措施。
2. 简述员工支持计划实施的基本要素。
3. 简述员工申诉制度的设计原则。
4. 简述员工支持计划的实施程序。
5. 简述劳动争议协商的原则。
6. 劳动争议协商和调解的区别有哪些?
7. 简述劳动争议调解的策略。
8. 劳动争议仲裁的基本流程具体分为哪几个阶段?
9. 简述劳动争议诉讼与其他民事诉讼的区别。

10. 简述劳动争议诉讼的基本流程。

 **案例分析题**

郑某等100余人是某汽车配件公司的职工，2017年7月，公司因生产经营困难与郑某等人签订了解除劳动合同协议书，但公司并未在约定时间内支付拖欠的工资和解除劳动合同经济补偿。郑某等人多次找到公司催要上述款项，公司均以资金困难为由予以推托。2017年8月，郑某等人向当地仲裁委员会申请仲裁。

当地工会了解到此案后，派调解员在仲裁开庭审理之前积极与争议双方进行沟通。公司表示，由于停产，公司账户也被法院冻结，短期内确实无力支付郑某等职工的工资和经济补偿。工会调解员与郑某等职工进行沟通，耐心地讲解了法律法规和政策，分析比较了仲裁结案和调解结案的利弊。最终，争议双方达成一致意见，约定公司在一定期限内分期支付郑某等100余人的工资和经济补偿共计300多万元。双方签订了调解协议，郑某等职工撤回了仲裁申请。

集体劳动争议案件具有涉及人数众多、案情复杂、社会影响大等特点，一旦处理不当，会直接影响社会稳定。因此，调解是妥善解决集体劳动争议的有效途径。在调解的过程中，由工会、劳动行政部门、司法行政部门、信访部门等组成联动机制，在解决集体劳动争议、维护社会稳定方面发挥了非常积极的作用。

资料来源：王香阑. 2017年北京工会劳动维权十大案例评析［J］. 工会博览，2018.

请思考：如何运用协商或调解的方式有效地处理集体劳动争议？

参考文献

[1] 常凯. 劳动关系学 [M]. 北京：中国劳动社会保障出版社，2005.

[2] 常凯. 劳动法 [M]. 北京：高等教育出版社，2011.

[3] 程延园. 员工关系管理 [M]. 上海：复旦大学出版社，2004.

[4] 程延园. 劳动法与劳动争议处理 [M]. 北京：中国人民大学出版社，2013.

[5] 戴文宪. 怎样召开职工代表大会、工会会员代表大会 [M]. 北京：红旗出版社，2007.

[6] 法律出版社法规中心. 劳动法律纠纷处理依据与解读 [M]. 北京：法律出版社，2016.

[7] 关怀，林嘉. 劳动法（第5版）[M]. 北京：中国人民大学出版社，2016.

[8] 国务院法制办公室. 劳动人事法律法规规章司法解释大全 [M]. 北京：中国法制出版社，2011.

[9] 劳动和社会保障部工资研究所. 中国劳动标准体系研究 [M]. 北京：中国劳动社会保障出版社，2003.

[10] 姜俊禄. 劳动人事争议典型案例评析（第3辑）[M]. 北京：中国劳动社会保障出版社，2017.

[11] 廖名宗. 劳动规章制度研究 [M]. 北京：法律出版社，2009.

[12] 李德齐. 中国劳动关系学院工会干部培训教程 [M]. 北京：中国工人出版社，2009.

［13］李新建，孙美佳，等.员工关系管理［M］.北京：中国人民大学出版社，2015.

［14］李琪.产业关系概论［M］.北京：中国劳动社会保障出版社，2008.

［15］李艳.员工关系管理实务手册［M］.北京：人民邮电出版社，2011.

［16］林嘉.劳动法和社会保障法（第三版）［M］.北京：中国人民大学出版社，2014.

［17］刘兰，唐鑛.劳动争议处理［M］.大连：东北财经大学出版社，2020.

［18］刘燕斌.国外集体谈判机制研究［M］.北京：中国劳动社会保障出版社，2012.

［19］刘元文.工会工作理论与实践［M］.北京：中国劳动社会保障出版社，2008.

［20］曲清，欧阳华，颜琴，等.新编工会干部培训教材［M］.北京：中央文献出版社，2012.

［21］中华全国总工会组织部，中华全国总工会集体合同部.全国工会工资集体协商培训教材［M］.北京：中国工人出版社，2011.

［22］任小平.会计信息与工资集体协商［M］.北京：电子工业出版社，2008.

［23］石先广.劳动合同法下的企业规章制度制定与风险防范［M］.北京：中国劳动社会保障出版社，2008.

［24］宋湛.集体协商与集体合同［M］.北京：中国劳动社会保障出版社，2008.

［25］宋湛，詹婧.企业员工关系管理文案全程指引［M］.北京：首都经济贸易大学出版社，2010.

［26］唐鑛.战略劳动关系管理［M］.上海：复旦大学出版社，2011.

［27］唐鑛，嵇月婷.集体协商与集体谈判［M］.北京：中

国人民大学出版社，2019.

［28］唐鑛，刘兰. 劳动合同管理［M］. 大连：东北财经大学出版社，2015.

［29］唐鑛，汪鑫. 企业劳动关系管理基础［M］. 大连：东北财经大学出版社，2015.

［30］唐鑛，杨振彬. 人力资源与劳动关系管理［M］. 北京：清华大学出版社，2017.

［31］田辉. 员工关系管理［M］. 上海：复旦大学出版社，2015.

［32］王桦宇. 劳动合同法实务操作与案例精解［M］. 北京：中国法制出版社，2017.

［33］王全兴. 劳动合同法条文精解［M］. 北京：中国法制出版社，2007.

［34］王振麒. 劳动人事争议处理［M］. 上海：复旦大学出版社，2011.

［35］肖胜方. 劳动合同法下的人力资源管理流程再造［M］. 北京：中国法制出版社，2016.

［36］信春鹰. 中华人民共和国劳动争议调解仲裁法释义［M］. 北京：法律出版社，2008.

［37］薛丁齐. 职工代表与职工代表大会操作指南［M］. 北京：中央文献出版社，2012.

［38］杨鼎家. 新编职工民主管理工作培训教程［M］. 北京：中国言实出版社，2011.

［39］杨志明. 劳动关系［M］. 北京：中国劳动社会保障出版社，2012.

［40］张建国，徐微. 集体协商的策略与技巧［M］. 北京：中国友谊出版公司，2016.

［41］张健明，王宇熹，尹乃春. 劳动标准与劳动监察：政策与实务［M］. 北京：北京大学出版社，2008.

［42］郑桥. 劳资谈判［M］. 北京：中国工人出版社，2003.

[43] 赵应文. 工资集体协商 [M]. 北京：研究出版社，2011.

[44] 卡茨，科钱，科尔文. 集体谈判与产业关系概论 [M]. 李丽林，吴清军，译. 大连：东北财经大学出版社，2010.

[45] 孙瑜香，李天国. 新中国成立 70 年我国劳动人事争议处理制度的演变、成就与经验 [J]. 中国劳动，2019（10）.

[46] 张胜辉. 希克斯工资谈判模型对我国工资集体协商的启示 [J]. 职大学报，2009（4）.